中国改革研究报告 2017
Annual Report on China Reform 2017

二次开放

全球化十字路口的中国选择

迟福林◎主编
何冬妮　夏　锋　方栓喜　匡贤明◎副主编

THE SECOND ROUND of OPENING-UP

China's Choice at the Crossroads of Globalization

中国工人出版社

推进更深层次更高水平的双向开放，赢得国内发展和国际竞争的主动。

——2016 年 12 月 19 日，《中央经济工作会议公报》

要让经济全球化进程更有活力、更加包容、更可持续。我们要主动作为、适度管理，让经济全球化的正面效应更多释放出来，实现经济全球化进程再平衡；我们要顺应大势、结合国情，正确选择融入经济全球化的路径和节奏；我们要讲求效率、注重公平，让不同国家、不同阶层、不同人群共享经济全球化的好处。

——2017 年 1 月 17 日，《共担时代责任 共促全球发展——习近平在世界经济论坛 2017 年年会开幕式上的主旨演讲》

前 言

2017年，我国发展的内外环境将发生深刻而复杂的变化：一方面，全球贸易保护主义抬头、逆全球化势头上扬，使全球政治经济局势跌宕不止、暗流汹涌；另一方面，我国面临着经济下行压力加大、经济金融风险增大的突出矛盾与问题。在这样的背景下，作为一个转型发展中的大国，如何面对复杂多变的外部形势？如何应对经济转型的多重挑战？

我国的经济转型进程将是同世界经济深度互动、向世界不断开放市场的过程。扩大对外开放与国内经济转型有机结合，才能够在国际经济形势变局和国内经济转型压力的双重背景下把握自己的选择与行动。习近平主席在世界经济论坛2017年年会开幕式上的主旨演讲提出："我们要坚定不移发展开放型世界经济，在开放中分享机会和利益、实现互利共赢。不能一遇到风浪就退回到港湾中去，那是永远不能到达彼岸的。"在这样的背景下，以促进经济转型与结构性改革为导向、以实施自由贸易战略为基点、以推进"一带一路"为支撑、以服务贸易为重点推进"二次开放"，是我国在经济全球化新十字路口的重大选择与务实行动。

2016年，我院撰写的年度研究报告《转型闯关——"十三五"结构性改革历史挑战》一书中，首次提出"二次开放"。一年后，我们又把《二次开放——全球化十字路口的中国选择》作为 2017 年度研究报告的主题。我们认为，以“二次开放”应对经济全球化新变局，以经济转型为目标推进结构性改革，在坚定扩大开放中赢得国内发展和国际竞争的主动，才能厚植我国经济转型与结构性改革的新动力，才能为推进开放、包容、共享、均衡的经济全球化作出中国的努力与贡献。

本书由绪论和 8 个章节组成：绪论基于经济全球化新挑战的分析，对我国经济转型与结构性改革提出相关判断和建议；第 1 章和第 2 章力图在分析经济全球化客观趋势与全球化新十字路口的基础上，提出走向“二次开放”的中国选择；第 3～5 章分别提出“二次开放”的“三大战略”，即自由贸易大战略、“一带一路”大战略和服务贸易大战略；第 6～8 章提出在“二次开放”中深化经济转型与结构性改革的“三大任务”，即以经济转型为目标的结构性改革、服务业市场开放的重大行动和监管变革中的政府担当。

作为一家以改革研究为己任的社会智库，我院坚持每年形成一部改革研究报告，着眼改革，发现问题、寻找答案。本书是我院改革研究的进一步深化，以期引起各方面在经济全球化新背景下对我国扩大开放与经济转型的思考，并对深化结构性改革的决策与实践产生积极影响。

本研究报告是我院研究团队集体创作的成果。主要编写者有迟福林、夏锋、何冬妮、方栓喜、匡贤明、张飞。郭达、蔡文龙、甘露、陈所华、陈薇、曾瑶、胡玉杰、李丽媛、张东生、赵善梅、袁树卓、檀怀玉、赵祖康、杨天英、李许卡、郭文芹、张瑾、方赟赟、宋玉瑶、于华泰、危文锋等参与了资料搜集和修改编辑工作。张卓元、常修泽、曹远征等专家对本书写作提出了有价值的建议，中国工人出版社对本书的出版给予了大力支持，在此一并表示感谢。

本书成稿之时，正值 2017 年鸡年新春佳节到来之际，恭祝广大读者新春快乐！

迟福林

2017 年 1 月 25 日

目 录

The Second Round of Opening-up
China's Choice at the Crossroads of Globalization

绪 论 经济转型与结构性改革
——经济全球化新挑战的中国选择

面对经济全球化逆潮的冲击，奉行互利共赢的开放战略，我国需要加快推进以经济转型为目标的结构性改革，不断提升发展的内外联动性，释放经济转型的巨大增长潜力，激发市场活力，稳定增长预期。

第一章 新十字路口的经济全球化

面对经济全球化逆潮的形成，各方需要共同应对贸易保护主义的严重冲击，需要共同推进开放、共享、包容、均衡的经济全球化进程，需要共同推动全球经济治理变革。

第二章　“二次开放”的中国选择

适应经济全球化的新变局，我国需要主动推进从“一次开放”向“二次开放”的转型，以自由贸易区战略、“一带一路”战略、服务贸易战略为重点，务实推进更深层次、更高水平的双向开放，赢得国内发展和国际竞争的主动。

第三章 自由贸易战略引领经济全球化

自由贸易是全球经济持续增长的重要动力。面对全球化逆潮，坚定推进自由贸易战略，不仅将提升我国参与全球经济治理的制度性权力，也将为我国经济转型和结构性改革营造有利的外部环境。

第四章　“一带一路”：经济全球化的新主角

在经济全球化新的十字路口，“一带一路”是我国“二次开放”的重大战略布局，将是反对贸易保护主义，构建开放、包容、共享、均衡的经济全球化的新主角。它承载着三大历史性任务：一是以基础设施互联互通为依托；二是以产能合作和服务贸易为重点；三是以建立多层次、多种形式的自由贸易区网络为目标。

第五章 服务贸易：全球自由贸易的战略重点

服务贸易成为推动全球自由贸易进程与拉动世界经济增长的重要引擎。推进以服务贸易为重点的开放转型，是经济转型升级的内在需求，是“二次开放”的重大选项。

第八章　监管变革的政府担当

“二次开放”凸显政府监管变革的现实性、迫切性。这就需要加快调整市场监管权力结构，推动金融、反垄断、食品药品等重点领域改革，实现由事前审批为主向事中事后监管为主转型；由分散监管向统一监管转型；由行政型监管为主向法治化监管为主转型。

第六章　经济转型的决定性影响

在“二次开放”中赢得国内发展和国际竞争的主动，具有决定性意义的举措是推进经济转型进程，释放经济转型的巨大增长潜力，为我国未来10年6%左右的经济增长提供重要支撑。这就需要深化以经济转型为目标的结构性改革。

The Second

Round of Opening-up

绪论

经济转型与结构性改革

——经济全球化新挑战的中国选择

面对经济全球化逆潮的冲击，奉行互利共赢的开放战略，我国需要加快推进以经济转型为目标的结构性改革，不断提升发展的内外联动性，释放经济转型的巨大增长潜力，激发市场活力，稳定增长预期。

无论是英国脱欧还是特朗普当选美国总统，都使得经济全球化与区域经济一体化面临严峻挑战。是继续坚持贸易投资自由化还是搞贸易保护主义？是坚持共享式的经济一体化还是建立排他性的自贸区？是适应新形势，谋求全球经济治理结构变革，还是继续维持原有的全球经济治理结构？经济全球化正处在一个新的十字路口，中国应如何选择？我们认为，重在推进经济转型与结构性改革进程。

当前，在全球经济增长乏力与贸易保护主义抬头的双重挑战下，需要各国采取共同行动，协力推进经济转型与结构性改革进程。在G20杭州峰会就结构性改革达成基本共识后，聚焦经济转型，推进以经济转型为目标的结构性改革，已成为全球性的重大课题。对我国来说，要集中精力把自己的事情做好。以经济转型为目标深化结构性改革，推进经济转型升级，释放经济增长潜力，激发市场活力，稳定经济增长预期，是我国应对经济全球化新挑战的关键性选择。

一、以经济转型升级释放经济增长潜力

要预测未来5～10年我国经济增长前景，离不开对经济转型趋势和特点的客观判断。“十三五”，我国的经济转型与经济增长正处于重要的历史关节点：一方面，经济转型面临着诸多深层次的结构性矛盾与问题；另一方面，经济转型升级蕴藏着巨大的市场空间和增长潜力。未来几年的经济转型，无论对推进国内经济增长，还是对参与国际竞争，都将具有决定性影响。

1.经济转型新趋势

（1）产业结构正由工业主导向服务业主导转型。根据国家统计局公布的数据，2016年，我国服务业增加值达384221亿元，比2015年同期增长了7.8%，

占 GDP 的比重已高达 51.6%，比第二产业高出 11.8 个百分点[①]。预计到 2020 年，服务业占比有可能达到 60% 左右，基本形成以服务业为主导的产业结构。

（2）消费结构正由物质型消费为主向服务型消费为主转型。2016 年，我国社会消费品零售总额累计达到 33.23 万亿元，同比增长 10.4%，最终消费支出对经济增长的贡献率为 64.6%[②]。预计到 2020 年，我国消费总规模有可能扩大到 50 万亿元左右；城镇居民服务型消费比重将由目前的 40% 左右扩大到 50% 左右[③]。预计"十三五"时期消费对经济增长的贡献率将稳定在 65% ~ 70%，基本形成消费拉动经济增长的新格局。

（3）城镇化结构正由规模城镇化向人口城镇化转型。按照国务院办公厅印发的《推动 1 亿非户籍人口在城市落户方案》，未来几年年均将有 1300 万农民进入城镇。预计到 2020 年，我国常住人口城镇化率有可能达到 60% 左右，户籍人口城镇化率有望达到 50% 左右，基本形成人口城镇化的新格局。如果近两年农村产权制度改革有重要突破，落实农民的土地财产权，城乡二元户籍制度将在"十三五"成为历史，城乡全面实施统一的居住证制度将成为一个现实。由此，将释放城镇化的"巨大红利"，使城乡一体化成为未来相当长一个时期内支撑经济转型发展的重要条件。

（4）开放结构正由货物贸易为主向服务贸易为重点转型。这几年，虽然对外贸易处于低速增长状态，服务贸易的发展却较以往发生了重大变化。2016 年 1—10 月，我国服务贸易额占对外贸易总额的比重为 18.2%，比 2015 年提高了 2.6 个百分点；服务贸易总额达到 42915 亿元人民币，同比增长了 16%[④]。预计到

---

① 国家统计局 .2016 年国民经济实现"十三五"良好开局［EB/OL］. 国家统计局网 .2017-01-20.

② 国家统计局 .2016 年国民经济实现"十三五"良好开局［EB/OL］. 国家统计局网 .2017-01-20.

③ 迟福林 ."十三五"推进服务业主导的经济转型［J］. 国家行政学院学报，2015（2）.

④ 商务部发布 2016 年前 10 个月我国服务贸易发展情况［EB/OL］. 商务部网，2016-12-16.

2020年，我国服务贸易规模有望超过1万亿美元，占贸易总额比重将达到20%以上，初步形成以服务贸易为重点的对外开放新格局。

2. 经济转型新特点

（1）增长与转型高度融合，增长直接依赖于转型。“十三五”，我国正处在经济转型的关节点，也可以说是经济转型的“最后窗口期”。赢在转折点，核心在于转型。转型不破题，即使速度上去了，增长仍然难以持续。也就是说，增长与转型高度融合，增长直接依赖于转型。

经济转型时期经济增长的波动性比较大，从短期看，增速很重要；从中长期看，转型更重要。当前，大家对增速问题比较担忧，把“稳增长”看得比较重。经济增长固然十分重要，但更重要的是要找准制约增长的主要因素。我国的经济增长空间仍然很大，关键是经济转型所蕴藏的巨大潜力能否得到有效释放。

（2）经济转型与新一轮科技革命交织在一起，科技对转型的影响明显增强。未来几年，新的技术有可能取得重大突破，以“大、智、云、移、物”为代表的技术创新将深刻改变传统经济形态，并对我国经济转型带来深远影响。我国经济转型与新一轮科技革命交织在一起，既需要解决现有的体制机制问题，也需要积极应对新技术的突破。

（3）经济转型与国际经济格局变化交织在一起，转型的双向影响明显增强。一方面，国际经济格局在未来几年将发生重大变化，给我国经济转型带来多重影响；另一方面，我国经济转型对世界经济增长与经济格局的影响日益增大。未来5年，我国经济增长对世界的贡献率将保持在25% ~ 30%。

3. 经济转型对经济增长有决定性影响

（1）经济转型蕴藏着巨大的增长潜力。一是13亿人的消费结构升级蕴藏着巨大的增长潜力，比如，未来10年左右，我国将成为全球医疗健康的最大市场；二是我国制造业将由生产型向服务型转变，未来5 ~ 10年有望形成中国制造业竞争的新优势；三是未来 5 ~ 10 年，我国仍处于快速城镇化进程中，农业转移人口不断向各类城镇集聚，将新增巨大的消费需求与投资需求。

（2）经济转型决定增长前景。经济的潜在增长率主要取决于资源配置效率。当前，我国仍有不少重要资源尚未实现市场化配置，这将使潜在增长率大打折扣。比如服务型消费在行政垄断、市场垄断的情况下，增长潜力很难得到有效释放。如果能全面打破市场垄断、行政垄断，潜在增长率可能远比现在要高。也就是说，未来的经济增长前景，主要取决于经济转型中的市场化改革能否取得实质性破题。如果经济转型能在多方面取得突破，未来 10 年，我国保持 6% 左右的中速增长是有可能的。更重要的是，这个增长是有质量的、可持续的增长。

二、以深化结构性改革破解经济转型的突出矛盾

我国经济转型与经济运行的突出矛盾是什么？是周期性矛盾还是结构性矛盾？客观看，虽然存在周期性、总量性因素，但重大结构性失衡是导致经济循环不畅的根源，由此产生经济转型与经济运行的一系列矛盾与问题。这就需要以深化结构性改革为重点解决重大结构性失衡，以此加快推进经济转型进程。

1.“重大结构性失衡”是突出矛盾

（1）供给与需求的结构性失衡。从经济生活的现实看，供给结构与需求结构不相适应，需求引导供给、供给创造需求的作用尚未有效发挥。随着消费结构向多样化、高端化、服务化的需求升级，原有供给结构已经不能适应市场需求结构的变化，供给过剩与供给不足的矛盾并存。在经济转型升级和消费结构升级的背景下，深化供给侧结构性改革，就是要客观把握现实市场需求和潜在市场需求，解决供给和消费不相适应的矛盾，努力实现供求关系新的动态均衡；就是要减少无效供给，扩大有效供给，着力提升供给体系质量，以适应整个经济转型尤其是消费结构升级的需求，最大程度释放经济转型带来的潜在增长；就是要完善市场在资源配置中起决定性作用的体制机制，深化行政管理体制改

革，打破垄断，健全要素市场，使价格机制真正引导资源配置。

（2）投资与消费的结构性矛盾。近年来，尽管我国投资消费失衡的格局有所改善，但是投资消费错配的矛盾仍然比较突出。例如，服务型消费需求全面快速增长，但服务业有效投资和有效供给明显不足。

（3）政策与体制的结构性矛盾。客观地看，现行的宏观政策与宏观体制仍有鼓励工业发展、抑制服务业发展的某些特征。例如，由于投资体制改革滞后，导致民间资本进入服务业领域困难重重，供需失衡的局面难以扭转。再例如，由于消费税改革进展缓慢，导致地方政府“重投资、轻消费”的行为模式难以改变。可以说，服务业发展面临着一系列的政策性、体制性的结构性矛盾。这些矛盾不解决，就难以形成服务业市场开放的大环境。

2. 解决“重大结构性失衡”要着力振兴实体经济

（1）经济转型中实体经济不振是当前面临的严峻现实。首先，实体经济的市场预期并不明朗。经济转型与经济运行的主体是实体经济，然而，近年来虚拟经济在某些政策措施支持下发展较快，实体经济发展却面临诸多矛盾与困难，预期相当不稳。2016 年，民间固定资产投资增长 3.2%，较 2015 年同期降低了 3 个百分点，民间投资大幅下滑[①]。其次，由于实体经济税费成本过高，效率普遍低下，出现“钢材卖不出白菜价”的现象。过高的税费成本增加了实体经济转型发展的困难。在这种情况下，要降低各类交易成本特别是制度性交易成本，减少审批环节，降低各类中介评估费用、企业成本、物流成本，提高劳动力市场灵活性，推动企业降本增效。

（2）振兴实体经济需要税收结构的重大调整。总的看，过高的税负成本增大了企业转型压力，使企业转型发展的困难明显加大。特别是在发达国家高端制造业回流，与中低收入国家争夺中低端制造业市场的特定背景下，切实减轻

① 国家统计局 .2016 年民间固定资产投资增长 3.2%［EB/OL］. 国家统计局网，2016-12-13.

实体经济税负，不仅关系企业转型发展前景，而且在相当大程度上决定经济转型的成效。

我国进入中高收入阶段，随着劳动力成本日益增加，减税降费，重在调整税收结构。税收结构要由企业税、流转税等间接税为主向直接税为主转型。税收结构的调整要与经济转型互为条件、同步推进。税收结构的重大调整宜早不宜迟，需要引起高度重视，尽快采取改革行动，变被动为主动。

（3）减少制度性交易成本要有实招。

——实施企业自主登记制度。进入“互联网+”时代，实现企业自主登记注册的技术条件和时机已经成熟。例如，新加坡的企业注册登记只需3小时就能在网上完成，而我国实施“三证合一”登记制度改革后，在注册登记资料齐全的情况下，企业完成注册登记仍需3个工作日左右。建议借鉴新加坡、中国香港的经验，争取在“十三五”时期，全面实施企业自主登记制度，充分运用大数据，最大限度地实现企业注册登记便利化，进一步缩短企业注册登记时间，切实降低企业制度性交易成本，使企业集中精力开展生产经营活动。

——适时取消企业一般投资项目备案制。我国实行备案制的初衷是尽可能减少行政审批环节，缩短企业到政府相关部门的办事时间，提高政府办事效率。从实践看，企业一般投资项目备案制仍属于前置性的行政控制，并不能有效减少企业的不正当竞争和违法行为。在政府严格管理城乡规划、土地利用、环境保护等事项的前提下，除涉及国家安全、某些重大国有投资项目之外，建议企业的一般项目一律由企业依法依规自主决策，不再要求备案。此外，加快出台各级政府的权责清单，真正把权力关进制度的“笼子”里，而不是把市场关进权力的“笼子”中。建议在全面推进负面清单管理的同时，尽快出台各级政府的权力清单和责任清单，规范、减少政府干预企业的自由裁量权。

——推广企业法人承诺制。2014年，海南省在食品药品监管行政审批领域试行“法人承诺制”，取得了比较好的效果。建议总结海南省经验，进一步完善推广法人承诺制，形成以企业信用为基础的事后监管：对必须保留审批的事项，由监管部门向申请企业提供责任承诺书和审批要件清单，企业法人签署对材料真实性负责和对虚假材料承担责任的法人承诺书后，审批部门可当场或当天发放批件和许可证。事后，监管部门在规定时间内组织现场核查，如发现企业造假，再对其进行严厉惩处。

3. 加快推进产权保护法治化进程

（1）重在完善政府守信践诺机制。营造全社会重视和支持产权保护的良好环境、推进产权保护法治化的关键在政府。无论是产权的有效界定，还是依照法律程序保护产权，都离不开政府作用。从改革实践看，进一步解放思想、完善政府守信践诺机制对于产权保护法治化具有决定性影响。

（2）政府要确立严格的公民产权保护观念和契约精神。在现代市场经济条件下，产权的本质是契约，保护产权就是保护契约。这就需要政府在维护守信、守约中发挥重要作用。当务之急是将政务履约和守诺服务纳入政府绩效评价体系，建立政务失信记录，建立健全政府失信责任追究制度及责任倒查机制，加大对政务失信行为的惩戒力度。

（3）防止因政府违约导致企业和投资人财产权受损。当前，以 PPP 为重点的政府与社会资本合作投资项目逐步推广是一个大趋势，并成为发展混合所有制经济的重要方式。现实中，一些公私合作的基础设施投资项目，往往会出现因政府领导人员更换而导致政府违约的现象，使一些本来安排好的投资项目难以落实。政府应当在招商引资、政府与社会资本合作等活动中认真履行与投资主体依法签订的各类合同，不得以政府换届、领导人员更替等理由违约、毁约。因国家利益、公共利益或者其他法定事由确需调整政府承诺和合同约定的，要严格依照法定权限和程序进行，并对企业和投资人因此而受到的损失依法予以补偿。对因政府违约等导致企业和公民财产权受到损害等情形，进一步完善赔偿、投诉和救济机制，畅通投诉和救济渠道。

（4）严格规范涉案财产处置的法律程序。例如，确需采取查封、扣押、冻结等措施的，要严格按照法定程序进行，除依法责令关闭企业的情形外，在条件允许的情况下要为企业预留必要的流动资金和往来账户，最大限度降低对企业正常生产经营活动的不利影响。采取查封、扣押、冻结等措施和处置涉案财物时，要依法严格区分个人财产和企业法人财产。对股东、企业经营管理者等自然人违法，在处置其个人财产时不能任意牵连企业法人财产；对违法企业，在处置企业法人财产时不能任意牵连股东、企业经营管理者个人合法财产。严格区分涉案人员个人财产和家庭成员财产，在处置违法所得时不牵连合法财产。由此，充分体现国家对企业、个人、家庭成员合法财产权的严格保护。在这方面，应当尽快形成具体的办法，使其变成行政实践和司法实践。

4. 以服务业市场开放为重点激发市场活力

（1）以服务业市场开放为重点深化结构性改革。从经济转型的趋势看，服务业市场开放越来越成为适应世界经济趋势、释放我国经济增长潜力的重点，也必然成为我国结构性改革的重点。

——从全球来看，全球化核心的问题是要用全球化的视野来观察市场开放，把市场开放建立在全球资源配置的大格局下。

——从我国来看，过去 38 年，工业的市场开放极大地激发了市场活力。未来几年，加快推进服务业市场开放进程，将为我国服务业发展带来强劲动力，由此释放结构性改革的巨大红利。

——从现实看，服务业市场开放滞后是我国市场开放的突出短板。一是市场化程度低。我国工业部门尤其是制造业 80% 以上已高度市场化，而服务业约 50% 左右仍被行政力量和市场垄断；二是对外开放程度低。我国服务业总体开放的程度不高，目前在国内自由贸易试验区负面清单的 122 项特别管理措施中，有 80 余项针对服务业；三是服务水平低。我国服务业市场开放滞后，缺乏公平竞争的市场环境，既难以产生高品质的服务，也难以提供现代化的服务产品与服务标准，由此引发的消费投诉不断增多；四是服务价格高。在价格管制、缺乏有效竞争的情况下，不少服务业领域价格居高不下。

（2）服务业市场开放重在破除行政垄断和市场垄断。

——打破服务业领域的行政垄断和市场垄断。从现实情况看，无论是生产性服务业还是生活性服务业，都在一定程度上存在行政垄断或市场垄断。为此，要推动服务业领域国有资本战略性调整，全面推进垄断行业竞争环节向社会资本开放；主动放开服务业市场价格，形成统一开放、公平竞争的市场体系。

——推进服务业市场开放的相关政策调整。形成服务业主导的产业结构，需要尽快消除服务业发展的某些不合理政策。例如，要加快调整服务业与工业用地政策，实现工业与服务业政策平等；要以促进服务业市场开放为导向加快税收结构调整。

——以政府购买公共服务为重点加快公共服务业市场开放。适应13亿人公共需求变化的大趋势，要把形成多元供给主体、多元竞争主体作为发展和完善政府购买公共服务的基本目标，争取使政府采购中服务类占比从2015年的15.9%提高到2020年的30%左右。

（3）发挥服务业市场开放中的政府作用。

——充分发挥市场在服务业领域资源配置中的决定性作用。对政府来说，重要的是要看到市场开放的现实性、迫切性。不开放市场，无论是调整经济结构，还是推动国际和国内市场相融合，都将面临着一系列的矛盾与问题。

——把反行政垄断作为政府的一项重要职责。多年来，服务业领域难以对社会资本开放，关键问题在于服务业领域的行政垄断没有真正被纳入反垄断的范围中。随着服务业市场需求的增大，反垄断对于促进服务业健康发展非常重要。这就需要尽快建立反行政垄断的审查机制，实现反垄断的常态化、制度化。如何把反行政垄断和市场垄断作为政府的一个重要职责，这涉及理念的问题，更涉及体制机制的问题。

——加快推进市场监管变革。当前，市场监管有着很强的特殊性。一方面，随着消费结构升级，释放内需潜力直接依赖于市场监管的有效性；另一方面，服务业市场双向开放，既考验我国对内资的监管水平，也考验我国对外资的监管能力。为此，在简政放权中开放服务业市场，需要政府监管转型同步跟上。

三、以服务贸易为重点的开放转型

与2001年我国加入WTO时的对外贸易不同，当前外贸转型的突出挑战是服务贸易的双向市场开放。在我国经济转型与新一轮全球化形成历史交汇的大背景下，推进以货物贸易为主的“一次开放”转向以服务贸易为重点的“二次开放”，是我国经济转型与结构性改革的重大任务。

1. 国内服务业市场开放与服务贸易开放融合的大趋势

（1）服务贸易快速增长。从国内看，国家“十三五”规划纲要明确提出，到2020年，我国服务贸易占对外贸易的比重要达到16%。事实上，2016年1—10月，我国服务贸易占对外贸易的比重已经达到18%[①]，超过“十三五”规划目标。从国际看，近些年，全球服务贸易比货物贸易增速明显要高[②]。

（2）反对贸易保护主义、推进全球经济一体化的关键是服务贸易。无论是中美、中欧之间的投资谈判，还是双边、多边自由贸易谈判，焦点大都在服务贸易。当前，在全球经济发生深刻复杂变化和我国经济转型升级的大趋势下，许多投资领域的问题与服务贸易直接相关。也就是说，服务贸易开放不破题，双边、多边的服务贸易谈判就会面临比较大的困难。在这个大背景下，我国实行双边、多边自由贸易战略，难点在国内；国内的难点在服务业市场开放；服务业市场开放的难点在理念、在体制政策。

2. 以服务贸易为重点的开放转型牵动影响转型发展全局

（1）开放转型牵动影响我国在国际经济中的地位和作用。当前，我国经济转型与世界经济格局变化交织，双向影响明显增强。如果以服务贸易为重点的

---

① 商务部发布2016年前10个月我国服务贸易发展情况［EB/OL］. 商务部网，2016-12-16.

② 根据《World Trade Statistical Review 2016》数据计算，2008—2014年，全球货物贸易年均增长仅为2.6%，服务贸易年均增长4.3%。

开放转型能够尽快破题，我国将会在新一轮全球经济一体化和全球经济治理格局中赢得主动。

（2）开放转型牵动影响我国在全球自由贸易中的地位。与1978年开启的“一次开放”相比，“二次开放”的历史使命是以“一带一路”为载体、以服务贸易为重点，有序推进服务业市场的双向开放，在开放中推进全球自由贸易进程，全面实施自由贸易战略，在开放中提升我国在新一轮经济全球化中的重要作用。

（3）开放转型牵动影响我国经济转型中的进程。从经济转型的现实需求看，要形成以服务业为主导的产业结构，关键在于服务业领域的市场开放。也就是说，如果没有以服务业为重点的市场开放，要想顺利地推进经济转型升级、释放巨大的市场潜力就很困难。

3. 以开放转型赢得国内转型发展与国际竞争的主动

（1）在实施“一带一路”战略中加快构建自贸区网络。在全球服务贸易快速发展的新形势下，“一带一路”向纵深发展的关键在于推进以服务贸易为重点的开放进程，由此，使“一带一路”战略适应新一轮全球经济一体化的大趋势。建议尽快务实推动“一带一路”多种形式的自贸进程。例如，积极推进上合组织自贸区进程、加强与中东欧国家的自贸合作等。应对贸易保护主义挑战，以“一带一路”引领多种形式自由贸易区网络的发展，将日益成为全球经济一体化、区域经济一体化的一个重大问题。

（2）推进以多边、双边自由贸易区建设为重点的全球经济一体化进程。当前，经济全球化面临严峻挑战，尤其是需要高度警惕各种形式的贸易保护主义。从目前情况看，投资与贸易越来越不可分离，投资协定中相当部分涉及服务贸易条款。尤其是中欧，如果能尽快把中欧的投资谈判和服务贸易谈判融合起来，就可能尽快启动中欧自贸区进程。

（3）以服务贸易为重点的国内自贸区转型。某种程度上，国内自贸区发展正处在“尴尬”的境地。自贸区虽在负面清单管理上取得了重要进展，但负面清单对服务贸易的限制仍然比较多。在这种情况下，以服务贸易为重点推进国内自贸区转型，对破题以服务贸易为重点的开放转型至关重要。要加快对服务贸易和服务业市场开放制度的先行先试，发挥自贸区在开放转型中的重要示范作用。

（4）以服务贸易为重点的区域开放。从开放趋势看，区域开放的重点不是再增加多少个自贸区，而是尽快形成并出台某些产业项下的自由贸易政策安排。无论是沿边还是内陆的区域开放，都需要适应全球服务贸易全面快速增长的新趋势，实现服务贸易与区域开放有机结合。以广东省为例，能否尽快在服务贸易上与香港、澳门特别行政区融合对接，是广东省当前面临的一个重大课题。广东省要扩大开放，不在于多争取一两个自贸区，而在于服务贸易开放政策方面尽快与香港、澳门特别行政区实现一体化。由此，广东省不仅能在全国开放转型中扮演重要角色，又能在促进“一国两制”中发挥特殊作用。再如，甘肃省与中亚国家能不能探索实行能源项下的自由贸易？海南省未来在旅游项下、健康医疗项下，能不能实行自由贸易政策？实施某些产业项下的自由贸易政策，可能比多增加几个自贸区的效果更好，更符合经济转型与经济全球化的大趋势。

4. 以开放转型形成结构性改革的新动力

（1）开放转型与结构性改革需要全球视野。化解工业领域产能过剩和服务业领域供给短缺的双重矛盾，必须有全球化的眼光，按照全球市场原则在全球范围内配置资源，由此促进国际产能的合理布局和优势互补。

（2）以开放促进结构升级。当前，服务业市场开放开始成为我国结构性改革的新动能。2015 年，服务业实际使用外资 4770.5 亿元人民币，占比为 61.1%，而制造业实际使用外资 2452.3 亿元人民币，占比为 31.4%[①]。在民间投资增速出现下滑的时候，推动服务业对社会资本市场开放可以利用社会资本做大做强服务业“蛋糕”，促进服务业发展水平和结构升级。

（3）结构性改革提供“中国方案”和“中国思路”。G20 杭州峰会提出了结构性改革的九大优先领域。在结构性改革形成全球共识后，需要的是务实行动。

① 商务部外资司负责人谈 2015 年吸引外资情况［EB/OL］. 商务部网，2016-01-14.

如果能够聚焦于服务贸易发展与服务业市场开放，形成有利于服务业发展的财税、金融、土地、教育等体制结构，就会为形成服务业全面开放的新格局奠定重要基础。以开放转型促进结构性改革，不仅决定我国经济转型发展的未来，而且将对全球经济增长和经济治理格局产生重大影响。

四、处理好政府与市场关系，深化结构性改革

中共十八届三中全会提出，“处理好政府和市场的关系，使市场在资源配置中起决定性作用和更好发挥政府作用”。如何处理政府与市场关系决定结构性改革的实际进程。政府的重要作用之一，就是在制度上保障市场在资源配置中起决定性作用。深化结构性改革，“就是要完善市场在资源配置中起决定性作用的体制机制，深化行政管理体制改革，打破垄断，健全要素市场，使价格机制引导资源配置”。[①]

1.“三去一降一补”中的政府与市场关系

（1）“三去一降一补”需要政府与市场作用双管齐下。2016 年 12 月，中央经济工作会议提出，“要防止已经化解的过剩产能死灰复燃，同时用市场、法治的办法做好其他产能严重过剩行业去产能工作”。去产能，行政力量固然重要，但是为什么在去产能过程中又出现“死灰复燃”的现象？这说明，在注重政府作用的同时，也要注重发挥市场的作用。比如，谁来认定“僵尸企业”？在市场经济条件中，认定的主体不是政府，而应当是市场。目前，浙江有不少的民营企业转型初步取得成功，而相当一部分国有企业转型比较慢，效果并不好。也就是说，政府的引导固然重要，但推动企业转型的决定性力量是市场。

（2）政府的重要职责是“降成本”、“补短板”。面对实体经济转型比较困难、企业税费成本过高的突出问题，“降成本”是经济转型的当务之急，政府

---

① 新华社．中央经济工作会议在北京举行 习近平、李克强作重要讲话［EB/OL］．新华网，2016-12-16.

“要在减税、降费、降低要素成本上加大工作力度”[①]，尤其是要在降低制度性交易成本方面出实招。此外，面对民生改善方面存在的突出矛盾，政府在“补短板”中要有所作为。“要从严重制约经济社会发展的重要领域和关键环节，从人民群众迫切需要解决的突出问题入手，既补硬短板也补软短板，既补发展短板也补制度短板[②]”，要充分发挥政府在提供公共服务，尤其是制度性公共服务与公共产品中的重要作用。

2. 深化国企改革中的政府与市场关系

（1）政府从“管企业”到“管资本”。以“管资本”为主，是市场经济条件下政府的主要职责之一。问题在于，这些年来，政府相关部门尚未把主要精力放在“管资本”上，而是过多过细地“管企业、管人”。由此，政府以“管资本”为主的转型尚未破题。当前，深化国有企业改革的核心是搞活国有资本。只有搞活国有资本，解决国有资本的管理体制和运营机制，才有可能放手搞活国有企业，为建立企业治理结构打下重要基础。当前，需要尽快出台国有资本投资、运营公司的改革方案。

（2）混合所有制改革是国企改革的重要突破口。当前，在经济下行压力增大的特定背景下，社会各方对混合所有制改革的期盼值很高。破题混合所有制改革，需要采取务实的行动路线。

——国有垄断行业应尽快向社会资本推出一批重大项目，敢于让利，让社会资本有盈利的预期。

——国企改革与服务业领域向社会资本开放要同步推进，打破服务业领域的行政垄断与市场垄断，尽快使社会资本成为服务业发展的重要主体。

——以强化公益性为重点推进国有资本战略性调整，尽快形成具体的改革

① 新华社．中央经济工作会议在北京举行 习近平、李克强作重要讲话［EB/OL］．新华网，2016-12-16.

② 新华社．中央经济工作会议在北京举行 习近平、李克强作重要讲话［EB/OL］．新华网，2016-12-16.

行动方案。

3. 深化农村土地制度改革中的政府与市场关系

（1）市场决定资源配置，农村土地资源也不应当例外。需要深入讨论的重大问题是：在严格土地用途管制、严格规划限制的前提下，农村土地资源能不能由市场配置？我们的观点是，只要政府切实把“用途管制”和“规划限制”做好，农村土地资源也应当由市场配置。农村存在的各种土地乱象，主要是土地规划和土地用途没有管住、管好。在严格规划限制和用途管制的前提下，应发挥市场在农村土地资源配置中的决定性作用。

——土地资源的特殊性并不排斥市场的决定性作用。从国际经验看，市场在土地资源的配置上发挥着重要作用，政府也通过各种市场机制来提高土地资源的配置效率。

——鼓励地方积极探索。地方试点要在坚持土地公有制性质不改变、耕地红线不突破、农民利益不受损三条底线的前提下，发挥市场在资源配置中的决定作用。

（2）农民的土地使用权是物权。农民的土地承包权、宅基地使用权、土地经营权等是物权还是债权？对这个问题的讨论已有数年。在坚持农村土地集体所有的前提下，承认农民对土地承包权、土地经营权、宅基地使用权的物权属性，并由此推进农村集体土地的收益、抵押、担保、股份合作等改革，才能落实广大农民的土地财产权，增加广大农民的财产性收入；才能顺利推进“三权分置”改革，使农村产权制度改革真正破题。

——城镇化进程中暴露出来的农村土地问题，与法律尚未赋予农地使用权完整的物权性质直接相关。例如，农村征地强拆、补偿标准过低等问题，深层次的原因在于农地实际上为债权而非物权，农民难以成为征地中的谈判主体；由于农地和宅基地的物权性质不完整，农民难以通过承包地和宅基地流转并以此为契机带着资本进城。

——农村集体产权制度改革就是要把集体经营性资产确认到户。由此，实现农民对集体资产的占有、使用和收益分配的权利，从而增加农民的财产性收入。

——建议尽快修改相关法律法规，赋予农民土地使用权以物权性质，使农民真正从法律上享有支配土地使用权的权利。

（3）建立城乡统一的建设用地市场。为什么城市居民的房子有产权证，可以买卖、抵押，而农民祖祖辈辈留下的房子却没有房产证，不能上市交易？同是公有制，城市的土地是国有，农村的土地是集体所有，二者所具有的法律内涵却相差很大。其核心问题仍是城乡二元制度。按照中共十八届三中全会《决定》提出的“建立城乡统一的建设用地市场”的要求，应当尽快出台具体的实施方案，以严格规划和用途管制为前提，建立公开、公正、公平的统一交易平台和交易规则，实现“同地同权、同地同价、同地同市场”，打破目前地方政府独家垄断供地的格局，活跃土地二级市场，促进土地抵押、租赁、出让市场的发展和完善。这既有利于房地产市场的稳定发展，又有利于增加农民的土地财产性收入。

（4）深化农村集体产权制度改革，落实农民土地财产权是转型发展的巨大红利。

——将带来巨大的转型增长红利。深化农村产权制度改革，落实农民土地财产权，其中蕴藏着巨大的“改革红利”，仅土地经营转让费就高达 1 万多亿元，宅基地总价值 50 多万亿元，将带动银行贷款与社会资金 20 多万亿元①。

——将助推城乡二元户籍制度成为历史。我国城乡二元户籍制度始于 20 世纪 50 年代末，至今已有近 60 年的历史，成为横亘在城乡居民之间的一道难以逾越的制度“鸿沟”，并由此形成城乡居民之间身份的不平等、权利的不平等、享有公共资源和社会福利的不平等。深化农村集体产权制度改革，落实农民的土地财产权，将明显增加农民的财产性收入，为总体实现城乡基本公共服务均等化提供重要条件，为全面实施统一的居住证制度取代城乡二元户籍制度奠定

① 郑新立 . 中国有巨大潜力跃升高收入国家［N］. 参考消息，2016-04-07.

重要基础。

——将加快推动城乡一体化进程。广大农民有了财产性收入，就会向各类城镇不断集聚，并在城镇安家立业，由此加快人口城镇化进程。

4. 监管变革中的政府与市场关系

（1）政府监管转型滞后是不是形成经济金融风险的重要因素？客观地看，我国经济运行中经济金融风险的形成和积聚与这些年经济转型滞后直接相关。其中，政府的监管体制变革滞后、监管严重不到位与低效，成为经济金融风险与矛盾增多的重要因素。

——经济金融风险的加大反映出监管转型严重滞后。当前，经济运行中的矛盾与风险日益增多，有房地产市场的风险、有产能过剩的风险、有实体经济困难的风险等，但主要的是金融风险。2016 年 12 月，中央经济工作会议提出“要把防控金融风险放到更加重要的位置，下决心处置一批风险点，着力防控资产泡沫，提高和改进监管能力，确保不发生系统性金融风险。”从金融领域的情况看，2015 年以来，资本市场的剧烈波动、P2P 等问题频发，集中暴露了金融监管转型滞后的突出矛盾。在混业经营格局基本形成的情况下，金融分业监管带来的监管重叠、监管掣肘、监管真空、监管失灵等问题越来越多。由分业监管向综合性监管转型步履维艰，至今尚未出台改革方案。可以说，金融监管变革到了一个重要的历史关口，再拖下去，对防范金融风险相当不利。

——某些社会风险也与监管不到位直接相关。从实践看，不仅经济风险反映出监管转型滞后的突出矛盾，而且某些社会风险也与监管不到位直接相关。例如，这些年食品药品领域安全事故频发，从“地沟油”、“毒奶粉”到“毒馒头”、“假牛肉”等，以及各种非法添加物不断涌现，反映出食品药品监管的严重滞后。再如，近两年各地重大安全事故频发，与监管体制变革滞后、监管严重不到位直接相关。

——监管转型变革是应对经济风险挑战的重大举措。客观地看，以简政放权为重点的政府改革是本届政府的最大亮点，在释放市场活力、促进经济转型、应对经济下行压力中发挥了积极作用。问题在于，监管变革严重滞后于简政放权改革的实际进程，至今尚未有实质性改革措施出台。由于缺乏统一的监管体制和有效的监管手段，使某些经济金融风险逐步积聚。从这个意义上来说，某些局部风险有可能逐步演变为全局性风险，使经济金融风险成为经济转型与结构性改革的重大挑战，并由此严重影响多方面的经济预期。

（2）破题监管中的政府与市场关系。

——行政审批与市场监管合二为一的旧体制尚未根本改变，不仅增加了企业的制度性成本，而且不利于形成监管机构的独立性、专业性。

——监管中政府“唱独角戏”的特点突出，缺乏市场治理理念，行业协会、商会、企业等自律作用远未发挥出来。

（3）深化监管系统的行政体制改革。要完善包括专业性监管和综合性监管在内的监管体系，实现行政审批与市场监管严格分开；一些需要保留审批事项的部门，应当成为科学规范、有效的审批部门；要完善专业性监管。专业性监管机构不再行使审批权，应当成为专业性监管部门。在食品药品安全、工商质检、公共卫生、安全生产、文化旅游、资源环境、农林水利、交通运输、城乡建设、海洋渔业等领域内推行综合执法，有条件的领域可以推行跨部门综合执法。

（4）推进市场监管由以行政为主向以法治为主的转变。未来 3 ~ 5 年，加快形成以法治为基础的市场监管体制新框架，成为监管转型的重大任务。

——研究出台综合性的《市场监管法》，确立市场监管机构的法律地位，逐步使监管机构成为法定机构；严格规范市场监管程序，以法律制约监管权力。

——加大对违法行为惩处力度，对市场监管对象违法行为形成足够的威慑力；对监管者的不当监管行为严厉处罚；对网购消费品等监管空白地带进行法律规范；研究和探索对专业性市场监管的某些执法权。

——将反行政垄断纳入《反垄断法》。建议对国有垄断行业、城市公用事业、公共服务领域相关行业监管内容进行清理、修改，使这些行业监管体现公平竞争。

——尽快修改相关法律，赋予行业协会、商会等行业组织监管职责，对行业组织的专业性、独立性、治理框架等内容进行明确规范。

“十三五”以经济转型为目标的结构性改革，就是要以正确处理好政府与市场关系为重点；就是要拓宽经济转型的市场空间；就是要放大结构性改革的市场效应，加大有效的制度供给，以实现经济转型的实质性突破。

当前，我国经济转型正处在历史关节点，对新阶段经济转型的客观判断至关重要：

——就其蕴含的经济增长新潜能，就其对经济社会发展的推动力，就其对体制机制变革的历史意义，就其对全球增长的贡献而言，不亚于38年前开启的转型与改革。

——就其涉及的领域，就其面临的结构性矛盾，就其对利益结构带来的冲击，不亚于38年前开启的转型与改革。

——就其推进结构性改革的长期性、系统性、深刻性、复杂性和艰巨性所带来的难度与挑战，不亚于38年前开启的转型与改革。

以经济转型为目标深化结构性改革，不仅是决定未来10 ~ 20年我国经济增长的重大举措，也是应对经济全球化新挑战的重大选择。

第一章

新十字路口的经济全球化

面对经济全球化逆潮的形成，各方需要共同应对贸易保护主义的严重冲击，需要共同推进开放、共享、包容、均衡的经济全球化进程，需要共同推动全球经济治理变革。

2016年是经济全球化逆潮涌动、“黑天鹅”事件频出的一年。2017年，全球仍将面临复杂变化、不确定性增大的经济和金融环境。总的来看，经济全球化又走到了一个新的十字路口。面对经济全球化逆潮对全球经济带来的巨大风险和挑战，需要各国确立开放、共享、包容的全球化观，共同推进全球结构性改革，共同应对贸易保护主义的冲击。

第一节　经济全球化逆潮的形成

2009年，中改院撰写的中国改革研究报告《危机挑战改革》强调，要防止危机带来的贸易保护主义抬头[①]。从现实情况看，近年来全球范围的贸易保护主义倾向越来越明显，最终演变成为经济全球化逆潮。尤其是特朗普有可能推行贸易保护主义措施将对经济全球化带来新的严峻挑战。

一、发达国家贸易保护主义势头增强

当前，经济全球化逆潮突出表现在欧美贸易保护主义的抬头。2017年，全

① 迟福林．危机挑战改革［M］．北京：中国经济出版社，2009.

球需要特别警惕“特朗普冲击”的不确定性，它将影响美国经济及全球经济。

1. 贸易保护措施增加

这些年来，全球范围的贸易保护措施明显增加，从 2012 年的 313 项增加到 2015 年的 736 项，4 年间增长了一倍多（见表 1.1）。2016 年前 4 个月出台的贸易保护主义措施达到 150 项，超过了以往同期的 50 ~ 100 项的规模。

表 1.1：全球贸易保护主义措施的数量

年份	贸易保护数量（项）	备注
2012	313	
2013	407	较上一年增长 30%
2014	491	较上一年增长 20.6%
2015	736	较上一年增长 50%
2016 年 1—4 月	150	1—4 月，同期一般是 50 ~ 100 项

数据来源：世界贸易组织数据库。

以 G20 为例，其经济总量占到全球的 85%。2015 年 10 月中旬到 2016 年 5 月中旬间，G20 总共实施了 145 项新的贸易限制措施，平均每月新增措施 21 项，是 2009 年 WTO 启动监测贸易保护以来的峰值[①]（见图 1.1）。

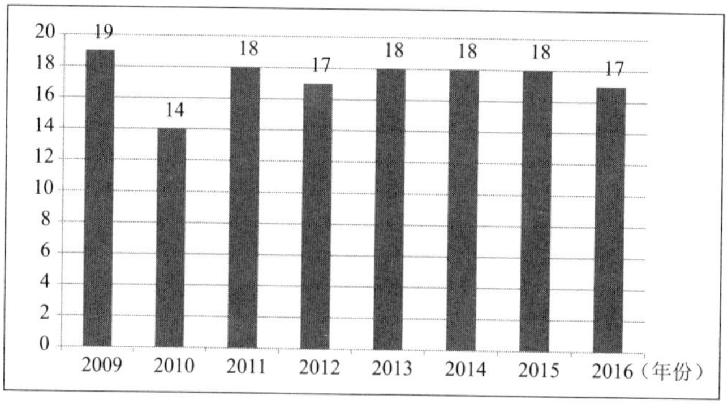

图 1.1：2009—2016 年 G20 贸易限制措施数量（单位：项）

数据来源：世界贸易组织数据库。

① G20 贸易保护主义抬头 WTO 发出警告［EB/OL］. 华尔街见闻，2016-06-21.

2. 贸易保护已经涉及新兴产业

从近几年的情况看，贸易保护既涉及传统产业，也开始涉及新兴产业。信息技术、生物技术、节能环保、新能源等新兴产业是技术进步与技术突破的重要领域，被视为推动全球经济走出低迷的重要引擎。各主要经济体都把新兴产业作为新的增长点，希望占领未来产业发展制高点。这使得新兴产业成为贸易保护主义的重灾区。比如，2016 年 7 月，土耳其对中国进口的光伏产品发起反倾销调查后，先后有印度对华彩涂板发起反倾销调查，美国商务部对原产于中国的不锈钢板带材作出补贴调查初裁[①]。2016 年 12 月，欧委会公布对中国光伏产品反倾销反补贴的日落复审和期中复审调查结果，拟继续对中国光伏产品采取反倾销反补贴措施[②]。

3. 贸易保护形式日益多样化

在贸易保护主义抬头的过程中，经济政策代替传统意义上关税或非关税贸易限制措施成为一个基本趋势，目前传统措施占比已不足 20%（见图 1.2）[③]。例如，法国将每辆电动汽车可享受的环保津贴最高额度由 5000 欧元提高至 7000 欧元，政府还承诺在大型城市设立电动汽车充电柱，以此争夺电动汽车的全球市场[④]。

---

① 中国对美反倾销诉讼终胜出 美国丢了“面子”输了“里子”［EB/OL］. 新华网，2016-10-24.

② 商务部 . 欧盟对中国光伏采取双反措施不利于长远利益［EB/OL］. 商务部网，2016-12-22.

③ 倪月菊 . 金融危机以来的贸易保护新趋势［R］. 中国社科院世界经济与政治研究所研究报告，2013-08-26.

④ 法国汽车环保奖罚标准略有变动［N］. 中国质量报，2012-08-28.

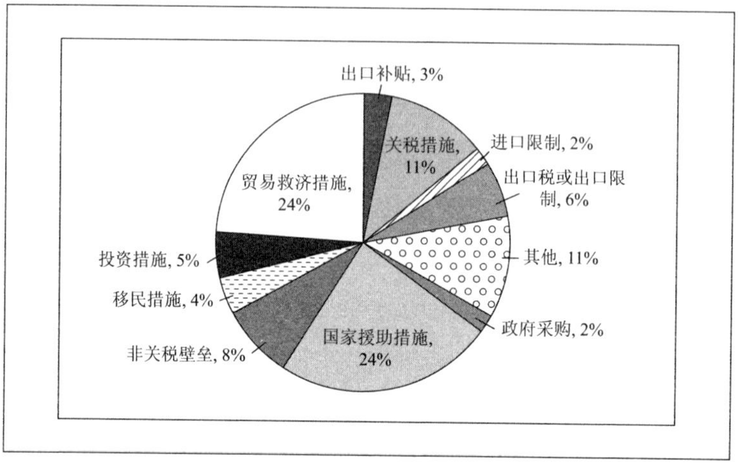

图 1.2：国际金融危机以来各类贸易保护措施占比

数据来源：倪月菊．金融危机以来的贸易保护新趋势［R］．中国社会科学院世界经济与政治研究所，2013-08-26.

4. 美国很有可能转向贸易保护

“特朗普冲击”不仅对贸易伙伴带来巨大冲击，而且也会使美国自身的就业情况恶化，将加大全球经济的不确定性。如果像在竞选中宣称的，特朗普把矛头主要对准中国和墨西哥，很有可能引发贸易战。根据美国彼得森国际经济研究所的估计，贸易战将使美国承受巨大的新增失业压力。

专栏 1.1

美国打响贸易战的后果

彼得森国际经济研究所研究了美国和中国、墨西哥贸易战的三种可能性及其影响：

第一种，全面的贸易战。美国对中国征 45% 的关税，对墨西哥征 35% 的关税，对方也照方抓药，全面回击。在全面贸易战情况下，2017—2019 年，美国 GDP 将完全停滞或“衰退”（recession）。即便之后美国 GDP 重回增长轨道，在以后的所有年份，美国 GDP 增长都赶不上没有贸易战的正常情况。美国高速公路以及装备制造行业的失业率最高，将达到 10.2%，紧随其后的是建筑装备制造（10%）和采掘业（失业率 10%）；从失业人数看，由于消费量大幅减少，零售业将失去 31.1 万个岗位，批发业和医疗产业将分别失去 25.7 万、19.2 万个岗位。全面贸易战有可能导致美国失业新增 480 余万人。

第二种，非对称性的贸易战。中国和墨西哥不进行全面反击，但是有选择地采取一些反制的措施。中国可能的反制措施包括：禁止中国的国有企业与美国企业进行电子信息服务，以及其他软件服务行业；中国国有企业不再与美国进行业务往来；中国可能拒绝向美国提供关键要素资源，使美国难以采购所需要商品和服务；中国可能终止或者威胁终止购买美国国债，甚至直接抛售美国国债，打击美国金融市场；中国可能废除或拖延执行现有关于视频资料、电影、生物制药的产权（见表 1.2）。

表 1.2：非对称贸易战对美国的影响

中国反制措施	美国失业人数（人）
停止从美国进口飞机	17900
国有企业停止采购美国商品	85000
停止从美国进口大豆	21 个农业县失去 10% 的就业岗位

第三种，短暂的贸易战。这种情况下，贸易战估计不超过一年，可能的原因有：中国和墨西哥这些国家向美国妥协；特朗普政府在贸易诉讼中败诉；或是出于公众强烈反对的舆论压力，特朗普不得不采取相关措施。这种情况下，美国私营领域预计也将失去 130 万个工作岗位，占该领域就业总人数的 1%。

资料来源：如果中美贸易战开打，将是怎样一个场面？［EB/OL］. 凤凰网，2016-12-18.

二、贸易保护主义冲击全球经济一体化进程

近年来，全球经济不景气，贸易保护主义抬头，对全球经济格局带来严重冲击。2016 年，这类冲击的数量明显增加，严重影响了全球经济一体化进程。从趋势看，未来 1 ~ 2 年贸易保护主义冲击仍有可能进一步恶化。

1. 英国脱欧重创欧盟一体化进程

作为欧盟的重要成员国，英国退出欧盟，重创了欧盟一体化进程，打破了人们对于区域经济一体化只会前进不会倒退的预期。英国脱欧的冲击，在未来几年内会逐步扩散到整个经济社会领域。值得关注的是，英国脱欧以及特朗普当选，其背后的共性是两国民粹主义和排他主义的兴起，反映了全球面临的深层次矛盾。

2. 排他性区域自由贸易协定的强化

2001 年 11 月，世贸组织第四次部长级会议在卡塔尔首都多哈举行，开启新一轮多边贸易谈判。然而，15 年过去了，这场谈判至今未能达成协议，美国甚至公开呼吁放弃多哈回合贸易谈判。在这种情况下，区域性自由贸易协定逐步增多，并成为一种新趋势。相比于全球性自贸安排，区域性自贸安排是一个次优选择。无论其是否设置排他性条款，都有可能加大企业的成本：同一企业在与不同经济体的企业进行贸易往来时，用于适应不同自贸规则上的成本远高于贸易成本。

3. 全球宏观政策的进一步分化

2016 年，各国经济增长出现分化，使得各国的宏观经济政策分化进一步加剧。例如，全球经济复苏缓慢的情况下，美联储已经开始加息，但有的国家仍在实施负利率。在全球面临共同挑战时，亟须加大全球宏观经济政策协调力度，但各国“自扫门前雪”的态势明显，不利于应对共同挑战。以金融监管为例，各国关于金融机构的信息披露不足、信息共享不足[①]，使得国际金融监管协调往往“纸上谈兵”，很难解决全球金融领域面临的共同挑战。

三、警惕全球化逆潮的风险

全球化逆潮的出现，冲击了经济全球化的格局，加剧了全球经济金融风险。从历史看，全球化逆潮无法实现扩大就业、促进增长的预期目标，反而加大了全球乱象，甚至加大了政治与军事领域的风险。在全球经济增长与复苏的关键时期，这股逆潮及其引发的“黑天鹅”事件，需引起高度警惕，更需要全球的协同行动。

---

① 何帆，邹静娴．国际宏观经济政策的协调［J］．中国金融，2016（20）．

1. 警惕贸易保护的“囚徒困境”

在全球经济下滑的趋势下，如果世界各国都采取收紧对外贸易政策、提高贸易壁垒的策略，自由贸易就有陷入“囚徒困境”——以牺牲他国利益为代价保护本国产业，其他国家也将“以牙还牙”，从而引发贸易战。这种担忧正在逐步变成现实。各国高度关注特朗普提出的过境税等贸易保护措施，并且明确表明将予以反击。

客观地看，目前，全球自由贸易制度安排正在经受重大考验。以 WTO 为例，现行自由贸易制度确有不合理之处，在推进共享发展上有所欠缺，但出路在于完善它而非摒弃它。特朗普提出要退出多哈回合谈判，甚至威胁退出 WTO，一旦启动有可能对经济全球化带来严重的冲击。

2. 贸易保护掣肘经济复苏与经济增长

贸易增长与经济增长之间存在密切联系：较快的经济增长通常伴随更快的贸易增长[①]。WTO 报告指出，过去较长时间内，全球商品贸易增长率通常为 GDP 增长率的 1.5 倍左右，在 20 世纪 90 年代这一比例高达两倍以上，但如今已下降到 1∶1，2015 年全球贸易增长速度和世界经济基本持平（见表 1.3）。

表 1.3：2001—2015 年世界货物贸易额和经济增长速度

年份	世界货物贸易总额（亿美元）	增长率（%）	世界国内生产总值（亿美元）	增长率（%）
2001	126740		331016	
2002	132340	4.4	343855	3.9
2003	154530	14.4	386214	12.3
2004	187860	21.6	435127	12.7
2005	213550	13.7	471042	8.3

① IMF《世界经济展望》系列二：全球贸易增长放缓背后的原因［R］. 第一财经研究院，2016-10-18.

续 表

年份	世界货物贸易总额（亿美元）	增长率（%）	世界国内生产总值（亿美元）	增长率（%）
2006	245640	15.0	510345	8.3
2007	283230	15.3	575306	12.7
2008	326810	15.4	630706	9.6
2009	252780	-22.7	597761	-5.2
2010	307380	21.6	655881	9.7
2011	366930	19.4	726596	10.8
2012	370120	0.8	741549	2.1
2013	376580	1.7	762367	2.8
2014	387124	2.8	778451	2.1
2015	396802	2.5	801026	2.9

数据来源：根据 2001—2016 年《国际统计年鉴》整理。

由于担心贸易保护主义抬头，WTO 发布的《贸易数据和展望》将 2016 年全球商品贸易量增长预期大幅下调至 1.7%，这是自国际金融危机以来增速的最低值。相应地，WTO 将 2016 年全球 GDP 增长预期调至 2.2%。未来几年，贸易保护主义抬头不仅抑制全球贸易的增长，也将给全球经济复苏带来严重的负面影响。

3. 贸易保护挑战全球经济治理

全球治理失衡是各国面临的共同挑战，不是哪一个国家“单打独斗”能解决的。这就要求在全球层面进行沟通协调，共同寻找解决办法。但在全球化逆潮下，各国“各行其道”的倾向明显，全球宏观政策协调“有共识无行动”。由此带来了两个方面的严峻挑战：

一方面，重本国产业保护而忽视结构性改革。能否推进全球结构性改革，对经济全球化的可持续发展有重要作用。但在贸易保护的短期诱惑下，不少经济体把注意力放在对国内市场的保护上，对结构性改革重视不足，应当推动结构性改革的时候却举措不力甚至出现反复和倒退。另一方面，经济风险不断蔓延。在贸易保护主义抬头的情况下，全球性的经济问题很难得到有效解决，经济摩擦与冲突很有可能蔓延到政治和军事领域。为了转移国内注意力，不排除极端政客挑起国际政治争端，并触发全球系统性风险。

第二节　坚定经济全球化的大方向

把困扰世界的问题简单归咎于经济全球化，既不符合事实，也无助于问题解决[①]。经济全球化方向没有错，问题在于，经济全球化需要适应形势变化转变模式和理念，树立开放、包容、共享、均衡的新全球化观。

一、经济全球化的大趋势难以逆转

尽管短期内经济全球化逆潮已经出现并且有可能恶化，但从中长期看，经济全球化的大趋势难以逆转，以全球经济融合发展推动经济增长的大趋势难以改变。正如习近平主席在达沃斯论坛上指出的，“经济全球化是社会生产力发展的客观要求和科技进步的必然结果，不是哪些人、哪些国家人为造出来的。经济全球化为世界经济增长提供了强劲动力，促进了商品和资本流动、科技和文明进步、各国人民交往[②]”。

1. 经济全球化仍是全球经济持续增长的重要动力

（1）推动商品和要素的全球流动与配置。从贸易看，货物和服务进出口规模占 GDP 的比重依然保持着上升趋势。1960—2014 年，年均增长达到 6.33%；从资金流动来看，自 1970 年以来对外直接投资（FDI）的上升趋势没有发生根

① 习近平 . 共担时代责任 共促全球发展——在世界经济论坛 2017 年年会开幕式上的主旨演讲［EB/OL］. 新华网，2017-01-17.

② 习近平 . 共担时代责任 共促全球发展——在世界经济论坛 2017 年年会开幕式上的主旨演讲［EB/OL］. 新华网，2017-01-17.

本性改变，1970—2015 年 FDI 流入规模年均增长 12.9%；从科技合作看，2014 年技术合作捐助规模比 1960 年增长超过 82 倍，年均增长 8.5%；从人口流动来看，2015 年人口流动规模高达 2.4 亿人，与 1960 年相比增长超过 3 倍[①]。

（2）推动各国经济深度融合。经济全球化促进货物、服务、资金、人员的全球流动，推动资源要素在全球范围内有效配置。各国经济融合，全球各国的产业链、供应链、价值链密切联系在一起，呈现共生共荣的关系。

（3）推动增长与就业。以美国为例。2015 年，美国制造业就业人数为 1533.8 万人，比 2003 年下降了 156.4 万人，但服务业领域的就业增加了 1232.3 万人（见表 1.4），且主要集中在商业服务业、教育、健康等现代服务业领域[②]。短期看，国际竞争有可能引起结构性失业，但贸易保护阻碍了产业结构调整，更不利于中长期的就业增长和就业结构调整。研究表明，如果将 2008 年之后所有的保护措施移除，全球经济规模将新增 4230 亿美元，带来新增就业岗位近 900 万个[③]。

表 1.4：2003 年与 2015 年美国各产业就业人数对比（单位：千人）

	2015 年	2003 年	变动
农业	2422	2275	147
矿产、石油及天然气	917	525	392
建筑业	9935	10138	–203
制造业	15338	16902	–1564
批发和零售业	20320	20709	–389
交通运输业	7726	6950	776
信息产业	2988	3687	–699
金融业	10087	9748	339
专业和商业服务业	17409	13879	3530
教育与健康服务业	33678	28260	5418
旅游及住宿产业	13821	11607	2214

① 金洪．全球化趋势逆转了吗［J］．财经国家周刊，2016（23）．

② 从 2003 年开始，美国分行业就业统计指标发生变化，为保证数据的可比性，故选择 2003 年数据进行比较。

③ 陈凤英．全球化趋势不可逆转［EB/OL］．半月谈网，2016-09-30.

续 表

	2015 年	2003 年	变动
公共咨询	7264	6815	449
其他服务业	6928	6243	685

数据来源：美国经济分析局网站（www.bea.gov）。

2. 经济全球化推动全球经济转型

（1）经济全球化促进要素自由流动与优化配置。加速新兴经济体和发展中国家在资本、人才、技术等领域的积累速度，促进经济快速发展。例如，2000—2015 年，发展中国家外商直接投资流入占世界的比重由 17.1% 上升至 43.4%，同期发展中国家人均 GDP 由 1490 美元增加至 5056 美元，增加了 2.4 倍[①]。随着发展中国家产业结构升级与消费结构升级，全球需求潜力将进一步释放，发达国家与发展中国家的经济互补性转化成贸易投资的空间也将进一步扩大。

（2）经济全球化促进产业升级。企业在全球范围内配置资源是经济全球化的主要特征，这一过程中发生的贸易投资、产业转移、技术扩散推动了参与国的工业化进程和经济结构的调整升级。比如，发达国家在参与经济全球化的进程中，本国的产业和企业不断向产业链和价值链的高端转移，在将自身不再具有成本优势的产业向发展中国家转移的同时，形成了以现代服务业为主体的产业结构，在高端制造业和金融、信息、研发、咨询、教育、医疗、营销等现代服务业领域的竞争优势不断强化。以美国为例，2000—2015 年，美国制造业占 GDP 比重由 15.1% 下降到 12%，包括技术研发等在内的专业和商业服务业占比由 10.8% 上升至 12.2%，教育、医疗服务业占比由 6.6% 上升至 8.8%[②]。

（3）经济全球化促进技术创新。技术创新对经济转型升级有决定性影响。经济全球化深化了全球范围内的分工和专业化，形成了技术创新的推动力。随

① 数据来源：联合国贸发会议（UNCTAD）数据库。

② 美国经济分析局网站（www.bea.gov）。

着大数据、云计算、人工智能、互联网、物联网为核心的科技发展，新一轮科技革命、工业革命初露端倪。这将在促进各国经济增长的同时，冲破国界限制，形成全球红利，进一步增强经济全球化对全球经济增长的推动作用。

3. 经济全球化新动力正在形成

（1）服务贸易正成为全球贸易增长的重要引擎。过去 5 年，全球货物贸易增速降至全球 GDP 增速以下，但服务贸易增速仍高于全球 GDP 增速。2015 年世界服务贸易的增长继续快于货物贸易增长，服务贸易占世界贸易比重比 2011 年提高 3.3 个百分点，上升至 23%[①]。随着新兴经济体和发展中国家的工业化和经济服务化，以及全球需求结构的不断升级，服务贸易将在全球贸易增长中扮演重要角色。

（2）新兴经济体成为促进全球贸易投资增长的生力军。从贸易看，2015 年，新兴经济体贸易总额占世界贸易总额的比重由 32.6% 提高至 41.4%，而 G7 贸易占比则由 42.4% 下降至 35.0%；从投资看，2005—2015 年，新兴经济体对外直接投资流量由 1277 亿美元增加至 4006 亿美元，年均增长 12.1%，是同期全球及 G7 年均增速的两倍以上[②]。

（3）新一轮科技革命成为经济全球化的新动力。科技进步带来国际贸易尤其是国际服务贸易交易成本的大幅下降，促进了贸易便利化。全球正处于新一轮科技革命的关键时期，信息技术的新突破、跨境电子商务等新贸易方式的发展，将形成全球贸易投资增长新的推动力。

二、经济全球化面临严峻挑战

尽管经济全球化的总体趋势难以改变，但经济全球化既面临着全球需求持续放缓引发的民粹主义和孤立主义挑战，也面临自身存在的不合理因素的挑战。

---

① 数据来源：联合国贸发会议（UNCTAD）数据库。

② 数据来源：联合国贸发会议（UNCTAD）数据库。

面对挑战，经济全球化需要在转变模式中走出一条可持续发展的路子。

专栏 1.2

民粹主义的五个基础

民粹主义指的是在社会中下层中流行的一种政治思潮，其特点是对公正缺失、贫富分化的强烈不满，对政治精英和知识精英思想的叛逆，以及对平等理想的追求。民粹主义（populism）也可称为“平民主义”，是同“精英主义”（elitism）相对立的。目前民粹主义在全球盛行，是在以下背景下发生的：

第一，世界人口发展失衡，跨国、跨区域人口流动加速，城市化瓶颈突出。美国以外的发达国家、俄罗斯人口增长缓慢或停止增长，绝大部分发展中国家人口增长很快，越是贫困的国家人口增长速度越快。

第二，全球人口加速流动，促发了许多群体的认同危机。中东等地区和国家的部族、教派矛盾日趋严重，极端主义和民族分离主义上升。

第三，全球财富分配不公和一系列社会公正缺失现象，严重影响社会稳定，加重政治极化。

第四，全球经济失衡现象难以扭转。新兴国家制造业和能源资源产业日趋发达，但仍依赖于发达国家的投资、服务业和技术创新。

第五，社交媒体迅猛发展，个人和群体作为政治参与者的力量上升。社交媒体是一把双刃剑，既能加强教派、族群、国家内部的向心力，又能促成多元社会里更深的思想分化和群体分裂。

资料来源：王缉思．民粹主义的深厚基础与强烈冲击 [N]．环球时报，2016-12-30.

1. 全球需求的持续萎缩

全球经济增长的突出矛盾是需求不足。当世界经济处于下行期的时候，全球经济“蛋糕”不容易做大，甚至变小了，增长和分配、资本和劳动、效率和公平的矛盾就会更加突出，发达国家和发展中国家都会感受到压力和冲击。反全球化的呼声，反映了经济全球化进程的不足，值得我们重视和深思[①]。一方面，

① 习近平．共担时代责任 共促全球发展——在世界经济论坛 2017 年年会开幕式上的主旨演讲［EB/OL］. 新华网，2017-01-17.

需要重振全球需求，重振贸易和投资，促进经济复苏增长；另一方面，需要有效调节收入分配，完善全球化红利的共享机制，使更多人从全球化中受益。

2. 缺乏包容性的制度安排

（1）包容性不足加剧不平等。经济全球化在促进全球经济贸易增长的同时，包容性不足的矛盾也十分突出。

——发达国家与发展中国家的发展差距仍然很大。1990—2014 年的 24 年间，高收入国家人均 GDP 增长了 21610 美元，中等收入国家人均 GDP 增长了近 4000 美元，中低收入国家人均 GDP 增长 3500 美元左右（见表 1.5）。

——仍有不少国家和群体被排除在经济全球化之外。1990—2014 年，低收入国家人均 GDP 仅增长 369 美元，重要原因之一在于许多低收入国家还未能进入全球自由贸易体系。

——全球范围内的贫富差距进一步扩大。世界基尼系数已经达到 0.7 左右，超过了公认的 0.6“危险线”。数据显示，8% 的人得到了全球 50% 的收入，其中最富有的 1% 得到了 15%[①]。不平等的问题反过来加剧全球需求萎缩，为经济全球化埋下隐患。

表 1.5：1990—2014 年全球不同发展水平的国家人均 GDP 增长（单位：美元，倍）

年份	1990	2000	2005	2010	2013	2014
世界	4271	5453	7247	9513	10684	10804
高收入国家	16287	21843	29086	34674	37636	37897
中等收入国家	764	1173	1803	3595	4583	4732
中低收入国家	723	1092	1663	3286	4170	4301
低收入国家	279	258	313	505	617	648
高低收入国家差距	58.37	84.70	92.93	68.61	60.99	58.47

数据来源：国家统计局．国际统计年鉴 2015［M］．北京：中国统计出版社，2015.

① 约瑟夫·斯蒂格利茨．贫富差距日益悬殊并非巧合［N］．纽约时报，2013-10-20.

（2）“重市场开放、轻发展合作”[1]。无论是 WTO 多哈回合谈判的停滞，还是 TPP 等区域贸易协定的搁浅，都体现了全球化缺少共识，其背后反映发达国家和发展中国家之间、发达国家内部、发展中国家内部的利益分歧。发达国家主导经济全球化规则制定，更强调高水平的市场开放，但发展中国家更需要渐进的开放和发展合作。

3. 关键在于转变经济全球化模式

（1）走向包容共享的贸易投资制度安排。经济全球化在一些国家遭到挑战，重要原因之一在于经济全球化的发展红利并未被公平共享。经济全球化需要转向更加包容的新模式。从全球经济可持续增长的目标出发，构建包容性全球化的制度保障，需要把共商共建共享贯彻到全球化和区域化制度安排中，使更多的国家、地区和群体能够参与到经济全球化进程中并公平分享红利。

（2）走向灵活多样、差别待遇、标准适度的市场开放。经济全球化的重要基础是自由贸易和市场开放，但市场开放不是一步到位，市场开放的标准也不能“一刀切”。发达国家与新兴经济体、发展中国家参与经济全球化和全球竞争的能力不同，应对市场风险和外部冲击的能力和承受力不同。与发达国家相比，发展中国家更需要低标准、开放式、普惠性的自由贸易制度安排，而不是高标准、排他式的自由贸易制度安排。为此，需要给予经济全球化不同参与者合理、必要的政策空间，使各国可以根据自身情况参与灵活多样、差别待遇、标准适度的自由贸易协定。

（3）走向更深、更广的发展合作。在推进包容的市场开放的同时，经济全球化需要把基础设施互联互通、创新合作、能力建设、中小企业等方面的发展合作作为重要的内容和制度进行安排。比如，通过签署交通便利化协议等功能性的安排，促进基础设施建设互联互通，降低发展中国家参与自由贸易进程的门槛和成本。

---

① 张蕴岭 . 反思全球化和区域化［EB/OL］. 中国改革论坛网，2016-11-18.

三、树立开放、包容、共享、均衡的新全球化观

经济全球化确实带来了新问题，但我们不能就此把经济全球化一棍子打死，而是要适应和引导好经济全球化，消解经济全球化的负面影响，让它更好惠及每个国家、每个民族[①]。从全球视野看，走向可持续经济全球化的关键在于转变全球化理念，各国应形成统一共识，以开放、包容、共享、均衡的理念来推进经济全球化进程。

1. 坚定开放的理念

（1）以市场开放应对全球化逆潮。市场封闭不仅严重冲击全球经济增长，还引发失业等问题，进而激化社会矛盾。适应新一轮经济全球化的大趋势，坚定支持市场双向开放，打破制约生产要素自由流动的体制壁垒、区域壁垒，促进全球更大范围的开放。

（2）在市场开放中改善发展环境。开放是发展的必然选择，但仅仅开放并不能解决经济发展的所有问题，市场开放需要渐进的、有差别的制度安排。对发展中国家而言，开放有利于吸引外资，但也需要综合发展环境的持续改善。不仅包括基础设施等硬条件，还包括市场机制、法治化营商环境等软环境，以提升全球化合作水平与便利化程度。

（3）在市场双向开放中“做大蛋糕”。开放的全球化意味着多种区域合作机制的共存。这就需要充分照顾所有国家的实际情况，确保各国都能分享全球化红利，实现共赢。例如，东盟虽然在区域内开放了市场，但区域内贸易投资比例增长仍然缓慢，根源就在于在开放进程中缺乏深度合作机制[②]。为此，在自身比较优势的基础上，各国还需要在合作发展机制建设上做出更大的努力。

---

① 习近平 . 共担时代责任 共促全球发展——在世界经济论坛 2017 年年会开幕式上的主旨演讲［EB/OL］. 新华网 .2017-01-17.

② 张蕴岭 . 反思全球化和区域化［EB/OL］. 中国改革论坛网，2016-11-18.

2. 树立包容性发展观

（1）树立包容性全球化观。建设包容发展的“百花园”，而不是风景独好的“后花园”。包容性全球化就是包容不同市场、不同体制、不同国度、不同群体，求同存异，推动全球化分工体系面向全球开放，让更多国家和企业参与到全球分工体系中。

（2）以包容联动发展应对全球化困境。坚持“共同但有区别”的原则，考虑差别与适度性，通过包容和联动发展将更多欠发达国家及低收入人群纳入全球分工体系，破解经济增长的不均衡和不平等问题。在缩小各国经济差距的同时，使各国市场不断扩大，进而为世界经济增长注入强劲动力。

3. 形成普惠共享的价值追求

（1）普惠共享成为基本共识。2016 年，G20 杭州峰会明确提出，“我们将确保经济增长的成果普惠共享，满足各国和全体人民尤其是妇女、青年和弱势群体的需要，创造更多高质量就业，消除贫困，解决经济发展中的不平等现象，不让任何国家、任何人掉队”。[①]

（2）以普惠共享理念“分好蛋糕”。应对和防范全球化逆潮，关键在追求效率的同时，树立公平发展和共享发展的全球化理念。这样才能铲除贸易保护主义、民粹主义、孤立主义的土壤，形成推进经济全球化的社会环境。

（3）以共享理念指导和推动经济全球化。世界各国特别是主要大国要坚持以全人类的整体利益为中心，努力使所有国家平等参与和公平享受经济全球化带来的益处，不因文化、宗教、制度、政策、实力、意识形态的差异而受到排斥。

4. 形成均衡的全球化新格局

（1）形成均衡的全球化要素流动新格局。经济全球化目前所面临的挑战，

① 二十国集团领导人杭州峰会公报［N］. 人民日报，2016-09-05.

根源在于资本流动性强而劳动力流动性相对弱；商品流动性强而技术、服务流动性相对弱，由此导致各国分享的全球化红利不均。改变这一格局，出路不在于回归贸易保护，而在于进一步提高劳动力、技术、服务的流动性，为均衡的利益分享奠定基础。

（2）形成均衡的全球化利益格局。有专家认为，国与国之间的关系最根本、最核心的是利益关系。现在之所以出现逆全球化，就是因为利益的不平衡[①]。因此，需要在新的全球化形成均衡的利益格局，缩小南北发展差距，以释放全球化新动力。

（3）形成均衡的全球化治理格局。全球经济治理的核心是世界各国在经济全球化中的权利与义务要实现均衡。目前，作为全球化动力的发达国家，其动力在减弱，实质是发达国家不想承担与其享受的全球化收益相对应的义务，由此加大了经济全球化的不确定性。这就要求加快改革全球经济治理体系，形成均衡的全球化治理格局。

第三节　以全球结构性改革推动经济全球化

应对全球化逆潮，根本的出路在于加快全球的结构性改革。在全球经济结构深度调整的今天，各国都面临着政策体制与全球化不相适应的矛盾，但相当多的国家和地区结构性改革明显滞后，成为滋生全球化逆潮的重要根源。在这种情况下，各国需要主动推进结构性改革，而不是以贸易保护主义掩盖本国自身的结构性问题。

---

① 孙永福．逆全球化源于利益均衡被打破 [N]. 新京报 .2016-11-09.

一、以全球结构性改革化解全球结构性失衡

当前，全球经济复苏增长缓慢，有周期性的原因，更有全球经济失衡的结构性矛盾。2008 年国际金融危机以来，全球产业分工的旧格局被打破，新的产业分工格局尚未形成，由此产生产能过剩、高失业、贸易动力不足等一系列结构性矛盾。以全球结构性改革化解全球结构性失衡，是全球实现经济再平衡、走出经济困境的根本出路。

1. 全球结构性失衡主要源于各国结构性改革滞后

（1）全球经济再平衡面临结构性矛盾。2008 年国际金融危机之前，全球化的分工分别由消费国、生产国、资源国构成：美国、欧盟诸国属于典型的消费国；多数新兴经济体是典型的生产国或者资源国。如中国为典型的生产国，俄罗斯、中东石油国、巴西、委内瑞拉等为典型的资源国。国际金融危机之后，作为消费国的美国和欧盟诸国，消费增速下降，导致原有的再平衡模式被打破。欧美经济作为消费国板块复苏缓慢，在很大程度上制约了新兴经济体的经济增长与复苏。

（2）结构性矛盾源于各国结构性改革滞后。作为国际金融危机发源地的欧美发达国家，自身存在比较严重的结构性矛盾。这些矛盾在国际金融危机中集中暴露，但至今仍未解决。作为新兴经济体，在国际分工中过度依赖于某些产品和资源的出口，这种模式在危机中受到重挫，但其转变并不乐观。

（3）全球经济再平衡有赖于各国的结构性改革。简单把本国的增长和就业问题归咎于他国，并采取贸易保护的措施，无法从根本上解决全球经济再平衡问题。只有各国主动通过结构性改革解决自身的问题，全球经济才能实现新的再平衡。

2. 主要发达国家需要提升产业竞争力

（1）以欧盟为例，应主动调整共同体内劳动力政策、福利政策。欧盟过高的福利政策以及劳动力市场缺乏灵活性，是导致其经济缺乏活力和竞争力的突

出矛盾，并由此累积债务风险。欧盟指责新兴经济体劳动力成本低、搞低价倾销，并非解决问题之道。靠打压新兴经济体的制造业保护欧盟区域内的低端制造业，在短期内可能会产生一定效果，但中长期会进一步削弱欧盟自身的产业竞争力。随着更多的新兴经济体加入全球化进程，更多低成本产品进入国际市场，这种依赖贸易保护而缺乏竞争力的产业将被淘汰。

（2）以美国为例，应当重点解决实体经济和虚拟经济的结构性问题。美国作为全球科技创新的领头羊，以贸易保护主义的办法与新兴经济体在低端制造业上“抢饭碗”并不明智。美国多年的“去工业化”，其重要背景是新兴经济体具备一定的比较优势，由此吸引美国制造业在海外布局。美国多年来累积的突出的结构性问题是虚拟经济过度膨胀，导致了自身以及全球性的金融危机。危机过去后，还寄希望于借助传统的虚拟经济带动经济增长和就业改善，恐怕难以达到其预期目的。美国的策略是通过政策体制结构调整，遏制虚拟经济的过度发展，并恢复其强大的创新体系。

3. 新兴经济体需要适应经济转型创新政策体制

（1）新兴经济体近年来的经济增速大幅下滑，根源在于对传统经济增长模式的过度依赖。巴西、俄罗斯、南非等国经济增长都存在对资源、能源等大宗产品过度依赖、产业结构单一、制造业竞争力不足等问题。在全球金融危机爆发前，受益于廉价的国际融资及不断攀升的大宗商品价格，这些国家享受了一段时期的繁荣。但大宗商品价格的急剧下滑导致其经济增速大幅下降；原有的经济结构调整缓慢，则进一步加大了其增长压力。

（2）不能用刺激政策取代结构性改革。国际金融危机后，一些新兴经济体采取了扩张性的财政货币政策，实现了短暂的经济增速反弹，但也进一步延滞了经济结构调整进程。近几年，不少新兴经济体经济复苏增长缓慢，突出的矛盾在于长期累积的一些结构性问题没有得到根本解决。

（3）新兴经济体需要加快建立适应经济转型趋势的政策体制。大宗商品价格再恢复到危机前水平的可能性不大，新兴经济体依靠传统资源能源、传统制造业发展很难实现长期增长，必须依赖产业结构升级才有新出路。当务之急，是加快实施有利于人力资本培育、有利于激励创新的政策体制，在经济转型中开辟新的经济增长点。

二、落实 G20 杭州峰会创新增长蓝图和结构性改革共识

2016 年 G20 杭州峰会的主题是“构建创新、活力、联动、包容的世界经济”，聚焦创新增长议题，共同制定了创新增长蓝图。各方还制定了结构性改革共同文件，强调要通过结构性改革提高世界经济中长期增长潜力。适应新一轮全球化趋势，促进全球自由贸易，推动全球结构性改革。

1. 结构性改革是解决全球经济失衡的治本之策

G20 杭州峰会确定了促进贸易和投资开放、推进劳动力市场改革等九大结构性改革优先领域以及 48 条指导原则，是各国加强合作、共同推动和维护全球自由贸易秩序，走向共赢的有效方案。

五大共识和九大结构性改革优先领域，体现了各国创新增长方式的共同愿望，既照顾到了发达国家的需求，也反映了新兴经济体的需求。例如，“促进贸易和投资开放的指导原则”中明确提出，减少关税和非关税贸易壁垒；减少对外国直接投资的壁垒和限制；实施贸易便利化措施以降低边境成本、适当减少贸易和投资的边境限制，促进更广泛的跨境协调、通过多边、诸边和双边协议最小化对第三方的歧视性措施，减少贸易和投资壁垒等具体要求”[①]。

专栏 1.3

杭州峰会的五大共识和九大结构性改革优先领域

1. 五大共识

（1）我们决心为世界经济指明方向，规划路径；（2）我们决心创新增长方式，为世界经济注入新动力；（3）我们决心完善全球经济金融治理，提高世界经济抗风险能力；（4）

① 二十国集团深化结构性改革议程［N］. 人民日报，2016-09-06.

我们决心重振国际贸易和投资这两大引擎的作用，构建开放型世界经济；（5）我们决心推动包容和联动式发展，让二十国集团合作成果惠及全球。

2. 九大结构性改革优先领域

（1）促进贸易和投资开放；（2）推进劳动力市场改革及获取教育与技能；（3）鼓励创新；（4）改善基础设施；（5）促进财政改革；（6）促进竞争并改善商业环境；（7）改善并强化金融体系；（8）增强环境可持续性；（9）促进包容性增长。

资料来源：G20 杭州峰会公报。

2. 形成落实结构性改革共识的具体行动

建设开放型世界经济，继续推动贸易投资自由化和便利化，需要各国主动将 G20 杭州峰会结构性改革共识转化为实际行动。我国提出了自身的行动方案，并积极推动“一带一路”建设与落实 G20 峰会成果接轨，在推动包容和联动式发展上发挥了表率作用。我国以亚洲基础设施投资银行为抓手，着力构建互利合作网络、新型合作模式、多元合作平台，同沿线国家和地区就发展战略、发展优势、发展区位加快对接，不仅有利于自身的结构性改革，而且有望为合作伙伴的结构性改革创造良好的条件。

3. 建立促进各国结构性改革的落实机制

缺少共同行动指导和有效评估，是各成员国结构性改革进展不理想的重要原因。为此，G20 杭州峰会制定了由一套指标体系组成的量化框架，囊括了劳动生产率、就业率、基尼系数等 12 个指标，用来监测评估各国结构性改革的进展。以此为起点，还需要进一步探索有效的执行机制，督促各国有效落实结构性改革共识。

三、推动全球经济治理变革

维护全球自由贸易秩序，推动全球结构性改革，需要尽快变革全球经济治理体系。未来 5 年，全球经济治理体系正处在改革调整的历史关口，推动全球经济治理结构变革，核心是扩大新兴经济体的参与。

1. 全球治理变革迫切需要发挥新兴经济体作用

（1）新兴经济体是经济增长的重要推动力。新兴经济体在全球化中的参与度越来越高，并成为新一轮全球化的重要推动力量。近几年来，新兴 11 国[①]占全球经济的比重不断上升，从 2011 年的 26.8% 上升到 2015 年的 30.3%（见图 1.3），对全球经济增长的贡献度为 52.9%，远高于 G7 国家的 22.9% 和欧盟国家的 12.2%。未来 5 ~ 10 年，新兴经济体在新一轮全球化和全球可持续增长中将扮演更为重要的角色。

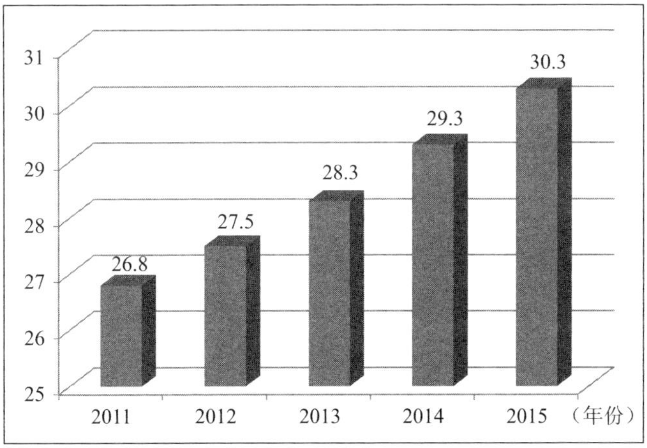

图 1.3：2011—2015 年 E11 经济总量占全球经济总量的比重（单位：%）

数据来源：新兴经济体发展 2016 年度报告［R］. 博鳌亚洲论坛，2016-03.

（2）新兴经济体在全球治理体系中的话语权与影响力严重不足。"二战"后形成的全球治理体系在很大程度上是以发达国家为主导，这已经不能适应世界经济格局的变化趋势，尤其是不适应新兴经济体发展壮大的趋势。2016 年年初，IMF 改革方案正式生效，约 6% 的份额向新兴市场和发展中国家转移，我

① E11 指 20 国集团中的 11 个新兴经济体，包括阿根廷、巴西、中国、印度、印度尼西亚、韩国、墨西哥、俄罗斯、沙特、南非和土耳其。

国份额占比从3.996%升至6.394%。但与美国16.5%的投票权份额和否决权相比，仍显不足[①]。

（3）新兴经济体的参与对全球结构性改革具有决定性影响。第一，当前的贸易保护主义集中在发达经济体，推动自由贸易新进程，无论是共识的形成，还是行动实践，都需要新兴经济体的广泛参与。第二，无论是全球治理传统机制的改变，还是新机制的形成，核心是提升新兴经济体的制度性话语权。第三，在全球治理失序的特定背景下，以中国为代表的新兴经济体成为全球治理变革的重要推动力量。“一带一路”、金砖国家银行、亚投行等新机制，都在构建更加开放、包容、共享、均衡的全球治理新格局上扮演重要角色。

2. 通过强化G20发挥新兴经济体作用

（1）从G7走向G20是全球经济治理变革的新起点。2008年国际金融危机后，由于G7的经济比重相对下降，全球经济再平衡和经济秩序重构越来越依赖于G20，G20逐步走向全球化舞台的中央，成为当今世界最大、最有权威的多边对话和治理机制之一。

专栏1.4

从G7到G20

1975年11月，为共同研究世界经济形势、协调各国政策及重振西方经济，法、美、德、日、英、意六国领导人在法国巴黎郊外的朗布依埃举行了首次最高级经济会议。1976年6月，六国领导人在波多黎各首府圣胡安举行第二次会议，加拿大应邀与会，形成七国集团。每年一次轮流在各成员国召开，也被称为“西方七国首脑会议”。

20国集团属于非正式论坛，旨在促进工业化国家和新兴市场国家就国际经济、货币政策和金融体系的重要问题开展富有建设性和开放性的对话，并通过对话，为有关实质问题的讨论和协商奠定广泛基础，以寻求合作并推动国际金融体制的改革，加强国际金融体系架构，促进经济的稳定和持续增长。此外，20国集团还为处于不同发展阶段的主要国家提供了一个共商当前国际经济问题的平台。同时，20国集团还致力于建立全球公

① IMF份额改革正式生效 中国投票权升至第三［N］. 证券日报，2016-01-29.

认的标准，例如在透明的财政政策、反洗钱和反恐怖融资等领域率先建立统一标准。

2008年的国际金融危机，使G7国家经济相对衰落，新兴经济体开始走向崛起。在这个背景下，G20取代G7作为治理世界货币、金融和贸易体系的多边谈判机制。可以说，2008年的危机，不仅是世界经济、政治地缘变化的催化剂，也是G7时代终结，G20时代开始的里程碑。

资料来源：中改院课题组整理。

（2）扩大新兴经济体的参与。G20在全球治理格局中的地位作用凸显，主要在于其顺应了时代潮流，扩大了新兴经济体的参与，使得全球经济治理由"富国俱乐部"走向共同治理。适应新兴经济体发展壮大的趋势，需要进一步加快国际货币基金组织、世界银行的治理结构改革，不断提高新兴经济体国家的投票权等；同时把G20这个平台的作用运用好、发挥好。

专栏 1.5

G20：由"富国俱乐部"走向共同治理

G20与G7有很大的区别：G7是一个经济强国的俱乐部，在20世纪90年代以前，G7是世界经济游戏规则的制定者，因为它们的经济总量占世界经济总量的60%以上。国际金融危机使中国等新兴经济体迅速崛起，改变了以G7为主导的世界经济格局。G20国家占世界人口的三分之二，占世界经济的85%，世界贸易的80%。与G7相比，G20的另一个特点是它的包容性和代表性。发达国家和发展中国家并举，欧洲有7个，亚洲有6个，美洲有5个，大洋洲有1个，非洲有1个。

因此，G20等于覆盖了世界的绝大部分，是一个很有包容性和代表性的多边组织，也是当今世界最大、最有权威的多边对话和治理机制。

资料来源：中改院课题组整理。

（3）创新新兴经济体和发展中国家平等参与的新机制。近年来，我国和其他新兴经济体国家通过构建新的多边机制积极参与全球及区域经济治理。例如，金砖国家银行、亚投行，都是以增量改革倒逼存量改革的探索。未来几年，新兴经济体应继续在创新全球性、区域性治理新机制上扮演积极角色，为完善全球经济治理体系创造更加有利的条件。

3. 加快推进 G20 机制化

（1）G20 事实上已成为协调世界经济的"指导委员会"。在杭州峰会的推动下，G20 在参与全球经济转型与结构性改革上扮演了核心角色，使得 G20 成为现今发达国家与新兴经济体进行平等对话与协调的全球经济治理重要平台，成为引领全球经济可持续发展的"指导委员会"。

（2）把 G20 进一步打造成具有决策力、执行力、协调力的长期性全球经济治理机制。落实 G20 杭州峰会结构性改革共识，对推动 G20 从危机管理走向全球治理有重要意义。G20 不仅是应对国际金融危机的产物，反映了全球经济治理变革的新趋势，在全球深入推进结构性改革的今天，G20 更应该常态化、机制化。

——在 G20 范畴加强包括发达和新兴经济体在内的主要经济体的宏观经济政策协调，给予中国等新兴经济体在制定国际经济规则方面更多的话语权。

——推进"一带一路"、亚投行等新兴治理机构与联合国、国际货币基金组织、世界银行等现有治理机制共同合作，全面提升全球经济治理的有效性。

——充分利用 G20 平台推进绿色转型与可持续发展。

——以亚投行、丝路基金为起点，推动国际金融体系改革的新突破。

——在 G20 平台上讨论并实施联合国后千年发展目标。

（3）形成 G20 机制化的务实行动。当前，重在务实探讨如何进一步做实 G20 的治理机制。为此需要：

——广泛征集各方对 G20 未来组织架构及议题设置的方案建议，并形成总体建设方案。

——召集 G20 部长级会议，对征集的方案展开论证，提交 G20 领导人峰会确定。

——G20 成员国共同讨论设置秘书处等常设机构，负责日常活动的组织管理，为会议提供筹备、后勤保障等工作。

——建立 G20 决策机制，遵循协商一致原则，多数表决为例外的方式，切实增强 G20 的执行力和有效性。

The Second

Round of Opening-up

第二章

“二次开放”的中国选择

适应经济全球化的新变局，我国需要主动推进从“一次开放”向“二次开放”的转型，以自由贸易区战略、“一带一路”战略、服务贸易战略为重点，务实推进更深层次、更高水平的双向开放，赢得国内发展和国际竞争的主动。

面对全球化新十字路口的挑战，我国既需要坚定扩大开放，更需要主动推进开放转型，推进更深层次、更高水平的双向开放，以赢得国内发展和国际竞争的主动。我国从“一次开放”走向“二次开放”，不仅有利于自身经济转型，也将对全球经济复苏与再平衡，构建开放、包容、共享、均衡的全球经济治理新格局产生重大影响。

专栏 2.1

“二次开放”的提出

在《转型闯关——“十三五”：结构性改革历史挑战》（中国改革研究报告2016）中，中改院率先提出“‘二次开放’——以全面实施自由贸易战略为重点的开放转型”的政策建议。

报告提出：“十三五”，我国扩大对外开放与新一轮全球自由贸易形成历史交汇。以服务贸易为重点全面实施自由贸易战略，加快服务业市场的双向开放，在开放中创造有利于经济转型升级的外部条件，在开放中推进全球自由贸易进程，在开放中提升我国参与全球治理的制度性话语权，成为“二次开放”的历史使命。

2016年，经济全球化出现了新情况，“黑天鹅”事件频发。结合经济全球化的新变局和新趋势，中改院对“二次开放”开展了进一步研究，丰富“二次开放”的内涵，完善“二次开放”的分析框架。

资料来源：中改院课题组整理。

第一节 走向开放、包容、共享、均衡的“二次开放”

改革开放以来，我国把对外开放作为基本国策，在开放中学习、吸收、借鉴，在开放中应对挑战。当前，适应经济全球化新情况与我国经济转型大趋势，我国以开放赢得国内发展和国际竞争的主动，关键在于加快开放转型，实现从“一次开放”向“二次开放”的跨越。

一、对外开放仍是我国转型改革的重要动力

在全球“黑天鹅”事件不断出现，尤其“特朗普冲击”有可能持续发酵的新变局下，我国对外开放的空间究竟有多大、开放的红利究竟还有没有，有人产生疑虑。应当看到，尽管内外形势发生重大变化，但我国开放仍有巨大空间，仍是推动我国转型改革的重要动力。

1. 开放促发展是我国走向现代化的必由之路

我国从低收入国家迅速发展成为中高收入国家，得益于对外开放。在开放中学习，在开放中转型，通过理顺体制关系打破了传统计划经济对生产力的束缚，激发了亿万人民创造财富的热情。人均 GDP 从 1978 年的 150 美元左右提高到 2015 年的 8000 美元[①]，提升了 50 余倍。

2. 对外开放增强了改革的动力

通过对外开放学习发达国家经验，为市场化改革提供了重要的参考和借鉴。例如，加入 WTO 后，我国开放程度不断提高，形成了以开放倒逼改革的新格局，大大拓宽了市场化改革的范围。在国内改革动力不足的情况下，对外开放

① 国家统计局，中国统计摘要 2016 [M] . 北京 : 中国统计出版社，2016.

往往发挥重要作用。以深圳经济特区为例，每当改革面临比较大的阻力，加大对外开放力度，总能够为改革“杀出一条血路”。

3. 开放与改革形成良性互动

在改革中开放，在开放中改革，形成开放与改革的良性互动和相互协调，成为我国发展的重要保障。从地方层面看，2015 年，北京、上海、天津、江苏、浙江五个省市人均 GDP 超过 12000 美元[①]，达到高收入标准。这些省市有一个共同特点，就是改革进程比较快，同时实现了开放与改革的良性互动。以浙江省为例，依靠激发市场活力，民营经济得到迅速发展；同时，通过扩大开放，放大了改革效应。

二、“十三五”：我国开放转型的重要机遇期

经过 38 年的改革开放，我国成功实现经济起飞。当前，我国的经济转型与全球化新趋势呈现历史交汇。把握好这个历史交汇，主动推进开放转型，不仅能为国内经济转型创造良好的外部环境，而且能有效提升我国在全球经济治理中的制度性话语权。

1. 全球化新趋势与我国扩大开放的历史交汇

（1）全球新一轮自由贸易进程与我国扩大开放形成历史交汇。例如，全球服务贸易发展与我国服务型消费需求增长相交汇。尽管全球货物贸易低迷，但服务贸易快速发展，成为经济全球化的重点。如果能够把国内消费结构升级和推动全球服务贸易便利化进程有机结合起来，就可以通过开放推进国内的产业结构升级，释放出巨大的产业升级红利。再例如，在多哈回合谈判陷入僵局以及 TPP 和 TTIP 很有可能被搁置的情况下，如果能够抓住“一带一路”开局良

① 2015 地方经济“年报”：10 省份人均 GDP 迈入“1 万美元俱乐部”[N]. 第一财经日报，2016-02-03.

好的态势，加快与沿线国家和地区共建多种形式的自由贸易网络，就可以发挥“一带一路”在促进全球自由贸易进程中的重要作用。

（2）全球新一轮科技革命与我国扩大开放形成历史交汇。国际金融危机后，各国都加大研发投入，寄希望由科技创新的突破来走出危机。过去几年，全球在信息、能源、材料、生物制造等一些重大科技领域取得了较大进展，VR、无人驾驶汽车等已经开始进入应用阶段，这些都成为催生新产业、引发产业的颠覆性变革的重要动力。在前几轮科技革命中，由于多种原因我国错失了与世界科技同步发展的机会，在科技领域与发达国家形成比较大的差距。改革开放后，通过融入全球化，我国科技投入、科技人力资源和科技成果均得到明显改善。目前，我国扩大开放和新一轮科技革命相融合，有可能孕育更多的新业态，在发展新经济上取得重要突破。

（3）全球经济治理结构变革与我国大国地位的提升形成历史交汇。国际金融危机后，全球经济治理结构变革压力明显加大。一方面，适应全球经济结构变化，要对传统的全球经济治理结构做出相应调整。比如，2016 年 10 月 1 日，IMF 正式把人民币纳入 SDR，对传统国际金融格局变化做出积极回应。另一方面，一些新的全球经济治理机制的作用初露端倪，包括 G20 和我国发起设立的亚投行和丝路基金。未来，全球经济治理变革还有很大空间，包括我国在内的新兴经济体的全球地位和作用还有进一步提升的空间。

2. 历史交汇中蕴藏巨大的开放红利

（1）我国市场与全球市场的“化学反应”将释放巨大的外贸红利。改革开放以来，我国对外贸易依存度呈现上升趋势，由 1978 年的 9.65% 提高到 2000 年的 39.16%；加入世贸组织以后，我国对外贸易依存度继续大幅攀升，到 2006 年达到了 64.24% 的高位（见图 2.1）。随后，受国际金融危机等因素的影响，外贸依存度开始缓慢下降[①]。虽然我国外贸依存度有所下降，但外贸仍然是我国

① 国家统计局．中国统计摘要 2016［M］．北京：中国统计出版社，2016.

重要的增长动力。尤其是从产业价值链看，我国作为世界工厂，已经深深嵌入全球经济中，中国市场与国际市场已经不可分割。继续推进国内市场与全球市场的整合，将为我国经济增长带来巨大的外贸红利，尤其是价值链升级红利。

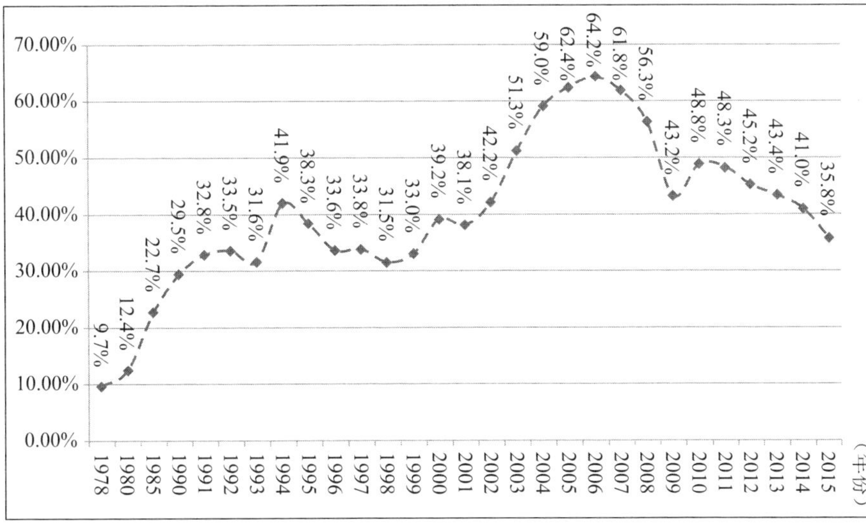

图 2.1：1978—2015 年我国外贸依存度

数据来源：国家统计局．中国统计年鉴 2016［M］．北京：中国统计出版社，2016.

（2）企业创新与我国市场的“化学反应”将释放巨大的创新红利。企业创新最终需要落到消费者层面。在此方面，我国具有突出优势。例如，任何一家企业只要在中国占有 1% 的市场份额，意味着有 1300 万人的市场规模，相当于一个中等国家的市场。中国大市场可以使企业创新投资回报率更高，回报时间更短，如果能够通过开放，把我国市场与创新趋势相融合，就有可能形成新的增长点，释放新的创新红利。

（3）科技革命与我国开放的“化学反应”将提升产业竞争力。当前，我国在高技术的贸易上仍有相当大的空间。比如，2015 年我国高技术进口贸易额为 5480 亿美元，占比达 32.6%[①]。通过主动开放，抓住新一轮科技革命的趋势，整

① 数据来源：《2015 年中国对外贸易发展报告》。

合中国大市场与先进科技，将对我国技术突破与产业竞争力提升带来重要的促进作用，释放巨大的科技红利。

3. 以主动开放抓住历史交汇点的战略机遇

（1）以主动开放抓住全球化新趋势。当前，全球处于消费结构升级的关键时期，这是服务贸易快速发展的基本背景。我国主动推进服务贸易领域的开放，有利于抓住全球经济服务化的大趋势促进自身发展。在经济结构调整方面，全球普遍面临着需求不足的挑战。我国主动开放，依托不断扩大的国内消费市场，不仅有利于促进国内经济转型，还能够为全球经济复苏提供重要动力。

（2）以主动开放促进国际产能合作。例如，我国的钢铁生产在很大程度上是面向全球市场。在钢铁产能过剩的情况下，通过主动开放，加大国际产能合作力度，可以拓宽去产能的空间，降低产能过剩风险。再例如，我国高杠杆的一个重要原因是国内“资产荒”。推进主动开放，尤其是稳妥推进人民币国际化，有助于解决“资产荒”问题，从而为去杠杆提供更大的空间。

（3）以主动开放避免发展停滞的风险。“通则进，闭则退”，是世界经济发展的普遍规律。主动开放可能会带来风险，但不开放的风险更大，机会成本更高。世界银行的研究表明，“二战”以来 100 多个国家摆脱了贫困从而进入中等收入国家行列，但只有 13 个经济体进入高收入国家行列，其共同特征是实施了与本国发展相适应的对外开放战略[①]。

三、“十三五”：从“一次开放”走向“二次开放”的主动选择

抓住经济全球化的大趋势，有效应对经济全球化新变局的风险和挑战，客观要求我国加快开放转型进程，在“一次开放”的基础上提升开放水平，尽快形成“二次开放”的大格局。

---

① 中国可通过深化改革避开中等收入陷阱［EB/OL］. 参考消息网，2016-03-30.

1. 把握主动重在推进开放转型

（1）“一次开放”的历史贡献。一个经济体的开放模式，主要表现为它参与国际贸易和国际投资的具体运行方式，以及在处理对外经济关系时的体制与政策安排等[①]。改革开放之初，在经济发展条件约束下，我国选择了出口导向的开放模式，主动融入国际市场，同时倒逼国内市场化改革。

——出口以劳动密集型产品为主，资本与技术密集型产品则在进口中占主导地位。1990 年，我国初级产品出口占比 25.6%；工业制成品进口占比 81.5%[②]。

——以货物贸易为主，服务贸易规模小。到 2001 年，我国服务贸易规模才达到 719 亿美元的规模，是同年货物贸易（5096.5 亿美元）的 14.11%[③]。

——引进外资主要依靠劳动、土地等低要素价格优势。同时，对外投资规模小，改革开放之初几乎可以忽略不计。

这种开放模式对我国促进资本积累、加快产业升级，推动经济起飞发挥了历史性的重要贡献。无论是经济总量还是人均收入，无论是贸易规模还是贸易结构，我国都实现了历史性的跨越。数据显示，1978—2015 年，我国累计吸引了 16395.23 亿美元的外商直接投资。货物进出口总量从 1978 年的 206 亿美元提高到 2015 年的接近 4 万亿美元；在货物出口结构上，初级产品出口比重从 1990 年的 25.6% 下降到 2015 年的 4.9%；在货物进口结构上，工业制成品比重从 1990 年的 81.5% 下降到 2015 年的 66.3%[④]。

（2）开放的初始条件发生重大变化。改革开放 38 年来，我国经济体量不断扩大、结构逐步优化，开放的比较优势随之发生变化。随着人口老龄化程度的

① 陈飞翔，居励，林善波 . 开放模式转型与产业结构升级［J］. 经济学家，2011（4）.

② 中国经济时报制造业调查组 . 中国制造业大调查：迈向中高端［M］. 北京：中信出版社，2016.

③ 国家统计局 . 中国统计年鉴 2002［M］. 北京：中国统计出版社，2003.

④ 国家统计局 . 中国统计摘要 2016［M］. 北京：中国统计出版社，2016.

提高和劳动力规模的下降，我国人力综合成本不断提高，加上低成本优势逐渐衰退，我国总体上不再是一个资本短缺的国家，开始由资本净流入国转变成为资本净输出国，对外部资本的需求发生了变化。在这些变化中，最明显的是我国城乡居民消费需求结构发生了重大变化，在物质型消费需求得到基本满足后，服务型消费需求不断增长。研究表明，我国城镇居民服务型消费占比约为40%左右，到2020年有可能提升到50%左右。服务贸易发展滞后的矛盾，正是在这个背景下开始凸显[①]。

2.“二次开放”的现实需求明显增大

（1）开放转型的基本要求。

——我国开放转型首先要服务于国内经济转型大局，并成为新阶段经济转型的新动力。进入发展型新阶段，开放要适应城乡居民不断升级的消费结构，尤其是通过服务贸易满足不断增长的服务型消费需求。此外，我国资本与劳动力的供求关系发生了重大变化，开放要立足培育新的动态比较优势。

——开放转型要适应经济全球化新发展趋势。随着开放程度不断提高，经济金融风险因素明显增多，对外开放需要把防范风险放在更加突出的位置。当前全球性制度安排的需求明显上升，我国对外开放需要更加注重国际经济新规则的制定和全球公共产品的提供。

（2）“二次开放”的主要特征。新阶段的“二次开放”，起点、目标、重点、路径、形式等都发生了重大变化；适应“二次开放”的制度框架也需要做出相应的调整和优化（见表2.1）。

表2.1：从“一次开放”到“二次开放”

	“一次开放”	“二次开放”
起点	低收入水平 工业化初期（国内） 制造业全球化（国际）	中等偏上收入水平 工业化中后期（国内） 服务业全球化（国际）

① 迟福林.以改革增强“获得感”[N].光明日报，2016-12-30.

续 表

	“一次开放”	“二次开放”
外部环境	全球化的制度安排比较稳定	全球化的制度安排不稳定，面临变数
内部禀赋	劳动力无限供给，资本短缺	劳动力供给下降，资本剩余
开放重点	货物贸易 制造业市场开放	服务贸易 服务业市场开放
开放途径	融入既有的国际市场	通过“一带一路”主动开辟新市场
资本流向	“引进来”为主，净流入	“引进来”和“走出去”并重，净流出
开放路径	加入 WTO	全面实施自由贸易战略
开放体制	构建外向型经济体制：围绕出口导向战略形成一系列鼓励和扶持出口型工业发展的体制机制	构建开放型经济新体制：以自由贸易为导向构建对外开放的体制机制
国际角色	国际规则的接受者、参与者、跟随者	国际规则的推动者、促进者、引领者

3. 开放、包容、共享、均衡：“二次开放”的基本导向

（1）反对任何形式的贸易保护主义。贸易保护主义短期内看似能缓解一国内部压力，但从中长期看，不能解决危机困境，不能解决可持续增长，不能解决国内就业问题，反而会给本国和世界经济造成难以弥补的伤害。2016 年 9 月，G20 杭州峰会把“包容发展”作为“杭州共识”的基本原则之一，提出“推动包容和联动式发展”。按照开放、包容、共享、均衡的总体要求推进“二次开放”，推动贸易和投资自由化、便利化，反对一切形式的贸易保护主义，坚决避免以邻为壑，成为开放型世界经济的倡导者和推动者，使更多国家分享中国改革开放的红利，既惠及我国人民，也惠及世界人民。

（2）推进更深层次、更高水平的双向开放。当前，我国与全球经济关系发生深刻变化，联系日趋紧密。新形势下，我国以打开国门招商引资、扩大出口为主要表现形式的单向开放越来越难以满足深入参与经济全球化的需求。发展更高水平的开放型经济，关键在于推进双向市场开放。通过陆海内外联动、东西双向开放，打造高水平对外开放新格局，实现与世界经济的互利共赢，不断探索开放型经济的新模式、新路径，打造更高层次的开放型经济，不仅是我国

转型发展的需要，也是世界发展的需要。

（3）引领开放、包容、共享、均衡的经济全球化。国际金融危机后，之所以出现“二战”以来持续时间最长的逆全球化、贸易保护主义等问题，其深层次的原因在于世界发展的不平衡，具体表现为各国内部贫富差距扩大，利益分配主要向大企业和精英阶层倾斜，弱势群体获得利益较少；劳动密集型制造业在过去10多年中由欧美发达国家转移到发展中国家，由此导致欧美发达国家失业率的上升，成为当前反全球化的重要原因；全球价值链分工差异导致国别收入差异，国与国之间分享全球化红利不均，充分暴露出发达国家主导的经济全球化问题凸显。我国作为第二大经济体、第一大贸易国，应高举开放、包容、共享、均衡的经济全球化大旗，促进各国在国际经济合作中权利平等、机会平等、规则平等；共商规则，共建机制，不搞排他性安排，防止治理机制封闭化和规则碎片化，努力推动所有人参与经济全球化，使更多人受益于经济全球化。

4.“二次开放”是一场深刻的变革

（1）开放战略的重大升级。“二次开放”是开放模式的转变，本质上反映出我国发展战略的重大调整。“一次开放”更多依赖于国际市场，其生产投资更多的是为了满足外部市场需求；“二次开放”更加依赖国内市场，其生产投资更多的是为满足国内市场需求。开放政策是否合理，是以能否满足国内消费者需求，尤其是服务需求为重要标准的。

（2）经济转型的重点突破。“二次开放”不仅涉及开放型经济体制构建，而且涉及财税、金融、国有企业等一系列转型与改革。我国现有的经济结构是在“一次开放”的背景下形成的，经济转型升级面临的结构性矛盾与对外开放方式密切相关。开放转型，实质上也是经济转型升级的重要内容和要求。

（3）全球角色的重要调整。在“一次开放”中，我国主要以参与者的身份进入国际分工体系，适应了既定的经济全球化制度安排。在“二次开放”中，随着全球经济格局的调整和我国经济体量的扩大，我国不再是“蚂蚁背后的大象”，而是成为全球经济治理的重要推动者。“二次开放”意味着我国将在全球经济再平衡、全球经济治理中发挥更大的作用。

四、“十三五”：“二次开放”的历史关节点

我国对外开放处在历史的转折点，关键在于战略判断与战略选择。开放转型的内外需求明显增长，时间约束也明显增强。这就要求抓住历史机遇，以打破利益掣肘为重点，实现“二次开放”的重大突破。

1.“二次开放”的内外需求明显增强

（1）推进经济转型的需求。以产业升级为例，我国产业升级的方向是走向服务业主导，破解服务有效供给不足的突出矛盾。这就要求加快推进服务贸易发展，推进服务业市场双向开放。再以创新发展为例，抓住全球新一轮科技革命的趋势，需要借鉴吸收发达国家先进技术和管理经验，提升自主创新能力，实现从投资出口拉动转向创新驱动的转型；需要把科技水平和创新外溢效应作为吸引外资的重要标准，发挥外资对培育自主创新能力的积极作用。

（2）构建开放型经济新体制的需求。中共十八届三中全会提出构建开放型经济新体制的目标，要求“加快培育国际合作和竞争新优势，更加积极地促进内需和外需平衡、进口和出口平衡、引进外资和对外投资平衡，逐步实现国际收支基本平衡，形成全方位开放新格局，实现开放型经济治理体系和治理能力现代化”[①]。构建开放型经济新体制，很难在传统的开放模式下推进，迫切要求推进开放转型，构建以自由贸易战略为目标、以“一带一路”为载体，以服务贸易为重点的开放新格局。

（3）国际社会的需求。以中欧合作为例，加快推进服务贸易自由化进程，能够为欧盟经济复苏提供巨大的市场空间。为此，欧盟希望中国能够进一步开放服务贸易领域。

---

① 中共中央关于全面深化改革若干重大问题的决定［M］. 北京：人民出版社，2013（11）.

2. 抓住“十三五”的时间窗口

（1）未来 5 年是国际经济形势深刻复杂变化的时期。对外开放既要防风险，又不能缩手缩脚。需要在防范经济金融风险的“稳”上加快开放转型的“进”。

（2）未来 5 年是我国经济转型升级的关键时期。到 2020 年，要基本形成消费主导、服务业主导的增长新格局，释放潜在的增长动力，奠定内需增长的重要基础，在开放转型上取得重大突破[①]。

（3）未来 5 年是我国结构性改革的关键时期。开放转型要与结构性改革相结合，并有利于形成结构性改革的新动力。

3. 关键在于打破固有利益格局

走向“二次开放”，推进开放转型，客观上触及传统利益格局。比如，推进国内服务业市场开放会触及某些垄断行业的利益；再比如，在较长的一段时期内，出口退税激励了一些劳动密集型、资源依赖性产品的出口。从实际情况看，对优惠政策依赖程度越高的出口和外资项目，在产业价值链中位置越低。但取消出口退税不可避免地会触及这部分群体的利益。因此，推进以“二次开放”为重点的开放转型，需要打破固有利益格局的掣肘。

第二节 “二次开放”的战略重点

推进“二次开放”，重在实施三大战略：坚定推进开放、包容、共享、均衡的自由贸易战略，维护经济全球化大格局；坚定推进“一带一路”战略，形成共

① 迟福林．把握“十三五”消费主导经济增长新格局［EB/OL］．中国日报网，2015-10-12.

促经济全球化的“朋友圈”；坚定推进服务贸易强国战略，推进更深层次、更高水平的双向开放。在三大战略中破题“二次开放”，赢得国内发展和国际竞争的主动。

一、推进自由贸易战略

未来 5 ~ 10 年，世界经济格局将发生深刻变化，但无论如何变化，经济全球化和贸易投资自由化、便利化的需求不会变。当前，面对主要发达经济体贸易保护倾向加剧的挑战，坚定实施开放、包容、共享、均衡的自由贸易战略，主动推进经济全球化进程，是我国“二次开放”的战略选择。

1. 增强贸易和投资两大引擎

（1）为全球贸易增长提供持续动力。加入 WTO 以来，我国成为国际贸易的主要贡献国，对世界经济稳定发挥了支撑作用。2001—2015 年，我国货物贸易进口额由 0.24 万亿美元增长到 1.68 万亿美元，增长了 6 倍；我国货物贸易进口占世界的比重由 3.8% 上升至 10.1%[①]。即便面临国际金融危机的冲击，我国对外贸易仍然保持了相对稳定性，成为全球经济的重要支撑。2015 年，我国外贸总额超过 24 万亿元人民币，在全球贸易中的份额超过 13%，对全球贸易增长的贡献率超过 30%[②]。

（2）为全球提供重要消费市场。我国 13 亿人的消费大市场将成为全球经济的一大亮点。随着城乡居民消费结构升级，尤其是中产阶层的崛起，我国货物贸易和服务贸易增长出现新动力。例如，我国已经成为全球第一奢侈品消费大国，是好莱坞电影的主要票房来源。根据麦肯锡的数据，中国劳动年龄人口的年消费额将从 2015 年的 2.5 万亿美元上升至 2030 年的 6.7 万亿美元，届时将为全球消费贡献 12%[③]。我国的消费大市场不仅将提振全球经济，也将为贸易伙伴

① 中国经济增长对世界的贡献（二）[EB/OL]. 中国日报网，2016-12-28.

② 中国经济增长对世界的贡献（二）[EB/OL]. 中国日报网，2016-12-28.

③ 史蒂夫·约翰逊. 中国劳动大军将为全球消费贡献 12% [N]. 金融时报，2016-04-06.

带来大量就业（见图 2.2）。

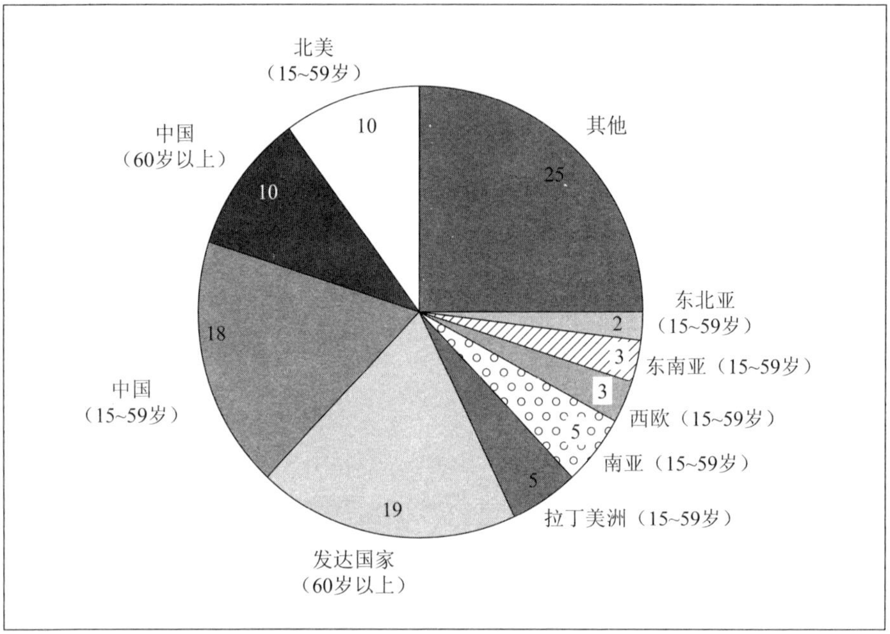

图 2.2：2015—2030 年全球城市消费增长占比（单位：%）

资料来源：史蒂夫·约翰逊．中国劳动大军将为全球消费贡献 12%［N］．金融时报，2016-04-06.

（3）为全球提供投资支撑。目前，我国已成为全球第二大对外投资国。2016 年，我国对外直接非金融投资达到 11299.2 亿元人民币，同期增长 44.1%，遍布 164 个国家和地区。中资企业海外并购项目 742 起，实际交易金额 1072 亿美元[①]。我国对外投资为相关国家创造了大量财富和就业机会。

2. 继续推动贸易和投资自由化、便利化

（1）贸易投资壁垒没有赢家。根据世界银行数据，世界进出口贸易额占 GDP 比重从 2008 年的 51.86% 降至 2015 年的 44.99%，下降了 6.87 个百分点，

① 商务部合作司负责人谈 2016 年我国对外投资合作情况［EB/OL］. 商务部网 .2017-01-19.

相当于退回本世纪初的水平。无论是发达国家还是发展中国家，都深受其害。美国、日本分别下降 2.24、0.96 个百分点；中国下降了 19.82 个百分点，下降幅度明显超过世界平均水平[①]。到 2016 年，中国已连续 21 年成为全球遭遇反倾销调查最多的国家。当前，针对中国产品的反倾销、反补贴等贸易救济调查平均每月超过 10 起，几乎每 3 天 1 起[②]。我国成为贸易保护主义的最大受害国之一。

（2）成为开放、包容、共享、均衡的贸易投资规则的重要推动者。从现实情况看，欧美等发达经济体试图通过 TPP、TTIP 继续主导高标准的贸易投资规则制定，开放性、包容性、共享性、均衡性明显不足，容易引致发达国家与发展中国家之间增长分化、国内不同群体之间的利益分化，也无助于解决全球经济增长面临的深层次矛盾。我国作为最大新兴经济体和发展中国家，把增强全球贸易投资规则的开放性与包容性，促进贸易投资便利化作为“二次开放”的基本任务，可以带动更多发展中国家成为全球贸易投资新秩序的参与者和受益者。

3. 坚定维护双边、多边自由贸易体制

在 WTO 多哈多回谈判受阻的形势下，我国的务实选择是加快实施自由贸易战略，进一步优化自由贸易区建设布局，加快建设高水平自由贸易区，逐步构筑起立足周边、辐射“一带一路”、面向全球的高标准自由贸易区网络，以此维护多边双边自由贸易体制，推动全球自由贸易进程。

二、推进“一带一路”战略

“二次开放”战略的主要实施载体是“一带一路”。抓住 3 年来“一带一路”进展顺利、赢得国际广泛共识的历史机遇，继续推进“一带一路”，使之成为引领经济全球化、推进全球自由贸易进程的新主角。

---

① 胡鞍钢，王蔚．推动实现“新全球化”是大势所趋［N］．解放日报，2017-01-03.

② 中国连续 21 年成为全球遭遇反倾销调查最多国家［N］．上海证券报，2016-07-26.

1. 引领新阶段经济全球化

面对当前复杂的国际形势，引领开放、包容、共享、均衡的经济全球化，反对一切形式的贸易保护主义，推动贸易投资便利化，是“二次开放”的应有之义，是“一带一路”主动担当的重大任务。

3 年多来，“一带一路”战略之所以吸引沿线国家和地区广泛参与和赢得国际社会普遍共识，就在于“一带一路”秉承开放、包容、共享的价值理念，为世界经济增长注入新动力，为自由贸易增添活力，为“一带一路”沿线国家和地区和人民创造实实在在的价值，成为新一轮经济全球化的实践者、推动者、引领者。未来 5 年，我国将通过亚投行、丝路基金等全球经济治理新机制，为世界提供更多的公共产品，为各国提供更广阔的市场空间，为发展中国家和新兴经济体提供更多的合作共赢机遇。

2. 为经济转型提供广阔空间

以产业转型升级为例，我国加快推进服务业主导的产业结构，面临两大任务：一是推动工业转型升级，尽快解决国内工业产能过剩问题；二是寻求服务业发展的新动力。“一带一路”沿线有 60 多个国家和地区、46 亿总人口、GDP 总量达 20 万亿美元的大市场[①]。“一带一路”战略的实施，为实现这两大任务提供了广阔的战略空间。2010—2020 年，亚洲各经济体的基础设施要达到世界平均水平，内部基础设施投资需要 8 万亿美元[②]。这不仅为我国高铁等优质产能走出去提供巨大市场空间，也将加快相关服务业企业走出去步伐。

3. 在开放、包容、共享、均衡中扮演好三大角色

构建开放、包容、共享的经济全球化，“一带一路”应扮演好三大角色：一

① 张茉楠 .“一带一路”重构全球经济增长格局［J］. 中国经济报告，2015（6）.

② 紧紧抓住“亚洲机遇”［N］. 浙江日报，2015-05-29.

是以基础设施互联互通为依托；二是以产能合作和服务贸易为重点；三是以建立多层次、多种形式的自由贸易区网络为目标，进而实现与全球自由贸易进程的融合。如果“一带一路”能够抓住自由贸易战略，开启新一轮的自由贸易区网络建设，就能在全球贸易投资自由化过程中承担更大的责任。

三、推进服务贸易战略

针对当前服务贸易双向市场开放的突出矛盾，我国“二次开放”的战略重点需要做出调整，更加注重服务贸易在开放转型中的地位与作用。

1. 以服务贸易为重点助推经济全球化

从国际看，无论是中美、中欧之间的投资谈判，还是多种形式的双边、多边自由贸易谈判，焦点多集中在服务贸易。随着全球经济发生深刻变化和我国经济转型升级，很多投资领域的问题与服务贸易直接融合。也就是说，服务贸易开放不破题，双边、多边的服务贸易谈判将面临相当大的困难。

当前，国内服务型消费需求快速增长，国际经济服务化趋势明显。在国内外发展环境深刻变化的大背景下，推进以货物贸易为主向以服务贸易为重点的开放转型，不仅对我国产业转型升级有重要促进作用，而且对促进全球经济再平衡也有着重要影响。

2. 补上服务贸易的短板

从实践看，我国开放的短板集中在服务贸易。2015 年全球服务贸易占全球贸易比重为 23%，我国仅为 15.3%[①]，仍有不小的差距。由于我国服务业对外开放严重滞后，服务业难以充分引入国际先进技术和管理经验，制约了服务业的有效供给，导致国内服务型消费外流的问题逐步凸显。未来 5 年，把握我国服

① 全球数据来源于联合国贸发会议（UNCTAD）数据库，中国数据来源于《中国统计年鉴 2016》。

务业市场双向开放与新一轮全球自由贸易历史交汇带来的机遇，加快服务贸易市场开放，将给全球经济和贸易持续增长注入新动力。

3. 关键在于国内自贸区转型

从国内自贸试验区建设进展看，在负面清单管理上取得较大进展。在全球经济服务化趋势下，未来自贸区建设主要不是数量问题，而是要着眼于开放转型的大局，争取在服务业市场开放与服务贸易开放方面取得重要突破。在这种情况下，以服务贸易为重点推进国内自贸区转型，对破题“二次开放”至关重要。

第三节 “二次开放”的大国责任

我国作为世界第二大经济体，推进“二次开放”，不仅对自身经济转型与结构性改革具有重要影响，而且对我国在新一轮全球化中的地位和作用具有重要影响。正如习近平主席在达沃斯论坛上指出的，“中国的发展是世界的机遇，中国是经济全球化的受益者，更是贡献者。中国经济快速增长，为全球经济稳定和增长提供了持续强大的推动。中国同一大批国家的联动发展，使全球经济发展更加平衡。中国减贫事业的巨大成就，使全球经济增长更加包容。中国改革开放持续推进，为开放型世界经济发展提供了重要动力[①]”。

一、为全球经济增长作出重要贡献

如果我国经济转型能顺利推进，未来 5 ~ 10 年我国的经济增长仍是世界增

① 习近平 . 共担时代责任 共促全球发展——在世界经济论坛 2017 年年会开幕式上的主旨演讲［EB/OL］. 新华网，2017-01-17.

长的重要推动力量。

1. 经济规模占世界比重达到 15.5%

自 2009 年经济总量超过日本，成为世界第二大经济体后，我国 GDP 总量一直稳居世界第二位，占世界经济总量的比重逐年上升。2015 年，我国 GDP 总量达到 67.67 万亿元，按人民币和美元的汇率计算，GDP 总量相当于 10.42 万亿美元。2015 年我国 GDP 占世界比重达到 15.5%，相当于美国的 63.4%[①]。2016 年我国经济总量达到 74.4 万亿元人民币[②]，经济总量稳居世界第二。

2. 经济增长对全球贡献率超过 30%

2013–2015 年，我国 GDP 年均增长率为 7.3%，同期全球经济增长率均值为 2.4%，我国 GDP 年均增长率在世界主要发达经济体和发展中国家中，增速排名第一，远超美国的 2.4%、日本的 –0.1%、德国的 1.6%。国际金融危机以来，中国经济增长对世界经济的贡献率平均在 30% 以上[③]。

2016 年全球经济增长约为 3.1%，中国为全球经济增速贡献了 1.2 个百分点，而美国贡献 0.3 个百分点，欧洲贡献 0.2 个百分点，日本不足 0.1%。我国对世界经济增长的贡献超过发达国家之和，为全球经济增长贡献约 39%[④]。

3. 对世界经济增长的贡献率将保持在 30% 左右

目前，我国经济增量约占世界经济增量的 1/3，是世界经济增长的重要动力源。随着我国经济体量的扩大，现在国内生产总值每 1 个百分点的增量，相当

---

① 国际地位显著提高 国际影响力明显增强——十八大以来我国经济社会发展状况的国际比较［EB/OL］. 国家统计局，2016-03-09.

② 国家统计局 .2016 年国民经济实现“十三五”良好开局［EB/OL］. 国家统计局网 .2017-01-20.

③ 习近平 . 共担时代责任 共识全球发展［N］. 人民日报，2017-01-18.

④ 增长贡献首屈一指 中国是世界经济的正面角色［EB/OL］. 人民网，2017-01-10.

于5年前1.5个百分点的增量、10年前2.5个百分点的增量。世界银行预计了未来3年内主要经济体对世界经济增长的贡献率，美国为15.7%，中国将达到26.4%[①]。考虑到未来几年世界经济增长率在3%左右波动，而我国经济转型顺利的话，经济增长速度将稳定维持在6%以上，我国经济增长对世界的贡献率有条件稳定在30%左右。

二、在“二次开放”中推动全球经济一体化

经济转型推动我国快速成为消费大国、服务业大国，在全球经济再平衡中扮演不可替代的角色。

1. 形成13亿人的全球大市场

有数据显示，2016年，我国消费品市场规模位居世界第二，最终消费支出占世界消费总量的比重超过8%，与美国的差距明显缩小[②]。随着我国从投资主导转向消费主导，13亿人的消费大市场将成为全球经济可持续发展的突出亮点。初步测算，到2020年，我国消费总规模将达到50万亿元左右。如果考虑到消费引资的投资需求，我国内需规模在2020年至少达到百万亿元。我国将成为全球最大的消费市场之一，不仅对我国，而且对世界都是一个巨大贡献。

2. 推动全球贸易投资自由化

目前，我国已经成为全球第一大货物贸易国，第二大服务贸易国，也是世界多数国家的主要贸易和投资伙伴。我国不仅是经济全球化的受益者，也是全球贸易投资自由化的坚定推动者。在全球化逆潮影响下，全球范围内的贸易保护主义日益严重。在这个大背景下，中国作为一个负责任的大国，倡导开放、包容、共享、均衡的自由贸易战略，着力形成双边、多边、区域性、全球性自

---

① 中国是世界经济的重要贡献者［N］. 人民日报，2016-07-29.

② 胡鞍钢.2016中国经济发展十大亮点［N］. 人民日报，2016-12-14.

由贸易的制度安排，推动全球贸易投资自由化、便利化，将为全球自由贸易发展作出重要贡献。

3. 推进世界经济再平衡

（1）推进我国从生产大国向消费大国转变。无论是民粹主义，还是贸易保护主义抬头，很大程度上都与世界经济发展失衡相关联。我国推进“二次开放”，重在为全球提供有效供给，催生新的需求，实现世界经济再平衡。未来5～10年，如果我国通过服务业市场开放，推动自身从生产大国走向消费大国，将改变“生产－消费－能源”的传统世界格局，为全球提供巨大的市场，成为促进全球经济再平衡的重要动力。

（2）实现南北发展再平衡。过去全球化并没有明显改善世界发展不平衡，尤其是“南北失衡”仍然突出。从全球来看，1990—2015年，发达国家和发展中国家的经济总量之比已由4.5倍下降到1.4倍，但是经济总量差距缩小并没有改变南北经济发展水平差距。2015年，发达国家人均GDP达到40618美元，相当于发展中国家平均水平的8倍，远高于总量差距①。我国在“二次开放”中实施“一带一路”战略，以“政策沟通、设施联通、贸易畅通、资金融通、民心相通”为重点，将有利于《联合国2030年可持续发展议程》落地实施，推进南北平衡发展。

三、助力全球经济治理变革

通过“二次开放”，我国更加积极地参与全球经济治理，以G20杭州共识为基础助力国际经济治理体系改革，在形成平等公正、合作共赢、包容多元的全球治理新结构中发挥更大的作用。

---

① 数据来源：联合国贸发会议（UNCTAD）数据库。

1. 助力全球结构性改革

破题结构性改革、释放经济增长潜力、激发市场活力，是全球面临的共同挑战。在贸易保护主义日趋严重的今天，无论是发达国家还是新兴经济体，都需要在开放中推进经济转型与结构性改革进程。例如，过去几十年，欧盟结构性改革未能取得突破，反而问题越积越重，引发欧债危机、导致英国脱欧等。其长期以来在劳动力市场、社会福利政策等方面缺乏弹性，在贸易保护方面存在巨大的利益集团，客观上使欧盟经济增长受到严重掣肘。以深化结构性改革破解结构性矛盾，已成为欧盟的务实选择。我国过去几年在结构性改革上不断发力，在多方面取得了一些进展，成为结构性改革的务实推动者，可以为其他国家提供某些可借鉴的做法。

2. 推动全球经济治理变革

（1）发展中国家面临全球经济治理不合理的挑战。近年来，新兴经济体增长面临严峻挑战。这有多方面原因，包括发达国家“再工业化”和发展中国家同质化竞争加剧的“双重挤压”，但也与全球经济治理体系转型滞后直接相关。例如，现行治理体系下，发达国家可以通过多种途径转嫁危机，但新兴经济体却由此承受国际资本频繁流动、汇率大幅波动、贸易环境恶化等风险。新兴经济体基础设施投资需求巨大，但目前多边治理机制中缺乏服务于新兴经济体基础设施投融资的专门机制。此外，新兴经济体尚未取得与其经济地位和贡献相匹配的话语权。

（2）我国将在全球治理变革中发挥更大的作用。推进全球治理体系改革，既要对传统治理机制进行优化，更要充分发挥新的治理机制作用。我国倡导成立的亚洲基础设施投资银行、金砖国家新开发银行等多边开发性金融机构，以基础设施为重点投资领域，具有较强资金实力，有利于提升新兴经济体参与全球金融秩序重构的影响力和话语权。

3. 为全球经济治理变革提供“中国方案”

2016 年是中国全面参与全球经济治理的重要一年。G20 杭州峰会达成共识，坚持继续支持多边贸易体制，共同反对贸易保护主义，推动包容和联动式发展。在形成全球共识后，需要的是务实行动。我国不仅以自身的发展推动世界经济发展，而且为构建开放、包容、共享、均衡的世界经济提供了“中国方案”。作为世界第二大经济体，我国以自由贸易战略、“一带一路”战略、服务贸易战略为重点的“二次开放”务实行动，促进全球经济治理变革，不仅有助于我国经济可持续发展，而且将对全球经济增长和经济治理格局的改善起到重要的促进作用。

The Second
Round of Opening-up

第三章

自由贸易战略引领经济全球化

自由贸易是全球经济持续增长的重要动力。面对全球化逆潮，坚定推进自由贸易战略，不仅将提升我国参与全球经济治理的制度性权力，也将为我国经济转型和结构性改革营造有利的外部环境。

"我们要坚定不移发展全球自由贸易和投资，在开放中推动贸易和投资自由化便利化，旗帜鲜明反对保护主义。搞保护主义如同把自己关进黑屋子，看似躲过了风吹雨打,但也隔绝了阳光和空气。打贸易战的结果只能是两败俱伤"①。面对经济全球化格局的深刻复杂变化，坚定推进开放、包容、共享、均衡的自由贸易战略，提升我国参与经济全球化与全球经济治理的能力和影响，是"二次开放"的重大战略。

第一节　坚定推进自由贸易战略

自由贸易是世界经济增长的重要动力。在贸易保护主义和民粹主义全球蔓延的特定背景下，坚定推进自由贸易战略，增强自由贸易制度安排的开放性、包容性、共享性、均衡性，既是对经济全球化持续发展的重要推动，也是我国经济转型升级的内在需求。

一、以自由贸易战略维护经济全球化大格局

"我们一贯主张建设开放透明、互利共赢的区域自由贸易安排，而不是搞排他性、碎片化的小圈子②"。自由贸易是世界经济增长的重要动力。在贸易保护

① 习近平．共担时代责任 共促全球发展——在世界经济论坛 2017 年年会开幕式上的主旨演讲［EB/OL］. 新华网，2017-01-17.

② 习近平．共担时代责任 共促全球发展——在世界经济论坛 2017 年年会开幕式上的主旨演讲［EB/OL］. 新华网，2017-01-17.

主义和民粹主义全球蔓延的特定背景下，坚定推进自由贸易战略，增强自由贸易制度安排的开放性、包容性、共享性，既是对经济全球化持续发展的重要推动，也是我国经济转型升级的内在需求。

1. 以自由贸易战略有效应对逆全球化挑战

（1）自由贸易是世界经济持续增长的重要引擎。经济发展史表明：无论从优化资源配置和提高生产效率看，从推动技术外溢和技术进步看，还是从创造就业和反贫困看，自由贸易都是经济增长的重要动力。诺贝尔经济学奖获得者迈克尔·斯宾塞（Michael Spence）与罗伯特·索洛（Robert Solow）的研究表明，“二战”后世界经济年均增长率达到7%或者更高水平，并且维持25年或更长时间增长的经济体，一个共同的特征是开放[①]。

专栏 3.1

自由贸易给世界带来了什么?

贸易消除贫困。在过去的25年里，全球有10亿人口脱离了贫困。削减贫困的黄金时期是1980年后的全球化市场时期，在这一段时期，贫困水平令人吃惊地降低了20%。特别是大规模的转变出现在中国和印度，因为这两个国家实施了企业资本化改造，并降低了关税。但即使拉丁美洲和非洲的一些未实施改革的国家，也从2000年开始出现了贫困率下降的趋势。

贸易创造就业。《新闻周刊》的罗伯特·塞缪尔森注意到了一个让人吃惊的统计数据：“每3个月，就有700万～800万美国人失去工作，但同时，又有同样的或者更多的工作机会被创造出来。”

贸易创造财富。彼得森国际经济研究所加里·赫夫鲍尔认为：“美国每年要从全球贸易中获得1万亿美元的财富。”这些财富占到美国GDP的10%，或者说是相当于每个家庭获得1万美元。

资料来源：戴维·斯密克．世界是弯的：华尔街危机启示［M］．北京：中信出版社，2009.

① 戴维·斯密克. 世界是弯的：华尔街危机启示［M］. 北京：中信出版社，2009.

（2）自由贸易是经济全球化的重要引擎。经济全球化是市场机制内在作用的结果，自由贸易的本质是市场机制在跨境、跨区域及更大的地理范围内发挥配置资源的作用。自由贸易带来市场竞争，市场竞争机制导致优胜劣汰，这是“破坏性创造”的过程——伴随着经济总体效率的提高，旧的行业、部门、业态和就业岗位被淘汰，新的行业、部门、业态和就业岗位出现；旧的生产和消费模式被新的生产和消费模式所替代。

（3）加强自由贸易制度的包容性和共享性。自由贸易是大势所趋，然而自由贸易也带来竞争压力主要由中低收入群体承担的问题①。尤其在经济增长疲软的情形下，由于缺少有效的收入分配调节和贸易补偿的制度安排，一些国家失业问题突出，中产阶层收入增长放缓，引发了相应矛盾甚至危机。为此，需要推进形成更具开放性、包容性、共享性的自由贸易规则和制度，减少和消除经济全球化中不公平、不合理的成分。

2. 以自由贸易战略推进全球经济一体化

（1）经济一体化进程明显放缓。亚洲区域内贸易依存度从 2012 年的 59.49% 降至 2013 年的 53.01%②。2015 年，亚洲货物贸易增速与全球货物贸易的平均增速持平，服务贸易增速则低于全球平均水平，作为亚洲地区经济一体化的代表，东盟建设经济共同体的目标③，目前只基本实现了商品的自由贸易，服务贸易仍受制于各种隐形壁垒，资本的自由流动尚未完全实现④。俄罗斯主导的欧亚经济联盟一体化进程也不如预期，2015 年成员国相互贸易同比下降

---

① 刘挺 . 全球化进程中的贫富分化问题［J］. 学海，2004（6）.

② 博鳌亚洲论坛 . 亚洲经济一体化进程 2016 年度报告［R］，2016-03-22.

③ 东盟经济共同体的建设目标是，到 2015 年将东盟经济共同体打造为商品、服务、投资、资本和技能工人自由流动的经济区，其建设的四大任务是单一市场和生产基地、具有竞争力的经济区域、区域经济均衡发展和融入全球经济体系。资料来源：东盟跨入共同体新时代［N］. 中国社会科学报，2016-03-10.

④ 闫森 . 东盟五国服务贸易壁垒的测度分析［J］. 亚太经济，2006（1）.

25.8%[①]。在英国脱欧公投和意大利修宪公投之后，2017 年欧盟一体化进程将面临更大挑战。北美经济一体化前景不明，作为主导者的美国成为贸易保护主义推手的可能性上升。

（2）经济一体化动力严重不足。一是由于外部需求持续萎缩，一些发达国家和新兴经济体出现贸易和投资内卷化倾向，推进经济一体化的贸易和投资动力不足；二是国际市场竞争更趋激烈，贸易摩擦明显增多，爆发贸易战的可能性大大增加；三是在失业增加和收入放缓的压力下，政府推进自由贸易和经济一体化的制度和政策面临更大阻力。

（3）增强经济一体化的开放性和包容性。经济一体化成员间的经济互补性越大，自由贸易的收益越大。一些区域贸易协定具有明显的封闭性和排他性，即使区外国家面临贸易转移和资本流失的风险，也限制了区内成员的市场空间。着眼于形成经济一体化的持续动力，需要以非排他的、开放的区域自由贸易协定为重点，整合碎片化的区域合作机制，吸收新成员、培育新市场、释放新需求，不断拓展区域合作空间和市场空间。

3. 以自由贸易战略推动全球贸易投资规则重构

（1）多边贸易体系面临挑战，使得发展中国家和最不发达国家融入全球经济一体化的主要通道受阻。多哈回合谈判遭遇重大挫折，WTO 多边贸易体系发展停滞不前。过去 8 年来，许多国家通过加快双边、多边自贸区进程来开拓市场。截至 2016 年 7 月，向 WTO/GATT 通报的区域贸易协定共 635 个，其中生效的有 423 个[②]。过多的区域贸易协定使贸易治理碎片化，抬高了全球贸易投资规则重构的成本。

（2）发达国家主导贸易投资规则制定的开放性和包容性不足。美欧试图通过 TPP、TTIP 巩固自身在全球贸易投资治理中的主导权。问题在于，这些区域

① 欧亚经济联盟：现实并不美好［N］. 国际商报，2016-03-02.

② 盛斌 .G20 杭州峰会：开启全球贸易投资合作新时代［J］. 国际贸易，2016（9）.

自贸协定具有明显的排他性、小圈子的特征，不仅难以适应信息全球化和技术革命对加快市场一体化的需求，而且从长期看会加剧全球化“赢家”和“输家”之间的鸿沟，导致一些新兴经济体和发展中国家被锁定在全球产业链和供应链低端，扩大全球、区域和各国内部的收入分配差距，加大全球化和经济一体化的阻力。

（3）增强贸易投资规则制定的开放性与包容性。促进全球化的可持续发展，需要提升新兴经济体和发展中国家的代表性和话语权，带动和支持新兴经济体和发展中国家平等参与全球贸易投资规则重构，使更多发展中国家成为全球贸易投资新秩序的参与者、贡献者和受益者。

二、推进开放、包容、共享、均衡的自由贸易战略

推进开放、包容、共享的自由贸易战略，减少和消除现行贸易秩序中不公平、不合理的因素，完善自由贸易的制度安排，以此形成自由贸易和经济一体化的新动力。

1. 以增强开放性、包容性、共享性为目标

（1）创造市场而非分割市场。推进开放、包容、共享、均衡的自由贸易战略，目的不在于进一步分割既有市场，而是通过推进非排他的自由贸易和市场一体化进程，推进我国 13 亿人的大市场与世界市场深度融合，创造新的市场和新的需求，引导资源在更大范围内优化配置，进一步做大全球市场蛋糕。

（2）双向开放而非对等开放。为了保护本国产业，一些国家提出以“公平贸易”原则取代自由贸易原则，即主张一旦双边贸易失衡，盈余方应节制出口，赤字方可采取保护主义措施直至恢复贸易平衡[①]。发达国家同新兴经济体、发展中国家不在同一起跑线上，后者应对外部冲击和抗风险的能力比前者弱，对等开放意味着更多的风险及不确定性。在市场双向开放的前提下，需要给发展水

---

① 欧阳俊 . 特朗普将如何改变国际贸易？［EB/OL］.FT 中文网，2016-12-21.

平低于本国的国家和地区更多自主开放的时间和空间。

（3）构建包容性产业链、价值链而非排他性产业链、价值链。推进开放、包容、共享、均衡的自由贸易战略，目的在于推动包容性增长[①]和包容性全球化。通过带动和支持广大新兴经济体和发展中国家的更多人口进入全球产业链、供应链和价值链，使发展中国家和最不发达国家能平等参与和分享经济全球化的红利，在这一过程中促进全球价值链调整升级，并不断提升本国产业的地位和作用。

2. 以完善自由贸易制度安排为保障

（1）与2030年可持续发展目标保持一致。以促进全球经济可持续增长为目标，以公平可持续为导向，深化发展自由贸易规则中的可持续发展议题，推进全球贸易投资规则重构，建设以规则为基础的开放、公平的全球贸易体系。

（2）以互利共赢为基本理念。完善开放、包容、共享、均衡的多边贸易体制，推动自由贸易制度向着更加公平合理的方向发展，推动形成开放包容、互利共赢的经济治理新规则，加强自由贸易的制度保障。

（3）坚持和发展WTO针对发展中国家和最不发达国家的优惠待遇原则。主动在多边和双边贸易协定中引入技术合作、中小企业、环境保护、劳动者保护、基础设施建设等发展议题，积极维护新兴经济体和发展中国家的总体利益。

3. 以推进双边、多边自由贸易区建设为主体

（1）把开放、非排他的双边、多边自贸区作为引领全球化新进程的重要载体。坚定把WTO多边贸易协定谈判作为全球贸易规则制定的主渠道，把开放包容的区域自贸协定作为WTO多边自贸体系的有益补充。

（2）推进开放、透明、包容、共享的经济一体化进程。秉持开放的区域主

---

① OECD关于包容性增长的定义是为各阶层群体创造机会、以货币与非货币形式平等共享经济繁荣好处的经济增长。包容性增长的一个重要特征是克服严重的收入分配不平等和社会分化的问题。资料来源：任琳．英国脱欧对全球治理及国际政治经济格局的影响［J］．国际经济评论，2016（6）．

义，通过双边、多边贸易投资协定对 WTO 谈判中难以突破的领域进行先行试验，对自由贸易进程中的新议题进行先行探索，为推进包容共享的经济一体化奠定基础。

（3）推进大国间自由贸易进程。新一轮经济全球化，关键在大国间的自由贸易与经济合作。2015 年，全球前 10 大货物贸易国的货物贸易额合计占全球货物贸易总额的比重超过 50%，中国、美国、德国货物贸易额合计比重超过 30%；2014 年，全球前 10 大服务贸易国的服务贸易额合计超过全球服务贸易总额的 50%，其中美国、中国、英国、德国、法国服务贸易额合计占比达 35%[①]。通过共建开放包容的双边、多边自贸区，加强大国的经贸合作，以此带动新一轮自由贸易和经济全球化进程，是推进自由贸易战略的重要任务。

4. 以发展服务贸易为重点

（1）以服务贸易为重点推进经济全球化。把握服务贸易成为新一轮全球化重要动力的客观趋势，把服务贸易作为实施自由贸易战略的重点。服务贸易的一种重要形式是商业存在[②]，它不仅关系贸易自由化和便利化的制度安排，也直接涉及投资自由化和便利化的制度安排。

（2）把开放、包容、共享、均衡的理念贯穿于服务贸易规则的制定中。在全球尚未形成统一的服务贸易制度的背景下，发达国家把服务贸易作为主导贸易规则制定的制高点。从推进经济全球化健康持续发展出发，我国应积极参与和引领建设开放、包容、共享、均衡的区域性和全球性服务贸易协定，带动新兴经济体和发展中国家平等参与区域和全球服务贸易体系，释放全球服务贸易需求潜力。

（3）以服务贸易为重点加快双边、多边自贸区进程。适应服务贸易成为双边、多边自贸区谈判焦点的趋势，主动把促进服务贸易自由化、便利化作为双边、多边、区域贸易投资协定的重要目标，提高与主要贸易伙伴之间的服务贸

① 资料来源：世界贸易组织（WTO）官方网站。

② 商业存在是《服务贸易总协定》定义的服务贸易四种模式之一，指一成员国的服务提供者通过在其他成员国领土内设立的直接投资企业或分支机构提供服务。

易比重，以服务贸易开放合作带动区域与全球经济一体化进程。

三、以自由贸易战略促进经济转型

在新一轮经济全球化与我国经济转型交汇的背景下，推进开放、包容、共享、均衡的自由贸易战略，既能赢得经济转型与结构性改革的主动，又能为经济转型营造有利的外部环境。

1. 以自由贸易战略赢得经济转型的主动

（1）促进消费结构转型升级。

——通过实施自由贸易战略，推动服务型消费需求的释放与升级。向贸易伙伴降低旅游、养老、医疗、健康等生活性服务和信息通信、会计审计、电子商务、商贸物流等生产性服务业的贸易壁垒，放宽存在严重“消费外流”现象的服务业领域（比如教育、医疗等领域）的外资准入限制，以促进城乡居民消费结构升级。

——通过实施自由贸易战略，提高“中国服务”的质量和水平。促进食品药品等消费领域的安全质量标准向欧盟等发达国家的标准靠拢对接，进一步提升消费的安全性与质量，逐步引进国际领先的安全健康标准，促进绿色生产和绿色消费。

（2）促进产业结构转型升级。

——通过实施自由贸易战略，推动服务业主导的产业结构升级。以服务贸易为重点加快建立双边、多边自贸区，推进服务贸易自由化和便利化，有利于引进我国产业转型升级亟需的咨询、研发、技术专利等生产性服务业，不仅能促进服务业自身结构调整，而且将推动制造业转型升级。

——通过实施自由贸易战略，提升“中国制造”的国际竞争力。通过实施自由贸易战略，引进产品与服务的标准与国内标准创新相结合，推动我国标准体系与国际一流标准体系对接，提高“中国制造”的质量和国际竞争力。

（3）促进城镇化转型升级。自由贸易促进人口集聚、产业集聚，使中小城镇也能直接与国际市场对接、通过参与全球化成为现代化都市。比如，浙江义乌的快速发展在很大程度上是源于搭上了“入世”的自由贸易列车。实施自由贸易战略，尤其是抓住数字经济时代的机遇，利用我国电子商务发展的优势，可以提升农业、农村、农民参与经济全球化的水平和能力，带动更多人口参与到全球产业链、供应链和价值链中，增加城镇化转型升级的推动力。

2. 以自由贸易战略促进结构性改革

（1）推动服务贸易与服务业市场开放。我国服务贸易占对外贸易的比重不仅低于全球平均水平，而且占全球服务贸易的比重仅为 7.7%[①]。一个重要原因是，与制造业相比，我国 50% 的服务业市场尚未开放[②]。适应经济转型升级趋势，我国主动提升与美欧等服务贸易大国、强国的服务贸易自由化水平，严格履行放宽服务业市场准入的承诺，有利于打破服务业领域的行政垄断格局，在服务贸易与服务业市场开放中扩大服务业的有效供给。

（2）推动国企改革。适应新一代自贸协定中要求国企竞争中立的趋势，主动把公平竞争政策和国企竞争中立原则纳入双边、多边自贸区框架，加快打破行政垄断尤其是服务业的国企垄断，倒逼国企改革。同时，推进政府由管企业向管资本的转型，可以为我国企业在全球优化资源配置和产业布局创造有利条件。

专栏 3.2

OECD“竞争中立”原则

OECD 的“竞争中立”原则：

1. 政府商业活动公司化；
2. 识别企业直接服务的公共成本；
3. 以商业回报率考察国有企业；
4. 对国有企业提供公共服务进行合理补偿；

---

① 商务部 .2015 年中国服务进出口额 7130 亿美元 占全球服务进出口总额 7.7%［EB/OL］. 商务部服务外包研究中心网，2016-04-19.

② 迟福林 . 服务业市场开放牵动经济增长全局［J］. 中国经济周刊，2015（46）.

5. 税收中立，不对国企实施有别于其他市场竞争主体的税收优惠；

6. 政府采购中立，国企平等参与政府采购项目的竞争。

资料来源：金中夏．中国面临全球贸易投资规则重构的重大挑战［J］．国际经济评论，2016(4)．

（3）推动政府监管改革。通过实施自由贸易战略，加强与各国市场准入制度和市场监管制度的对接与合作，促进营商环境的法治化、国际化、便利化。推动国内知识产权保护、食品药品安全、环境标准、劳工标准与国际接轨；推动“负面清单”和“准入前国民待遇”的外资管理模式创新；推动由事前监管向事中事后监管转变，促进市场监管模式的转型。

3. 以自由贸易战略为经济转型与结构性改革创造良好的外部环境

（1）突破贸易保护主义和孤立主义的围堵。2015 年，全球新增贸易限制措施达到创纪录的 736 条，针对我国的限制措施几乎一天一条[①]。2016 年 12 月，我国迎来“入世”15 周年，但美国、欧盟、日本等国家仍拒绝承认我国市场经济国地位。在这样的背景下，通过坚定实施自由贸易战略，积极与主要贸易伙伴、新兴经济体和发展中国家共建双边、多边自贸区，有助于我国突破贸易保护主义和孤立主义的围堵。

（2）为企业在全球配置资源和产业布局提供制度保障。把握企业“走出去”的区域布局变化趋势，通过实施自由贸易战略，在我国企业对外贸易和投资的重点区域和新兴市场，加快建立双边、多边自贸区，为企业全球配置资源与产业布局提供制度保障。

（3）塑造有利于我国发展的地缘政治经济新格局。加快实施自由贸易战略，在未来几年基本完成立足周边、辐射“一带一路”沿线、面向全球的自贸区战略布局，以经济贸易合作带动与周边、沿线国家和地区的多方面合作。

（4）提升我国参与全球经济治理的水平和能力。实施开放、包容、共享、

① 贸易保护主义升级 中国更应开拓进取［EB/OL］．中国政府网，2016-12-11.

均衡的自由贸易战略，将明显增强我国推进全球性和区域性自由贸易进程的能力，明显增强我国带动新兴经济体和发展中国家参与新一轮全球化的能力。

第二节　加快双边、多边自由贸易进程

以亚太自贸区为重点，加快推进双边、多边自由贸易进程，形成开放、包容、共享、均衡的自由贸易制度安排，是实施自由贸易战略的重大任务。

一、力推亚太自贸区建设

亚太经济一体化进程既关系我国和周边国家、地区的安全稳定繁荣，又深刻影响全球自由贸易与经济一体化进程。加快建立亚太自贸区，坚持以开放、包容、共享、均衡为导向，以亚太经济一体化为目标，以建立区域全面经济伙伴关系协定（RCEP）为突破，是我国推进双边、多边自由贸易进程的务实选择。

1. 亚太自贸区建设面临历史机遇

（1）亚太经济增长引领全球经济增长。亚太地区是全球经济最具活力的地区，聚集了全球最多的新兴经济体。随着中国、印度等新兴经济体消费潜力的释放和经济结构的升级，未来 10 年，亚太地区预计平均经济增长率将达到 4.5%[①]，是全球经济增长最快的地区。

（2）亚太经济一体化蕴含巨大的贸易投资潜力。亚太地区经济总量占世界经济总量的一半以上，贸易总量约占世界贸易总量的 46%[②]。过去 10 多年，亚洲区域内贸易规模从 1 万亿美元迅速扩大到 3 万亿美元，占区内各成员对外贸

---

① IHS 研究报告：中国和亚太经济增长新动力［N］. 联合早报，2016-04-15.

② 亚太自贸区要改变世界贸易格局［EB/OL］. 中证网，2014-05-19.

易总量的比例从30%上升至50%[①]。未来，亚太经济的快速增长，将带动区域贸易投资需求的进一步增长。

（3）以亚太自贸区推进亚太经济一体化成为基本共识。2014年北京APEC峰会通过了《亚太经合组织推动实现亚太自由贸易区路线图》，明确了亚太自贸区是亚太经合组织（APEC）成员推动区域经济一体化的主要手段。在“10+3”、RCEP、TPP等现有区域贸易安排基础上尽快建立亚太自贸区，改变区内自贸协定碎片化格局，已经成为APEC成员的基本共识。

专栏3.3

亚太自贸区集体战略研究报告完成

APEC领导人在2006年同意将FTAAP列为APEC会议长期愿景之一。在2014年北京举行的会议上，各方就此达成共识，决定启动推进这一进程。2016年11月，亚太经合组织21个经济体部长审议通过亚太自贸区战略研究报告。集体战略研究的完成相信也预示着谈判的正式启动。

APEC部长级会议发表联合声明，明确“亚太自贸区（FTAAP）是APEC进一步推动区域经济整合并迈向与超越茂物目标（Bogor Goals）的重要途径。我们重申接下来将全面并系统地推动亚太自贸区的最终落实”。茂物目标指的是1994年在印度尼西亚茂物制订的系列措施。APEC经济体当时达成共识，发达经济体在2010年之前将全面落实贸易自由化，发展中经济体则在2020年前达成贸易自由化。

资料来源：本届“最重要成果之一”亚太自贸区战略研究完成［N］．联合早报，2016-11-20.

2. 推进以包容共享为导向的亚太自贸区进程

（1）以实现包容共享的增长为目标。APEC囊括了从人均GDP不足3000美元到超过5万美元的国家和地区（见专栏3.4），21位成员在发展阶段、增长水平、市场容量、市场经济发育等方面都存在明显差别。在这种情况下，建立

① 李克强在博鳌亚洲论坛年会开幕式上的主旨演讲［EB/OL］．新华网，2014-04-11.

亚太自贸区，需要把实现包容共享的增长作为目标。通过成员间的平等协商，形成亚太自贸区的制度框架和参与机制，确保参与的国家和地区都能公平地享有自由贸易与经济一体化的收益，努力塑造互利共赢的伙伴关系。

专栏 3.4

APEC 成员的基本概况

按世界银行的收入水平分类法，APEC 的 21 位成员中，既有世界最大的两大经济体（美国、中国），也有像东盟的文莱、越南、菲律宾，拉美地区的智利、秘鲁，太平洋地区的巴布亚新几内亚等经济体量较小经济体；既有高收入国家、中高收入国家，还有中低收入国家；人均 GDP 从最高的美国（56115.718 美元）至最低的越南（2111.138 美元），差距巨大。

表 3.1：2015 年 APEC 成员 GDP 总量及人均 GDP 水平

国家 / 地区	GDP 总量（10 亿美元）	人均 GDP（美元）	国家 / 地区	GDP 总量（10 亿美元）	人均 GDP（美元）
澳大利亚	1339	56310.963	日本	4123	32477.215
文莱	12.93	30554.73	韩国	1378	27221.524
加拿大	1551	43248.53	马来西亚	296.28	9768.327
智利	240.80	13416.23	墨西哥	1144	9005.024
中国	11008	8027.684	秘鲁	189.11	6027.126
中国香港	309.24	42327.84	新西兰	173.75	36963.50
中国台北	525.20	22384	新加坡	292.74	52888.745
俄罗斯	1.331	9092.581	菲律宾	292.45	2904.202
泰国	395.17	5814.77	越南	193.60	2111.138
印度尼西亚	861.93	3346.487	美国	18037	56115.718
巴布亚新几内亚（2014）	16.93	2268.173			

数据来源：世界银行及中国台湾统计资讯网。

（2）建立低门槛、非排他的亚太自由贸易区。

——在发展水平差异大的情况下，实现包容共享的增长目标，亚太自贸区需要采取非排他、低门槛的办法，以照顾不同成员尤其是落后地区的发展诉求。

——劳工标准、环境标准、知识产权保护、竞争政策等严格的“边境内规则”，以及一些要求让渡国家主权的条款，对于发展中国家而言标准过高。建立亚太自贸区，可以参照 WTO 制度框架，先建立门槛较低、标准较低的统一制度，形成成员共同遵守的统一制度。

——依据成员的经济发展情况，设定自贸区建设远期目标和阶段性目标。在较长的时间内逐步提升贸易投资开放水平，逐步增加开放内容、提高开放标准。

3. 以区域全面经济伙伴关系为优先选择

（1）在 RCEP 的基础上建立亚太自贸区具有现实性

——RCEP 谈判已有较好基础。自 2013 年 5 月启动以来，迄今已经进行了 16 轮，2016 年就进行了 6 轮谈判，完成了货物贸易、服务贸易、投资、知识产权、经济技术合作、贸易争端解决、中小企业等内容的谈判[①]，已有较好的基础。

——RCEP 具有包容性、非排他性的特征。与 TPP 相比，RCEP 在谈判中照顾了不同发展水平的成员国的发展诉求和开放承受度，针对不同发展水平的国家设置优惠条款和例外条款[②]。

——RCEP 一旦达成，将释放巨大的增长潜力。按购买力平价计算，RCEP 成员国 GDP 总和占全球的比重在 2007 年就已超过了 TPP 成员国，预计 15 年后，RCEP 经济总规模有可能达到 TPP 成员国的两倍[③]。有研究提出，如果 RCEP 建成，亚太地区的 GDP 和世界 GDP 总量将分别增长 2.1% 和 1.4%，比 TPP 带来的亚太增长和全球增长分别高出 0.9 和 0.8 个百分点[④]。不仅能为亚太经

---

① 根据《RCEP 谈判的指导方针与目标》，RCEP 涉及货物贸易、服务贸易、投资、经济技术合作、知识产权、竞争政策、争端协议和其他八个谈判领域。

② 竺彩华，冯兴艳，李锋 . RCEP 谈判：进程、障碍及推进建议［J］. 国际经济合作，2015（3）.

③ 澳专家：RCEP 集团将成为全球经济活力来源［EB/OL］. 参考消息网，2016-05-03.

④ 商务部新闻办公室 . 发挥中国重要作用，加速推动 RCEP 谈判［EB/OL］. 商务部网，2014-08-29.

济一体化注入新的动力，提振各国对全球化的信心，而且将为整合亚太地区碎片化的自贸区协定奠定基础。

——RCEP 作为优先路径具有现实性。TPP 和 RCEP 被广泛看作是建立亚太自贸区的两条重要路径。在 TPP 遭遇挫折的形势下，RCEP 能否尽快实现突破，关系亚太自贸区建设的整体进程。

（2）为建立亚太自贸区预留接口。

——保持 RCEP 的开放性。充分考虑成员国的共同利益和差别，不设定“一刀切”的标准。同时，对 TPP 等高标准自贸协定的内容采取开放态度，逐步将 TPP 等高标准自贸协定中的内容纳入 RCEP 谈判，比如数字经济、可持续发展、环境标准、劳工标准等。

——保持 RCEP 的包容性。针对不同发展水平的成员国，实施差别化的过渡性安排。采取对发展中国家和最不发达国家的优惠原则，允许这些国家的敏感产业和部门有较长的过渡期，给予发展中国家平等融入区域价值链的权利和机会。

专栏 3.5

RCEP 的共同利益和分歧

RCEP 由东盟 10 国领导人在 2012 年的第 21 届东盟峰会上提出，并随后得到了中国、日本、韩国、印度、澳大利亚和新西兰六个国家的积极响应，因此，RCEP 也称作“10+6”。RCEP 涵盖约 35 亿人口，GDP 总和达 23 万亿美元，占全球总量的三分之一，建成之后，将成为世界最大自由贸易区。

RCEP 各成员国在追求本国整体利益最大化的同时，还十分关注各自的敏感领域，如印度制造业能力弱，而且平均关税在 RCEP 各国中最高，自然担心 RCEP 会使其相关产业受到冲击；韩国和日本则要求对农业和粮食生产者提供特殊待遇；中国的服务业开放程度相对较低，会提出渐次开放的条件和具体范围等，这些核心问题的纠结，都将放缓 RCEP 的讨论进程。特别值得指出的是，在目前参与 RECP 谈判的 16 个国家中，印度与东盟 FTA 的开放率最低，免税产品占全部贸易商品的比例只有 78.8%，若以 RCEP 的 95% 产品免税的目标为标准，印度的谈判难度或许是最高的。

资料来源：RCEP 谈判“临门一脚”卡在了哪里［N］. 上海证券报，2015-11-20.

二、力推双边、多边自贸区建设

双边、多边自贸区是实施自由贸易战略的重要载体。后 TPP 时代，我国应加快双边、多边自贸区建设，主动做大、做精自由贸易“朋友圈”。

1. 以构建开放、包容、共享、均衡的全球自贸区网络为目标

（1）推进更大范围内的双向市场开放。以推进全球范围内的双向市场开放为重要目标，降低国际国内贸易投资壁垒，推进国际国内“两种资源”的优化配置，促进国际国内“两个市场”的深度融合。

（2）带动经济深度一体化。加快推进包含货物贸易、服务贸易、投资便利化等内容的双边、多边自贸区建设，以市场双向开放的制度安排带动市场融合。同时，深入推进产能合作，以自由贸易带动与贸易伙伴经济的深度一体化。

（3）形成包容性的经济一体化制度安排。通过与贸易伙伴的平等协商，以实现包容性的经济一体化为目标，把技术合作、产能合作、基础设施互联互通等纳入自贸协定谈判内容，加强共同应对全球化风险的机制建设，建立收益越大的国家为经济一体化提供更多公共产品的制度与机制。

2. 推进自贸区的全球和区域布局

（1）把握全局，成熟一个推进一个。按照国家“十三五”规划和国务院《关于加快实施自由贸易区战略的若干意见》中构建“立足周边、辐射‘一带一路’、面向全球的高标准的自贸区网络”的目标要求，把握我国全球自贸网络中的关键国家和地区，由点到线、由线带面，有序推进自贸区的战略布局。

（2）提升周边和区域经济一体化水平。在贸易保护主义思潮强势复归的情况下，在继续打造“10+1”自贸区升级版的基础上，提升我国与东盟、印度、其他新兴经济体等贸易伙伴之间的自由贸易水平，深化与东盟等新兴经济体的自由贸易伙伴关系。

（3）与“一带一路”战略支点国家和地区共建灵活多样的双边、多边自贸区。加快“一带一路”自贸区网络建设，与“一带一路”区域和次区域节点国家建立自由贸易伙伴关系，以自由贸易的制度安排带动“一带一路”建设，打造“陆海内外联动、东西双向开放”的全面开放新格局①。

3. 以服务贸易为重点推进双边、多边自贸区进程

（1）服务贸易是推进双边、多边自贸区建设的“王牌”。随着我国货物贸易市场份额的不断上升，货物贸易领域的对华贸易摩擦频发。但在服务贸易领域，随着我国城乡居民服务型消费需求的快速释放，我国服务贸易进口有望超过美国，成为全球最大的服务贸易进口国。13 亿人的服务贸易大市场成为我国推进双边、多边自贸区建设的一张“王牌”。

（2）扩大与贸易伙伴的服务贸易比重。

——加快与贸易伙伴的服务贸易开放合作，显著提高我国与自贸伙伴的服务贸易占比，显著提高我国与全球服务贸易大国的服务贸易占比。

——根据产业转型升级的需要，降低技术专利、咨询、保险、养老、医疗、教育等服务贸易领域对贸易伙伴的进口壁垒，在扩大对欧美的相关服务贸易进口中加快自身贸易结构和产业结构的转型升级。

——提升信息、计算机服务、电子商务等新兴服务贸易领域以及旅游、物流等传统服务贸易的自由化、便利化水平。在扩大对周边国家、发达国家和新兴市场国家出口中推动产业升级，培育竞争新优势。

（3）加快建设以服务贸易为重点的双边、多边自贸区。

——以服务贸易开放为重点升级现有的双边、多边自贸协定。在我国正在谈判或开展可研的双边、多边自贸协定文本中加大服务贸易的份额。

——把握周边和“一带一路”沿线国家和地区基础设施互联互通对信息、金融、咨询、建筑等服务贸易的需求，加快与周边国家和“一带一路”支点国

---

① 陆海内外联动 东西双向开放［N］. 光明日报，2015-11-05.

家和地区的自贸区建设，提升服务贸易自由化、便利化水平。

——提升与欧美等服务贸易强国的服务贸易自由化水平，扩大与欧美等服务贸易大国之间的服务贸易规模与比重。

三、力推自由贸易制度安排

以推进包容性增长和包容性全球化为目标导向，力推符合经济全球化趋势与需求的自由贸易制度安排，积极参与国际经贸规则重构，提升我国参与全球经济治理的制度性话语权。

1. 贸易自由化和便利化的制度仍不完善

（1）货物贸易自由化的制度安排仍有较大提升空间[①]。

——关税。我国对大部分自贸伙伴的产品零关税水平已达到90%，基本符合WTO的要求。但我国签署的自贸协定只覆盖了不到40%的对外贸易额，我国的平均关税税率为9.5%，相比全球平均的6.95%[②]，还有下降空间。

——原产地规则。发达国家签订的自贸区原产地证书大多由企业自主签发，政府事后监管。目前我国仅在中瑞和中澳自贸协定中采取原产地证书自主声明，绝大多数我国自贸区原产地证书由主管机关签发[③]。

——海关程序和贸易便利化。世界银行发布的《营商环境报告》显示，2016年，我国出口所耗（边界合规与单证合规）的时间、费用分别为47小时和607美元，进口所耗时间和费用分别为158小时和948美元，便利化程度排在189个关境区的第96位，第一名的奥地利和法国进出口所耗则平均为1小时和零美元成本[④]。

（2）服务贸易领域的自由贸易制度建设滞后。国际上高标准自贸协定的服

① 王受文．我国当前自贸区发展的几个问题［J］．行政管理改革，2016（12）．

② 2016年关税实施方案［EB/OL］．中华人民共和国海关总署网，2015-12-29．

③ 王受文．我国当前自贸区发展的几个问题［J］．行政管理改革，2016（12）．

④ 世界银行发布《2017年全球营商环境报告》［EB/OL］．商务部网，2016-10-27．

务贸易开放多采取负面清单形式。我国目前仅在中韩自贸协定和中澳自贸协定中承诺将以负面清单为基础进行第二阶段谈判[①]。在国民待遇方面，发达国家和一些发展中国家的自贸区以负面清单的方式列出给予自贸伙伴方的企业国民待遇的部门；我国给予自贸伙伴方国民待遇是以正面清单中做出承诺的。在打破非关税壁垒尤其是服务贸易壁垒方面，我国的开放空间仍然很大。

（3）投资准入的负面清单模式尚未建立。发达国家的自贸协定中对投资开放普遍采用准入前国民待遇加负面清单的谈判模式。中美投资协定、中欧投资协定、RCEP 谈判已采用了负面清单模式[②]。我国投资准入总体仍以正面清单模式为主，已签署的自贸协定均以正面清单的方式管理投资准入。市场开放尤其是服务业市场开放相对滞后。

（4）自由贸易新规则的提出和制定处于落后状态。以市场开放和市场融合为特征的自由贸易制度是全球化不断发展的内在要求。近年来，发达国家主导的自贸协定把自由贸易制度覆盖的领域从海关等“边境规则”扩展到知识产权、劳工标准、国有企业、政府采购等“边境内规则”，对国内的规制和立法提出更高的要求[③]。总体看，我国现有的双边、多边自贸区涉及的新议题仍然较少，由我国提出的新议题和新规则仍然较少，自由贸易新规则的提出和商议能力仍需提升。

专栏 3.6

自由贸易制度的发展

从自由贸易制度的发展演进看，目前主要有两种分类。

1. 联合国亚太经济与社会委员会（UNESCAP）分类法。该方法将协定内容分为 6 大领域，即货物贸易、服务贸易、投资、贸易便利化、原产地规则及其他领域。在 6 大领域下划分 58 个子目录（见表 3.2）。该种分类法仅囊括主权国家间的自由贸易安排，未涵盖例如中国大陆与香港和澳门签订的 CEPA、中国台湾与新加坡、中国香港与智利等

① 王受文 . 我国当前自贸区发展的几个问题［J］. 行政管理改革，2016（12）.

② 王受文 . 我国当前自贸区发展的几个问题［J］. 行政管理改革，2016（12）.

③ 盛斌 . 读懂开放型经济新体制的新意［N］. 解放日报，2015-06-07.

自贸协定，同时优惠贸易安排也不属于此分类之中。

表 3.2：UNESCAP 分类法分类方式

类别	内容
货物	关税，原产地规则，反倾销，反补贴，保障措施，标准措施
服务	承诺减让表，跨境交付，境外消费，商业存在，自然人存在，金融服务，电信，劳工和环境标准，专业服务，其他，最惠国待遇，国民待遇，市场准入，国内规则，补贴，拒绝利益
投资	投资承诺表，投资的定义，最惠国待遇，最惠国例外条款，国民待遇，准入前国民待遇，公平与公正待遇，征收和补偿条款，说明性文本，董事会及高管人员，投资者 - 东道国仲裁，拒绝利益
贸易便利化	海关程序，海关估价，透明度，利用信息和通信技术，商务人士流动，过境自由，运输物流，自然人流动
原产地规则	累计规则，加工工序标准，税目改变标准，微量条款，最低含量标准，退税条款，对公平公正待遇的明确规定
其他领域	政府采购，投资，竞争政策，知识产权，争端解决，劳动力流动，贸易融资，技术合作，制度机制

2. 世界贸易组织 HMS 分类法。该方法将 FTA 条款区分为“WTO+”（第一代）贸易议题和“WTO-X”（第二代）贸易议题。这两种贸易议题分类也被称为“传统 FTA”和“21 世纪 FTA”，前者主要为边界规则，致力于从市场准入角度实现自由贸易；后者主要为边界内规则，通过对国内制度政策的规范化、国际化，实现全面自由贸易发展（见表 3.3）。

表 3.3：两代贸易规则对比

	内容	主要措施
“第一代”（WTO+）边界规则	工业品、农产品，海关程序、出口税，卫生与动植物检疫，技术性贸易壁垒，反倾销、反补贴	关税减让，消除非关税壁垒，贸易便利化，服务贸易开放，国民待遇
“第二代”（WTO-X）边界内规则	1.WTO 多哈回合在谈但尚未达成的议题 2.未在 WTO 谈判与磋商框架内，而只在双边或区域贸易协定中达成条款或正在谈判的议题	知识产权、竞争政策，投资、环保法规，劳动力市场管制，消费者保护，资本流动、财政支持，税收等 38 个议题

资料来源：联合国亚太经济与社会理事会 Asia-Pacific Trade and Investment Report 2016: Recent Trends and Developments；根据世界贸易组织 WTO 2011 World Trade Report

及相关资料整理[①]。

2. 力推贸易投资自由化和便利化的制度安排

（1）进一步提升双边、多边自贸区的贸易投资自由化和便利化水平。

——进一步降低贸易壁垒。尽快将关税水平降低到全球平均水平；在不具有竞争优势的领域，作出不实施新的贸易保护主义措施的承诺，在加强开放风险防范中加快与自贸伙伴的双向市场开放。

——显著提升贸易便利化水平。争取在3～5年内，将货物贸易通关时间和成本降低一半以上；加快与自贸伙伴的电子通关工程建设；实施原产地企业自主申报制，严格事后监管，加快与自贸伙伴建立原产地电子数据交换系统；显著提高与贸易相关尤其是服务贸易的人员往来的便利化水平，减少签证程序、环节和等待时间。

专栏 3.7

对我国提高贸易便利化的相关建议

《中国贸易便利化年度报告》(2016)参考WTO提供的贸易便利化自我评测方法，按照《贸易便利化协定》内容，对中国贸易便利化情况进行测评。该报告认为，入世15年后，中国整体贸易便利化水平得到显著提升，但在减少通关单据、单一窗口建设等方面和协定的要求以及发达国家最佳实践之间依然存在一定差距。

该报告提出改进建议：

1.鉴于目前有关禁止、限制进出口的范围种类繁多，建议国家有关部门对此进行全面梳理，形成一个单一的目录表通过官方网站对外发布；

2.借鉴、参考韩、日等国家海关的经验，提供法律规章的英语翻译文本；

3.就涉及行政相对人的有关管理流程以及系统程序开发任务书等事项，事先征求行政相对人及公众意见研究制定相应规定；

4.网上征求意见的，应该允许并鼓励公开交流、讨论，立法机构应该对公众以及商界提出的意见、建议进行及时反馈；

① Horn Henrik, Petros C. Mavroidis, Andre Sapir. *Beyond the WTO? An Anatomy of EU and US Preferential Trade Agreements*［J］.The World Economy, 2010, 33（11）:1565-1588.

5. 将决定实施的法律规章尽可能提前公布，为企业配合政府机构实施法律规章留下合理的准备时间；

6. 中国海关及质检机构制定、建立和商界的定期磋商机制，并在参与代表、磋商议题等方面采用更加灵活、务实的方式，广泛吸收商界各方面代表反映的情况及建议；

7. 实施主动披露等管理制度。

资料来源：对外贸易大学公共管理学院、世贸组织研究院、北京睿库贸易安全、便利化研究中心《中国贸易便利化年度报告》（2016）。

（2）尽快建立投资准入的负面清单模式。最大限度地减少和取消保护主义和贸易扭曲性措施，以服务业市场为重点降低市场准入开放；在我国经济转型和产业升级亟须破题的服务领域、与贸易伙伴优势互补的服务领域，加快贸易开放和降低市场准入；有序推进金融、教育、文化、医疗等重点领域开放。

（3）推进与贸易伙伴的规制合作。更深层次的自由贸易制度在于规制合作。与自贸伙伴间加强贸易规制合作，将进一步提升我国开放水平和开放治理能力。加强边境内措施与制度的对接与协调，积极推动与自贸伙伴的贸易投资管理体制和制度的对接与合作，加快推行准入前国民待遇和负面清单模式，缩小负面清单的限制范围，推进政府监管制度的协同与合作。

（4）引领建立新一代自由贸易制度。我国已经是全球 120 多个国家的第一大贸易伙伴，有条件影响自由贸易制度的走向和内容。应根据转型发展需要，主动提出自由贸易的新议题，积极参与新议题谈判，创新自贸协定的内容，提升自贸协定的水平，在自由贸易新规则的形成过程中，积极发挥引领作用。

3. 重在形成服务贸易领域的自由贸易制度

（1）推动形成多边服务贸易制度安排。目前，WTO 框架下《服务贸易总协定》（TiSA）谈判已经进行到第 18 轮并有望在 2017 年完成谈判。有 48 个国家参加了 TiSA 谈判，覆盖全球 70% 的服务贸易[①]。我国应以建成开放、包容的多

① 中国宣布加入服务贸易协定谈判［N］. 北京商报，2013-10-18.

边服务贸易体系为目标，努力推进 TiSA 谈判早日完成。

（2）推动形成新兴服务贸易领域的自由贸易制度安排。数字全球化时代已经到来，我国应参与建立开放、包容的数字贸易规则，积极与其他数字贸易大国形成数字贸易项下的自由贸易政策安排。

专栏 3.8

数字经济时代来临

美国波士顿咨询集团 2012 年发表《G20 国家互联网经济》指出，2010 年 G20 国家的互联网经济占 GDP 的 4.1%，到 2016 年将占 GDP 的 5.3%，互联网经济对中国 GDP 的贡献从 2010 年的 5.5% 到 2016 年的 6.9%，在 G20 国家中仅次于英国和韩国排在第 3 位，美国以 5.4% 排在第 6 位。美国麦肯锡公司在 2014 年发表《中国数字化转型：互联网对劳动生产率及增长的影响》一文，指出 2013—2025 年期间，中国互联网促进劳动生产率提升 7% ~ 22%，其贡献将占到 2025 年 GDP 的 3.2% ~ 11.4%，平均为 7.3%。

埃森哲公司 2016 年发布的《数字颠覆：增长倍增器》报告显示，从金融服务业、商业、产业等领域的数字化程度、数字化从业人员占比、数字资本存量占资本总存量之比等方面综合评价数字技能、数字技术与数字环境，得出 2015 年美国数字经济占 GDP 33%，中国为 10.5%，该报告还预测数字化程度的优化将在 2020 年使中国 GDP 增加 3.7%，对应增加 5270 亿美元，而美国增加 2.1%，即 4210 亿美元。美国 GE 公司在 2012 年发表了《产业互联网：挑战智力与机器的界线》报告，分析得出到 2030 年全球人均 GDP 将因产业互联网而提高约 1/5。

资料来源：发展数字经济推进数字转型［N］. 第一财经日报，2016-09-30.

（3）在有优势的服务领域形成自由贸易制度安排。比如，引领形成电子商务领域的国际贸易投资规则。2016—2020 年，我国每年跨境电子商务增速将在 30% 以上，到 2025 年跨境电子商务占国际贸易的比重将达 70%[①]。应抓住我国跨境电子商务大发展的机遇，在该领域的贸易投资规则制定上掌握主导权和主动权。

① 中国 2016—2020 年每年的跨境电子商务发展速度要在 30% 以上［EB/OL］. 中国发展网，2016-05-23.

第三节　建立中欧自贸区

无论从中欧对经济全球化的作用看，还是从中欧经贸互利共赢的潜力和空间看，我国都应当把建立中欧自贸区放在实施自由贸易战略的优先位置。以中欧自贸区形成中欧一体化大市场，对我国经济转型升级，对欧盟应对解体风险和实现经济复苏，对推进全球自由贸易进程，都将产生重大影响。

一、深化中欧合作的重大选项

建立中欧自贸区，是中欧共同应对贸易保护主义、推进全球自由贸易进程的重大抉择，是中欧深化全面战略伙伴关系的重大抉择，是推进中欧经济转型增长的重大抉择[①]。

1. 2020：深化中欧合作的重要机遇期

（1）2020：我国经济转型的关键期。到2020年基本形成服务业主导的产业结构，是我国经济转型升级的客观趋势。

（2）2020：欧盟长期增长动力的重塑期。《欧盟2020战略》提出，到2020年欧盟要实现创新增长、可持续增长、包容性增长的三大增长目标。要实现这些目标，欧盟需要立足自身在现代服务业和服务贸易上的优势，加快转型，在经济增长、社会保护和增加就业之间实现新的平衡。

专栏3.9

欧盟重塑长期增长动力的优势

欧盟在现代服务业领域有突出优势。欧盟处于工业化后期，服务业占经济总量的比

① 中改院课题组．中欧自贸区——2020：深化中欧合作的重大选项［N］．上海证券报，2016-06-24.

重超过 70%，服务业就业占比接近 70%。现代服务业是欧盟经济增长和就业增长的主要源泉，也是欧盟的竞争强项。

欧盟在新产业革命中有先发优势。以“互联网 + 新能源”为重要特征的工业 3.0 和以智能制造为重要特征的工业 4.0 均发轫于欧盟。在生产性服务业领域，欧盟已经形成了突出的先发优势。

资料来源：中改院课题组．中欧自贸区——2020：深化中欧合作的重大选项［R］．2016-05.

（3）2020：形成中欧合作大格局[①]。加快中欧服务贸易进程，我国可以充分借鉴欧盟的先进技术和先进管理发展现代服务业，实现经济转型升级的突破。欧盟可以充分利用 13 亿人的服务业大市场，实现经济复苏和可持续增长。

2. 2020：中欧经济互补性的增强

（1）中欧经济互补性明显。欧盟已经进入后工业化时期，欧盟经济服务化水平明显高于我国（见表 3.4）。欧盟在电子技术、航空、信息通信技术、生命科学技术、能源环境技术等生产性服务业领域，在健康管理、养老等生活性服务业领域都有独特的优势、先进的技术和成熟的管理经验，而我国在这些领域有巨大的消费需求。

表 3.4：中国与欧盟部分国家服务业占 GDP 比重的比较

国别	服务业占 GDP 比重（%）
中国	50.50
欧盟 28 国平均值	72.59
卢森堡	87.47
捷克共和国	59.46
英国	79.63
法国	78.89

① 迟福林．适应大趋势 建立大市场 形成大格局——2020：建立中欧自贸区［N］．经济参考报，2016-07-04.

续 表

国别	服务业占 GDP 比重（%）
德国	68.56

数据来源：欧盟数据源自世界银行官方网站，2015 年中国数据源于中国国家统计局网站。

（2）中欧服务贸易互补性明显。自 21 世纪初以来，随着我国由低收入阶段进入中高收入阶段，居民消费结构开始由物质型消费为主向服务型消费为主转型，这一趋势中蕴含中欧合作的巨大潜力。随着我国居民服务型消费需求的加快释放，中欧贸易尤其是服务贸易的互补性明显增强。

（3）以建立中欧自贸区形成中欧经济转型的双赢格局。中欧基于互补和共赢建立中欧自贸区，将在明显改善消费者福利的同时促进中欧产业转型、提高企业竞争力，有利于双方扩大就业和改善社会福利。

专栏 3.10

中欧自贸区对中欧的经济影响——欧洲政策研究中心报告

欧洲政策研究中心通过模拟测算（采用最新的非关税措施成本估计），对中欧自贸区可能给双方带来的效应进行 CGE 分析。模拟结果显示中欧自由贸易协定将对国内生产总值产生正面影响：

在适度的自由贸易协定下，（到 2030 年）中国的国内生产总值将增加 1.16%，欧盟的国内生产总值则会增加 0.43%；而在高标准的自由贸易协定下，中国的国内生产总值将增加 1.87%，欧盟的国内生产总值则会增加 0.76%。因为欧盟总体收入较高，按货币计算的数值会更均衡：在适度的自由贸易协定下，中国为 625 亿美元（现为 558 亿欧元），欧盟则为 543 亿美元（现为 485 亿欧元）；在高标准的自由贸易协定下，中国为 997 亿美元（现为 891 亿欧元），欧盟则为 932 亿美元（现为 833 亿欧元）。报告也测算了中欧自由贸易协定将对欧盟成员国国内生产总值的影响。在高标准的自由贸易协定中，国内生产总值的变化幅度介乎于 0.47%（葡萄牙）至 1.97%（斯洛伐克）之间；在适度的自由贸易协定中，变化范围则在 0.27%（葡萄牙）和 1.34%（同样出现在斯洛伐克）之间。

欧盟对中国的出口将有强劲增长，在 79.2%（适度的）至 110.6%（高标准的）之间，但是出口至世界其他国家则有所减少。总体而言，欧盟出口升幅分别在 2.2% 和 3.2% 之间。中国出口至欧盟的增长在 39.2%（适度的）至 56.9%（高标准的）之间，出口价值总额的增幅超过欧盟。另外，中国出口至世界其他国家的货量也稍有增长。因此，自由贸易协定的贸易影响是相当大的，它可以使欧盟出口增加一倍以上，并使已经很庞大的中国对欧盟的出口额（主要是商品）增加60%。

资料来源：欧洲政策研究中心．明日丝路：评估中欧自贸协定［R］．2016-04.

3. 2020：建立中欧自贸区的巨大红利

（1）我国服务贸易需求快速释放。2015年，我国服务贸易规模全球第二，总额达到7130亿美元，其中服务进口4248.1亿美元，同比增长18.6%，占世界服务贸易进口总额的9.6%[①]。2015年，美国服务进口为4671亿美元，同比增长两个百分点[②]，按这样的增长速度，我国很可能在1～2年内取代美国成为全球第一大服务贸易进口国。

（2）服务贸易是欧盟竞争优势所在。服务贸易是欧盟发挥自身比较优势参与新一轮全球化的主要依托，是欧盟推动新一轮全球贸易自由化进程的突出优势。据欧盟统计局数据，2010—2014年，欧盟服务贸易显著增长，出口额从5687亿欧元增长到7348亿欧元，增长了29%；进口额从4580亿欧元增长到5834亿欧元，增长了27%;欧盟服务贸易顺差持续上升[③]。加快与中国的服务贸易自由化进程，不仅能够为欧盟经济复苏提供巨大的市场空间，也能够进一步提升欧盟的全球影响力。

（3）“先入者”将赢得更大的市场红利。以中国－东盟自贸区为例。2007年双方签订服务贸易协定后，双方服务贸易在2007—2014年增长了2.5倍[④]，同

---

① 商务部．2015年我国服务进出口总额7130亿美元，增长14.6%［EB/OL］．新华网，2016-02-03.

② USITC发布美国服务贸易2016年度最新趋势报告［EB/OL］.WTO快讯，2017-01-03.

③ 商务部驻欧盟使团经商参处．中国位居欧盟第三大服务贸易伙伴［EB/OL］．商务部网，2015-06-16.

④ 根据中国商务部数据，2007年中国—东盟服务贸易总额为179亿美元，2014年为626.6亿美元。

期中欧服务贸易增长了0.7倍[①]，2014年中国与东盟服务贸易规模已经逼近中欧服务贸易规模[②]。未来几年，如果中国－东盟服务贸易协定升级版达成或RCEP达成，东盟和RCEP成员国将率先分享中国服务贸易红利。

二、推进经济全球化的重大行动

在全球化面临贸易保护主义严峻挑战的背景下，以中欧自贸区形成中欧一体化大市场，无论是对推进全球自由贸易和经济一体化进程，还是对改善全球经济治理结构，都将产生重大影响。

1. 中欧正面临贸易保护主义的共同挑战

（1）欧盟正面临解体风险。2016年，继英国脱欧后，意大利修宪公投失败，右翼政党势力在德国、法国、荷兰等欧盟核心国家中兴起。2017年，随着这些国家的大选来临，欧盟可能面临着一场解体危机。如果欧盟无法有效应对，将引发更广范围、更深层次的贸易保护主义和民粹主义，给全球经济一体化带来更大的不确定性。

（2）美国正转向贸易保护。美国是欧盟第一大贸易伙伴国，也是中国第一大贸易伙伴国。目前，美国已经成为全球使用贸易保护措施最多的国家。据英国经济政策研究中心《全球贸易预警》报告显示，美国从2008年到2016年对其他国家采取了600多项贸易保护措施，仅2015年就采取了90项，位居全球之首[③]。

（3）贸易战风险上升。在外需持续萎缩的背景下，为了保护本国产业和相关就业，各国之间相互采取惩罚性关税的数量明显增多。比如，美国对中国的钢铁、轮胎、洗衣机等产品都采取过高额的惩罚性关税，欧盟对中国的光伏产业等也采取过同样措施。2016年12月，中国入世15年，美国、欧盟、日本等

① 根据欧盟统计局数据，2007年中欧服务贸易为316亿欧元，2014年为543亿欧元，按欧元兑美元汇率1.267测算，2014年为688亿美元。

② 根据中国商务部数据测算。

③ 美国是最经常采取贸易保护措施的国家 4天出台一项［N］. 人民日报，2016-08-08.

发达国家拒绝自动给予中国市场经济地位，我国已向WTO提出诉讼，贸易战的风险显著上升。

2. 以建立中欧自贸区维护全球自由贸易的大格局

（1）携手应对贸易保护主义。加快中欧自由贸易进程，为经济全球化注入强心剂，为全球自由贸易新格局的形成创造有利条件。

（2）共建开放、包容、共享的贸易规则。到2020年，TiSA、RCEP、FTAAP等自由贸易协定谈判有望取得实质性成果，这将重塑全球服务贸易规则。中欧在以服务贸易为重点的贸易投资领域形成开放、包容、共享原则，将对TiSA、RCEP、FTAAP等谈判产生重大影响。

（3）塑造全球贸易治理中的南北合作典范。到2020年，以服务贸易为重点建立中欧自由贸易区，形成南北互利共赢的新规则，将为发达国家与新兴经济体的贸易治理合作提供蓝本，为全球经济再平衡和全球经济治理机制改善作出独特贡献。

3. 建立中欧自贸区宜早不宜迟

（1）全球地缘政治经济快速变化。随着全球地缘政治经济格局的深刻复杂变化，中欧关系对经济全球化进程至关重要，对全球和地区的安全、稳定、繁荣至关重要。

（2）中欧应在未来几个月内有实质性动作。争取尽早启动框架性协议谈判，明确谈判目标、谈判主要内容、谈判时间框架、谈判机构以及早期收获计划。再用1～2年时间，完成服务贸易、投资等重点领域的谈判，同时加快收获早期项目成果。争取在2020年甚至更早签署全面协议。

三、以服务贸易为重点

把握服务贸易开放的共同需求，推进以服务贸易为重点的双向市场开放，显著提高中欧服务贸易的比重，共同推动形成更加公平、包容的服务贸易规则。

1. 服务贸易成为中欧贸易的主要增长点

（1）中欧服务贸易呈现较快增长态势。2007—2014 年，中欧服务贸易增速在大多数年份里都超过了全球服务贸易增速（见图 3.1）。2004—2014 年，欧盟对中国服务贸易出口年均增长 16%；中国对欧盟服务贸易出口年均增长率也高达 14%[①]。

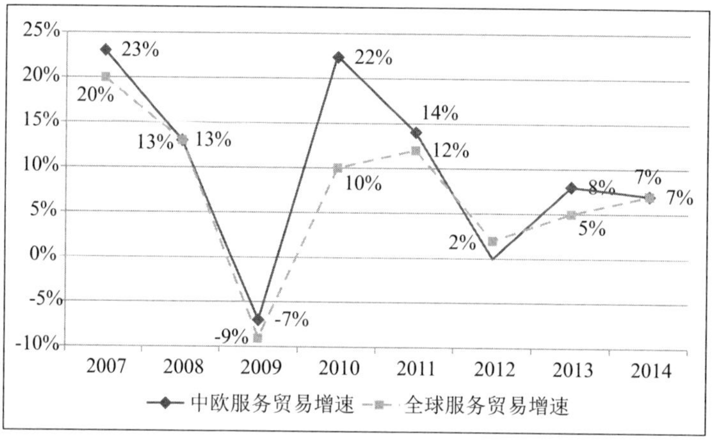

图 3.1：2007—2014 年中欧服务贸易增速与全球服务贸易增速对比

数据来源：2007—2014 年全球服务贸易数据来源于《2015 中国服务贸易统计》，2007—2014 年中欧服务贸易数据来自欧盟统计局官网。

（2）中欧服务贸易发展空间巨大。2014 年，全球服务贸易额占全球贸易总额的比重为 20%，中欧服务贸易额仅占中欧贸易总额的 10.4%[②]。中欧互为对方提供的服务业中间品数量仅占双方服务业总产出的 1.34%，远低于制造业的 2.77%[③]。中国作为欧盟的第三大服务贸易伙伴，2014 年，中欧服务贸易占欧盟

① 根据中国商务部网站和欧盟统计局网站数据测算。

② 根据欧盟统计局数据，2014 年中欧货物贸易总额为 4672 亿欧元，服务贸易总额为 543 亿欧元，两者合计 5215 亿欧元。

③ 宋玉华，张海燕．中国 FTA 面临的战略挑战及中欧 FTA 的地位研究［J］．南开学报（哲学社会科学版），2013（4）．

对外服务贸易的比重仅为 4%，低于美国的 28.5% 和瑞士的 12.8%[①]。作为全球最大的服务供给市场和全球最具潜力的服务消费市场，双方服务贸易发展现状与中欧经济发展的趋势和客观需求严重不相适应。

如果 2020 年初步形成中欧一体化的服务大市场，我国服务贸易总额有望达到 1 万亿美元，服务进口额将由 2015 年的 4248.1 亿美元增加至 6000 亿 ~ 7000 亿美元（年均增长率为 7.5% ~ 11%）；中欧服务贸易总额将达到 2000 亿 ~ 2200 亿欧元的规模[②]，占我国服务贸易总额的比重将由 13.2% 提高到 20%。

（3）欧盟对中国服务贸易出口的潜力巨大。欧盟在旅游贸易、运输服务、专利使用权和特许权、保险服务等领域，对中国出口服务的空间很大。如果显著降低双方的服务贸易壁垒，到 2020 年，中国从欧盟进口的服务总规模有望达到 1098 亿 ~ 1432 亿美元，扩大 1.8 ~ 2.7 倍，占中国服务总进口的比重有望由 2014 年的 10% 提高至 18% ~ 20%[③]。

2. 中欧服务贸易合作将对我国经济转型形成推动力

通过与欧盟的服务业合作，我国将有效提升健康、教育、文化、养老等生活性服务业的供给能力。通过学习和借鉴欧盟“工业 3.0”“工业 4.0”的先进经验，加快发展生产性服务业，我国有望加快“中国制造 2025”战略的实施，实现由生产型制造向服务型制造的转型。

---

① 数据来自欧盟统计局。2014 年欧盟服务贸易总额为 13181.6 亿欧元，中欧服务贸易额为 543 亿欧元，欧美服务贸易额为 3757.1 亿欧元，欧瑞服务贸易额为 1691.2 亿欧元。

② “中欧改革论坛启动研讨会”召开中欧自贸区研究启动［N］. 光明日报，2015-03-16.

③ 迟福林 . 中欧应从大格局出发 在 2020 年建立中欧自贸区［EB/OL］. 中国新闻网，2016-06-16.

3. 中欧服务贸易合作将对欧盟经济增长和就业产生重大影响

2013 年，欧盟对我国服务贸易顺差为 120 亿欧元[①]，2015 年为 103 亿欧元[②]。未来中欧服务贸易占中欧贸易总额的比重将提高到 20% 左右，欧盟对我国的服务贸易出口将扩大两倍左右。中欧服务贸易增长显著提速，欧盟将从参与我国现代服务业发展中受益，获得进入我国服务市场的先行者红利。

四、合并推进中欧 BIT 谈判与 FTA 谈判

顺应全球投资协定与贸易协定相融合的趋势，立足中欧经济发展的现实需求，尽快合并推进中欧双边投资协定（BIT）与自由贸易协定（FTA）谈判，是建立中欧自贸区的现实路径选择。

1. 合并推进中欧 BIT 谈判与 FTA 谈判具有可行性

（1）只谈 BIT 困难大且成果有限。如果不谈 FTA，中欧 BIT 谈判即便达成，所取得的成果也有限。目前，中欧双方在法律规范、市场保护、投资的性质和方向、知识产权保护、政府采购以及产业对外资开放比例等方面的分歧还相当明显。我国投资者非常关注的铁路、公路项目，当前欧盟尚未对中国开放。而这些方面直接涉及服务贸易领域的开放问题，需要在 FTA 框架下解决。

（2）合并谈判具有现实性。国际投资协定与国际贸易协定呈现出相互融合的趋势，投资开放、投资促进和权益保护等 BIT 谈判内容越来越多地融入 FTA 协定。由于中欧 BIT 谈判实际上已经开始纳入部分服务贸易的内容，合并谈判具有现实可行性。

（3）合并谈判的条件比较成熟。随着我国服务业市场的有序开放，以服务

① 2013 年欧盟对外服务贸易顺差升至 1730 亿欧元［EB/OL］. 驻德经商参处，2014-06-26.

② 欧盟与中国 2015 年货物贸易逆差和服务贸易顺差均创历史新高［EB/OL］. 商务部网，2016-07-21.

贸易为重点的“二次开放”大趋势开始形成，为合并谈判提供有利条件。

2. 扩大谈判范围

（1）把服务业市场准入和服务贸易作为中欧 BIT 谈判的重点内容之一。目前欧盟主要关注中国市场准入、公平竞争和国民待遇等问题；中国主要关心欧盟的投资法规、标准和管理机制等议题。在中欧正式谈判文本最终确定之前，把更多服务贸易内容纳入谈判范围，是双方的务实选择。

（2）以中欧 BIT 谈判文本为主，适当加入金融等服务贸易内容。以现有的 BIT 谈判文本为主，增加金融服务等重要服务贸易的相关条款，以此适应中欧双边服务贸易合作的大趋势。

（3）在中欧 BIT 谈判文本的基础上加入自由贸易协定的内容。这就需要把 BIT 谈判升级为中欧 BITT（Bilateral Investment and Trade Treaty，投资贸易协定）谈判。从涵盖范围看，BITT 涉及的范围可以考虑参考标准的 FTA 文本，把目前双方关注的重大问题纳入谈判范围。

3. 加快实施早期收获项目

（1）以海关合作为重点的贸易便利化。在《中欧海关 2014—2017 年合作战略框架》下，探索与服务贸易特点相适应的通关管理模式，全面加强双方在促进贸易便利化、提高过境效率、知识产权执法、贸易统计等方面的合作。提高往来人员签证的便利性，提高签证程序的透明度。加强在食品安全、质量标准领域的合作，推动第三方检测和认证服务的检测认证结果互认，加强信息资源共享。

（2）以人民币国际化为重点的中欧货币金融合作。加强金融机构互设和资本市场的互通机制建设，共同打造互联互通的亚欧金融大市场；以亚投行（AIIB）和欧投行（EIB）为桥梁和枢纽，开展亚欧之间多形式多渠道的投融资合作；加强双方在货币和金融监管领域的合作；在国际金融体系和货币体系的完善与改革、相关规则的修订与制定等领域加强中欧宏观政策协调。

（3）以环保技术为重点的技术合作。欧盟在绿色能源、低碳技术、环境治理技术等领域走在全球前列，尤其在清洁能源开发使用技术的出口方面有很大优势，而我国拥有全球最大的清洁能源市场和相对较低的制造成本，亟须欧盟的先进技术和经验支持。我国应放宽对欧盟企业的市场准入，吸引欧盟企业进入我国环保市场。

（4）以电子商务为重点的新兴产业合作。中欧在发展跨境电子商务等新兴服务贸易方面有共同的需求。双方应围绕跨境电子商务的内容进行平等协商，共同探索对电子商务快件等特殊物品的监管模式创新，促进跨境电子商务通关便利化。

（5）加强中欧基础设施投资合作。将基础设施互联互通作为中欧 FTA 的重要内容，把欧盟桥梁、水道、铁路、公路、航空和电力等基础设施的更新、扩容和改造的大量投资需求，与我国在高铁、桥梁、机场、电力等方面世界一流的技术与设备、建设能力和价格竞争力对接起来。

（6）扩大中欧政府采购合作。中国政府采购规模在不断增大，2014 年达到 1.7 万亿元，比 2013 年增加 924.24 亿元，增长 5.6%①。中欧双方扩大政府采购的空间很大，可以考虑以“负面清单”方式明确双方政府采购参与实体，稳定预期。

4. 探索形成与欧盟成员间灵活多样的自由贸易制度

（1）扩大支持中欧自贸区的“朋友圈”。在欧盟的框架下，成员国必须遵循欧盟共同的对外贸易政策，不能单独与第三国签订贸易协定，但成员国可以在不违背欧盟共同利益的前提下制定单独的贸易投资法规。在尊重和维护欧盟单一市场及其统一对外贸易政策框架的前提下，我国积极与欧盟成员国探讨形成特定产业、特定部门的自由贸易制度安排，有利于扩大支持中欧自贸区的“朋友圈”。

（2）与德国、法国等探讨建立特定产业项下的自由贸易制度安排。德国和

① 去年政府采购花 1.7 万亿　三成“照顾”小微企业［N］. 每日经济新闻，2015-07-31.

法国历来是自由贸易和市场经济的标杆，也是欧洲经济一体化的重要推动力量。德国、法国在推动中欧投资贸易自由化进程中有不可或缺的作用。比如，德国在汽车、机械、装备、化工等制造业和研发、物流、通信、职业教育等生产性服务业上全球领先；法国在新能源、飞机制造、航空航天等制造业和旅游、健康、生物、制药等领域处于全球领先地位。这些都是我国消费结构升级和经济转型升级迫切需要发展的领域。为此，我国可以同德国、法国对双方存在很大互补性的制造业部门和服务业部门项下的自由贸易制度安排进行联合研究，在技术和安全标准、非关税措施、知识产权等领域加强协同合作。

专栏 3.11

发挥诺曼底在推进中法、中欧自贸进程中的作用

法国在推动中欧投资贸易自由化进程中将发挥不可或缺的重要作用，而地处欧洲核心地带的诺曼底有条件成为推动中法、中欧自由贸易进程的先行者。

1. 发挥诺曼底在加快中欧自贸区进程中的桥梁作用。诺曼底是欧洲大陆和中国往来交通的重要连接点。目前，上诺曼底大区和下诺曼底大区已经分别与中国浙江省和福建省建立了友好省区关系，在港口、航运、海洋经济等海上丝绸之路建设领域不断深化合作。依托良好的地理区位优势和海陆空四通八达的交通条件，诺曼底有条件在更大程度、更广范围参与“一带一路”建设，在中欧互联互通建设和加快中欧自贸区进程中扮演重要角色。

2. 诺曼底在中欧服务贸易合作中的重要角色。

3. 诺曼底在促进中欧智库合作中具有独特优势。一方面，诺曼底大区与中国的联系与合作广泛，有条件成为中法、中欧智库合作的桥梁；另一方面，诺曼底大区与中国省区之间已经开展的人文交流的某些优势，有促进中法、中欧智库合作的重要条件。

资料来源：迟福林．欧亚共建“一带一路”中的诺曼底［N］．光明日报，2015-06-14.

五、深化中欧结构性改革

尽管中欧双方所处发展阶段不同，各自面临的结构性矛盾有所不同，但以深化结构性改革破解结构性矛盾，是建立中欧自贸区的重要条件，已成为中欧的共同选择。

1. 深化结构性改革的共同选择

（1）欧盟。劳动力市场僵化、部分制造业（如钢铁等）技术更新缓慢、过度福利化等结构性矛盾突出，客观上削弱了欧盟企业的国际竞争力。面临某些行业和就业调整带来的强大压力，欧盟对中国采取了某些贸易保护措施，尤其是技术性贸易壁垒比较明显。有些人寄希望于通过贸易保护主义保住增长、就业与福利。从经济发展史看，如果结构性矛盾不消除，企业的竞争力不能得到明显提升，劳动生产率和经济增长最终还会下降，从而就业和福利增长也不可持续。

（2）中国。一方面，由于传统增长方式尚未彻底转变，制造业领域出现比较严重的产能过剩问题，某些领域甚至相当突出。这不仅成为影响我国短期经济增长、引发短期经济风险的因素，而且成为制约经济转型升级的重要因素。另一方面，服务业市场开放相对滞后，服务贸易占外贸比重仍然低于全球平均水平。

（3）深化结构性改革的共同选择。抓住服务贸易发展的趋势，着眼于2020年建设中欧自贸区的基本目标，需要中欧双方共同推进结构性改革，加大制度供给，破解制约市场活力和企业创新的结构性矛盾，以提升企业竞争力。

2. 破题建立中欧自贸区的结构性改革

（1）欧盟。欧盟需要推进劳动力市场改革；尽快放开对中国高新技术出口管制；显著降低技术性贸易壁垒；推进劳务合作中的人员便捷流动等。

（2）中国。我国需要深化以扩大服务业开放为重点的市场化改革；推进以结构性减税为重点的财税体制改革；推进产权保护法治化，加快各种所有制经济产权平等保护、知识产权保护、土地产权保护的制度创新；加快以监管转型为重点的监管变革等。

3. 下决心打破既有利益格局

无论是欧盟还是中国，推进结构性改革不可避免地会触及既有的利益格局，从而面临较大阻力。双方应各自承担责任，通过深化结构性改革解决结构性失业等问题。欧盟要突破既有利益格局，形成有利于推进经济全球化和一体化的新动力；同样，我国也需要突破既有利益格局阻碍，务实推进以服务业市场开放为重点的结构性改革。我国已就削减过剩产能形成明确的时间表，欧盟也需要在传统行业转型及就业调整上有明确的时间表。

第四节　以自由贸易战略作为大国合作的基石

大国的崛起与繁荣得益于自由贸易，自由贸易也离不开大国的引领和推动。坚定推进自由贸易战略，是实现大国间合作双赢的重要基石，也是推动资源在全球范围内优化配置的重要途径。同时，大国更应通过坚定实施自由贸易战略，切实承担起推进经济全球化和全球治理变革的责任。

一、实现大国经济合作的双赢

经济全球化使各国经济紧密依存，大国经济“你中有我、我中有你”的格局已经形成。中美携手应对贸易保护主义，巩固经济合作的自由贸易基石，不仅能实现“双赢”，也将为世界经济复苏增长和经济全球化注入大国力量。

1. 自由贸易带来“双赢”

（1）促进经济增长与产业发展。比如，2009—2014 年，美国出口增长了 50%，占 GDP 的比重上升到 14%，创历史新高，一个重要原因是美国对新兴市场出口的扩张，5 年间美国对中国、印度、巴西、墨西哥出口分别增长了

90.7%、42.6%、78.1%和77.9%，远高于对欧盟、日本25%左右的出口增长[①]。据统计，美国22%的棉花、26%的波音飞机、56%的大豆销往中国。2005—2014年，美国农业、航空航天和汽车工业每年对华出口增长近200%[②]。中国市场为美国经济增长和相关产业发展作出了贡献。

（2）促进就业增长。

——贸易带动就业。据美国商务部数据，美国约有4100万个就业岗位与贸易直接或间接相关，占就业总人数的比重超1/4。其中，出口制造业提供了600万个就业岗位，约占美国全部制造业岗位的一半。出口相关企业除提供约1150万个就业岗位外，职工工资也比同类的非出口企业高出约18%[③]。

——投资带动就业。2016年，我国对美直接投资达到456亿美元，是2015年的3倍；2000年至今，我国在美投资累计达到1090亿美元，我国企业为美国创造的就业机会超过10万个[④]。过去3年，我国对美投资中，民企的平均比例约为77%，民企中包括风险投资和金融投资企业。据美国经济学家理查德·弗里曼（Richard B. Freeman）计算，到2020年，中国对外投资规模将达2万亿美元。若美国吸收的中国对外投资比例上升至15%，预计美国将吸收约3000亿美元的中国投资，将创造100万个就业岗位[⑤]。

（3）使消费者获得红利。进口中国商品为美国消费者提供了更多的选择，并且“中国制造”的低成本显著降低了美国的物价，减轻了美国中低收入者家庭的负担。统计数据显示，中国产品一年为美国消费者节约1000亿美元开支。据美国白宫研究报告，对外贸易给收入处于中位数的家庭，带来了30%的额外购买力。

---

① 美国经济复苏动力何在又能走多远［N］. 上海证券报，2015-11-17.

② 李勇 . 中美贸易互惠彼此 贸易战只会两败俱伤［N］. 环球时报，2016-11-25.

③ 特朗普贸易政策的真面目：让TPP等贸易协定为美国“重生”［EB/OL］. 华尔街见闻，2016-11-29.

④ 去年中国对美直接投资达456亿美元，投资合作促进中美双赢［N］. 人民日报，2017-01-04.

⑤ 鲍盛刚 . 世界经济的第二次中国机会［EB/OL］. 环球网，2014-06-19.

2. 贸易保护导致“双输”

（1）美国对中国的贸易投资保护措施增多。2011—2013 年，中国企业对美投资遭遇“国家安全审查”的投资案件为 54 件，占比 16.8%，居国别排行之首[①]。

（2）中美经济已紧密依存。中国“入世”15 年，中美已互为对方的第一大贸易伙伴国[②]。2015 年，中美货物贸易总额达 5980 亿美元，是美俄贸易额的 18 倍，是美日贸易额的 3 倍，是中俄贸易额的 9 倍多，是中日贸易额的两倍[③]。中美双向投资存量超 1500 亿美元，美国是中国对外直接投资的第四大接收国，是中国的第六大外资来源国，中国是美国的第一大债权国。随着经济全球化的推进，中美在全球产业链、供应链和价值链中联系紧密，一件“中国制造”的产品既包含中国劳动者创造的价值也包含美国劳动者创造的价值。

（3）中美贸易战将导致“双输”。在中美经济深度融合的背景下，贸易战的结果只会是两败俱伤。提高关税和非关税壁垒，不仅将导致落后产能挤出先进产能，阻碍本国产业转型升级，而且消费者将蒙受福利损失。

3. 巩固中美合作的自由贸易基石

（1）经济全球化新趋势为中美经济合作带来机遇。中国以及其他新兴经济体经济服务化的趋势给美国等发达国家带来了机遇。抓住这个机遇，关键在以服务贸易为重点的自由贸易。相对中国，美国在研发、咨询、专利技术等生产性服务业和航空、新能源、新材料、生物制药等高端制造业都有明显的优势，中美的服务贸易仅为货物贸易的 1/9，有很大的增长空间[④]。

---

① 王璐瑶，葛顺奇．“国有企业和指定垄断”议题分析［J］．国际经济合作，2015（11）．

② 目前，从单个国家看，中美互为双方第一大贸易伙伴国；从经济体看，中国是美国第一大贸易伙伴，欧盟是中国第一大贸易伙伴。

③ 根据美国商务部官方网站公布的 2015 年美国对外贸易概览中数据测算。

④ 张英．中美服务贸易竞争力研究［J］．哈尔滨商业大学学报（社会科学版），2013（4）．

（2）我国经济转型为中美自由贸易提供新的市场空间。随着服务型消费需求成为居民消费需求的主体，中国服务业主导的经济转型进程加快，中国与美国的经济互补性在增强。过去 10 年，美国服务贸易占 GDP 的比重不断上升，中美服务贸易占比占美国 GDP 的比重也在不断上升（见图 3.2）。

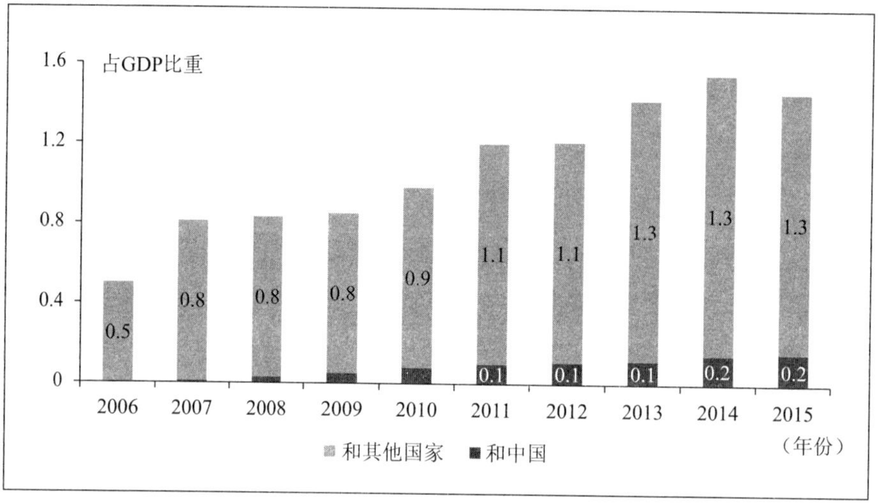

图 3.2：2006—2015 年 美国与中国服务贸易额占比（单位：%）

数据来源：德意志银行，美国经济分析署，Haver Analytics.

（3）加快中美双边投资协定谈判进程。

——以服务贸易为重点推进中美 BIT 谈判。服务贸易是中美经贸合作的新增长点。截至 2016 年 11 月，中美 BIT 谈判已经进行了 31 轮，目前正处于负面清单出价的关键阶段。从服务贸易发展的趋势出发，从中美经济合作的大局出发，两国应继续积极推动 BIT 谈判，在 BIT 谈判中增加服务贸易自由化和便利化的内容，并作出逐步缩减负面清单的承诺。

——适时合并 BIT 谈判和服务贸易协定谈判。在条件成熟时合并谈判，对中美而言将是双赢。

——缩小中美负面清单的差距。我国应在有效控制资本流动风险的前提下，以服务贸易开放为重点加快国内自贸试验区的“负面清单”管理模式试验，缩短中美负面清单之间的差距。

专栏 3.12

中美 BIT 谈判进程及矛盾点

中美 BIT 谈判进展

2008 年 6 月，中美正式启动双边投资协定（BIT）谈判。截至目前，中美已进行 21 轮谈判。2015 年 6 月，双方首次交换了负面清单出价，谈判进入新阶段，目前仍存在很多分歧。

中国对美国的关切

1. 美方将关键性的基础设施、重要技术、国家安全等列入负面清单。这三项负面清单，美方并未给出明确定义，成为美国制约中国投资的保险项——如果美国认为有问题，可以在任何时候中止中方投资项目，而且美国不承担任何责任。

2. 美国依然管制对华高科技产品出口。

3. 美国对中国资本和产能项目进入美国的高门槛依然存在。频繁的反倾销和反补贴税措施，美国外国投资委员会（CFIUS）审查中国在美投资时采用的国家安全标准。

美国对中国的关切

1. 中国提出的负面清单过长。

2. 中国的金融、通信、煤炭等领域，仍对外资进行严格限制，美方认为这些限制不利于外资企业和中资企业形成良性、公平的市场竞争。

3. 中国存在着国有或准国有企业的市场垄断——譬如外资银行在中国市场只有 1% 的市场份额。

资料来源：张敬伟．中美 BIT 的障碍如何破局？ [EB/OL]．中国网，2016-09-26.

（4）共同推进《服务贸易协定》谈判。中美应共同推进 TiSA 谈判，早日达成服务贸易协议，将为美国扩大对中国和更广泛的亚太地区的服务出口创造机遇。同时，中美应共同推动信息技术协定第二部（ITA2）、政府采购协议（GPA）以及环境商品协议（EGA）等谈判。

（5）共建亚太自贸区。建设亚太自贸区是中美的共同利益所在。作为影响亚太区域经济一体化最重要的两个国家，中美应以共建亚太自贸区为重点，以开放包容、合作共赢为原则处理与周边国家的关系，共同巩固和维护亚太地区经贸合作的大局。在 TPP 可能搁浅的形势下，中国参与 RCEP 的谈判，在谈判中适度引入 TPP 和中美 BIT 谈判涉及的内容，为美国参与亚太自贸区预留接口。

二、实现资源全球优化配置

中美两大市场的双向开放，将深刻影响全球资源配置的格局与效率。坚定实施自由贸易战略，促进商品、货物、要素在中美之间和全球自由流动，推进资源全球优化配置，将使中美发挥各自优势，促进经济转型与长期增长。

1. 自由贸易决定资源全球优化配置

（1）自由贸易是有效治理产能过剩的前提。产能过剩成为全球性问题，体现了全球需求与供给的结构性矛盾，体现了全球资源的错配。贸易保护不仅阻碍了产能向有消费需求的国家和地区流动，也阻碍了资源由产能过剩的产业向产能不足的产业流动。美国卡托研究所高级研究员丹尼尔・皮尔逊提出，贸易保护措施并不能从根本上解决美国钢铁业的问题，反倒会抬高国内钢铁产品价格，增加美国制造业生产成本，最终损害美国整体经济利益①。解决产能过剩问题，很大程度上要靠自由贸易来促进产能的全球优化配置，要靠自由贸易带来的市场竞争来出清落后产能。大国应在坚持自由贸易的前提下治理产能过剩，发挥表率作用。

（2）自由贸易是全球产业链和价值链深化发展的基础。“二战”后，美国等发达经济体主导建立了 WTO 多边贸易体系。WTO 覆盖全球超过 90% 的贸易额，推动全球产业链和价值链的出现和发展，国家与国家之间的经济融合前所未有。全球产业链、价值链的深化发展，需要大国继续承担推动者、引领者、支持者的角色和责任。

（3）自由贸易是跨国公司全球配置资源的保障。跨国公司是推动经济全球化的重要力量，是推动资源全球配置的主体。跨国公司在全球优化资源配置，对大国间自由贸易和经济合作有现实需求。2015 年，美国《财富》杂志公布的

① 美国是最经常采取贸易保护措施的国家　4 天出台一项［EB/OL］. 人民网，2016-08-18.

全球500强企业名单中，中美两大经济体的上榜企业数量总和为234家[①]。若引发中美贸易战，首先受到打击的是这些跨国公司，而这每一家跨国企业的背后往往都有一个供应链，也意味着大量中小企业和就业将受到冲击。

2. 加强中美在全球资源优化配置上的合作

（1）携手治理产能过剩。共同构建开放包容共享的自由贸易制度，带动更多国家进入全球化进程，从而创造出新的市场和新的有效需求。同时，以开放去优化产能和资源的全球配置，以开放引导资源从产能过剩的行业流向产能不足的行业，以开放促进产能优化升级，走出一条在开放中促进全球需求与全球供给的动态平衡的路子。

（2）共同推进全球产业链和价值链深化发展。坚定以自由贸易推进全球范围内的双向市场开放，推进全球和区域贸易投资协定发展，促进更大范围内的产业合作与产能合作，促进全球和区域的产业链、价值链深化发展。

（3）共同为跨国企业的发展创造良好的贸易投资环境。共同应对逆全球化的挑战，避免贸易战，为跨国企业在全球推进产业布局和优化资源配置，提供贸易投资自由化和便利化的制度保障，稳定企业发展预期。

3. 共同改善资源全球优化配置的制度环境

（1）力推贸易便利化的制度安排。《2016年全球贸易促进报告》显示，新加坡、荷兰和我国香港地区是全球贸易便利度最高的前三个国家和地区，美国的贸易促进指数排在第22位，我国在第61位[②]。中美应在促进贸易投资便利化上做出表率，推动WTO《贸易便利化协定》早日实施，降低货物和人员通关的时间和成本，提高贸易投资政策制定和实施的透明度。

---

① 《财富》发布2015年世界500强名单 中国106家企业上榜［EB/OL］. 观察者网，2015-07-23.

② 《2016年全球贸易促进报告》由世界经济论坛与全球贸易便利化联盟联合撰写和发布。

（2）力推投资便利化的制度安排。全球价值链改变了旧的生产和分工模式，跨国公司更加关注如何在全球市场上优化资源配置、降低综合运营成本等，如果 WTO 不将投资等议题纳入谈判，现有的多边贸易框架对一些国家难有吸引力[①]。同时，联合国贸发委（UNCTAD）通过对 111 个国家的外资法和规定的调查发现，全球 3300 多个国际投资协定中有 90% 以上没有关于投资便利化和投资促进的规定，各国外资法中普遍缺少投资促进与投资便利化的内容[②]。中美都是全球对外投资大国，应在早日达成中美投资协定的同时，在推动形成全球统一的投资制度上承担大国责任，争取在 WTO 多边贸易体系、G20 框架下，以及 APEC 等区域合作组织中早日形成投资便利化的制度安排。

三、承担经济全球化的大国责任

中美经贸关系深刻影响经济全球化的进程与格局，推进经济全球化，既离不开中国，也离不开美国。中国和美国都从自由贸易和经济全球化中获得了巨大收益，应主动承担起以自由贸易战略引领新一轮经济全球化的大国责任。

1. 中美爆发贸易战将重挫经济全球化

（1）加剧全球需求萎缩。用贸易战的方式，以限制竞争来实现自身增长的办法不可能长久。即使短期内能延缓落后产业和产能的淘汰，从长远看会加剧全球市场的萎缩，给世界经济增长带来更大的问题，造成“贸易战—需求萎缩—贸易战—经济衰退”的恶性循环。

专栏 3.13

上一次美国发起贸易战的结果

1929 年 10 月美国股市崩盘之后，美国经济陷入衰退，失业率不断上升。1930 年，

① 张磊 . 维护开放透明包容的多边贸易体制［N］. 人民日报，2016-04-12.

② 马涛，苏庆义，韩冰，白洁 . 以全球贸易投资合作促进包容性增长——二十国集团智库贸易投资会议纪要［J］. 国际经济评论，2016（5）.

为对应危机，胡佛总统签署了《斯姆特－霍利关税法》，将2000多种进口商品关税提升至历史最高水平，试图让更多工作回归国内，创造更多就业机会；同时“强迫”美国消费者只能购买美国生产的产品，希望能够提升对国内产品的需求，产生更多政府税收。

许多国家在面对美国的高关税时“别无选择”，只能对美国采取报复性关税。结果造成美国进出口额双双骤降50%以上。美国的失业率因此在1930年后继续上升，到1933年时到达25%，此后十年间一直保持在两位数，直到参加“二战”。在此期间，全球范围内报复性关税盛行，降低了全球总需求和贸易量。依据美国政府的统计数据，美国从欧洲进口的商品总额从1929年高位的13.34亿美元降至1932年的3.90亿美元，同时美国出口至欧洲的商品总额则从1929年的23.41亿美元降至1932年的7.84亿美元。1929–1934年间，世界贸易规模萎缩了大约66%。

资料来源：特朗普贸易政策的真面目：让TPP等贸易协定为美国“重生”[EB/OL]. 华尔街见闻，2016-11-29.

（2）加大世界经济运行风险。大国间的贸易战都会产生严重的外溢风险，给世界经济带来震荡。中美经济总量合计占全球经济总量的近40%，对全球经济增长的贡献合计在40%左右，两国贸易额合计占全球贸易总额的23.5%，贸易增量占全球贸易增量的40%①。以中美两大经济体的体量和影响力，如果特朗普对华发起贸易战，无论谁输谁赢，都会给世界经济运行带来许多风险和不确定性因素。

（3）触发更大范围的全球化逆潮。中美贸易战，伤害的不仅是中美，还有中美以外的新兴经济体和发达国家。中美贸易逆差反映了全球价值链分工的深化。按全球价值链方法测算，美国对我国贸易逆差会比名义数据减少30%～40%②，其占美国贸易逆差的比重将下降到16.4%，减少的部分来自其他贸易伙伴。作为全球最大的两个经济体，中美贸易战的成本及其带来的风险，会向各自的供应链和价值链伙伴传导，甚至引发全球范围的相互报复。

① 朱光耀. 全面贯彻合作思想保持中美经济健康持续发展［EB/OL］. 中国金融信息网，2016-12-17.

② 斯蒂芬·罗奇. 中国实力尚难撑起全球领导力［N］. 环球时报，2016-11-28.

2. 中美携手为经济全球化提供新动力

（1）消除壁垒而不设置新的壁垒。在全球需求萎缩、贸易增长严重放缓、全球市场充满不确定性的背景下，中美应在维护和推动自由贸易上做出表率，携手促进商品、服务、人员的自由流动，而不是任由贸易保护主义蔓延甚至带头设置新的贸易壁垒。这将为全球贸易和经济增长创造新的市场空间，提升国际社会的信心和预期。

（2）美国审慎使用反倾销和反补贴等贸易保护措施。美国彼得森国际经济研究所加里·霍夫鲍尔与肖恩·洛瑞的研究表明，对中国轮胎实施惩罚性关税，保住一份工作一年，就要使美国消费者付出至少90万美元的代价[①]。美国需要降低和取消在钢铁、装备制造、汽车工业等领域存在的政府补贴、贸易救济、政府采购本土化、技术性贸易壁垒等非关税措施等，减少高新技术和服务出口的限制性措施。

专栏3.14

美国的贸易投资壁垒

贸易保护措施。美国总统奥巴马执政近8年来，针对中国的贸易投资保护措施从未间断过。在贸易方面，美国采取的措施包括防止中国出口商品增长过快影响本国就业的“特保”措施、针对中国企业和产品进行的反倾销、反补贴（“双反”）调查和高额关税惩罚、炒作人民币汇率问题、设立特别执法机构应对所谓不公平贸易等。特朗普政府任命的商务部部长和贸易委员会主任将美国贸易政策失利的原因归结为美国主要贸易伙伴的“汇率操纵”和重商主义贸易政策实践，以及“糟糕”谈判达成的贸易协定使得美国不能公平享受到贸易的收益。他们建议通过增加出口、限制进口和贸易谈判等措施改善与加拿大、中国、德国、墨西哥、日本和韩国六大贸易伙伴的贸易逆差。

投资保护措施。对中国企业采取定义和标准宽泛模糊的“安全审查”制度。截至2005年2月，美国外国投资委员会接受通知的案件1520多起，提交调查的案件仅有25起。“国家安全”问题提交给美国总统决定的更是凤毛麟角，22年来只有两起，并且都与中

① 保护主义抬头阻碍国际贸易增长［N］. 人民日报，2016-08-08.

国相关，即1990年，美国总统老布什否决了中国航空技术进出口公司对西雅图飞机零件制造商的并购；2016年9月30日，奥巴马总统以国家安全为理由，叫停了中资公司的一个风电项目。

资料来源：莫让保护主义阻碍国际贸易增长［N］.人民日报，2016-08-08.

（3）中国减少和取消扭曲性的保护政策。显著减少出口商品和服务的政府补贴以及扭曲商品和服务出口价格的保护措施，加强与美国等发达国家的产品和服务安全健康标准的对接，改善出口产品和服务的质量。

（4）以服务业为重点推进双向市场开放。我国已经明确提出加快服务业对外资开放。在双方优势互补，尤其在不涉及国家安全、经济转型急需的研究咨询、金融保险、会计审计、专利技术、信息通信等生产性服务业领域以及养老、医疗、健康等生活性服务业领域，加快双向市场开放。美国应对中国关注的频繁使用“双反”措施、技术性贸易壁垒以及对中国企业的不公平的“安全审查制度”等进行调整，减少针对中国商品、服务和投资的不公平待遇。

3. 各自推进结构性改革

（1）不把问题简单归咎于自由贸易。有学者对美国蓝领工人失业的原因进行研究，仅有20%的蓝领工人失业是由于自由贸易造成的，蓝领工人失业的主要原因是科技进步和经济结构变化[①]。自由贸易促进分工与专业化，提高了劳动生产率，形成了技术创新、组织创新的动力，降低企业对低技术劳动力的需求，提高了对高技术劳动力的需求。与此同时，市场机制与自由贸易不可避免地会引起收入分配差距的扩大。对此，政府要有所作为。比如，对自由贸易引起的结构性失业和收入分配差距进行有效调节，对自由贸易的受损者给予适当的补偿；对本国的教育体系与劳动力市场进行改革，提高劳动者参与全球化的能力；推进与贸易伙伴的自由贸易进程，推动形成包容共享的自由贸易制度，使更多

① 特朗普贸易政策的真面目：让TPP等贸易协定为美国“重生”［EB/OL］.华尔街见闻，2016-11-29.

的人有机会参与和分享全球化的红利。

（2）推进以服务业市场开放为重点的结构性改革。我国要推进与美国的自由贸易与双向开放，就需要努力缩小与美国市场开放的差距。无论是市场准入门槛，还是政府对外资企业的监管，美国服务业市场的开放程度都高于我国。这就需要下决心在服务业领域放宽对社会资本和外资的市场准入，打破国有企业行政垄断，形成公平竞争的市场环境。

（3）以结构性改革重举自由贸易大旗。在美国，收入前10%的家庭获得了贸易自由化提供的绝大多数收益，购买力提升了62%，而收入排在后10%的家庭，购买力仅提升了3%。同时，在近二三十年，美国政府直接向民众提供支持的开支占GDP的比重比全球化全面开始之前的20世纪60年代还要小[①]。2008年金融危机以来，美国公共资本增量甚至降到历史最低。美国政府需要采取务实行动，调节收入分配结构，推进教育结构调整和劳动力市场改革等，改善公共服务并增加相应的公共支出，以此支持自由贸易中的受损者或“输家”获得调整的机会和能力。

四、承担国际治理变革中的大国责任

全球经济治理变革正处于历史转折点，大国应发挥积极的引领作用，以形成开放、包容、共享、均衡的贸易投资新秩序为重点，推动全球治理体系朝着更加公正合理、互利共赢的方向发展，为世界经济转型和可持续增长提供保障。

1. 建立开放、包容、共享、均衡的贸易投资新秩序

（1）积极应对全球贸易治理面临的严峻挑战。根据OECD报告，国际金融危机前的20年时间里，世界贸易增速是世界经济增速的2.1倍，金融危机发生后，贸易增长明显失速，预计2016年贸易增速是经济增速的0.8[②]。上一轮全球

① 特朗普贸易政策的真面目：让TPP等贸易协定为美国“重生”［EB/OL］. 华尔街见闻，2016-11-29.

② 全球贸易增长乏力 经济复苏担忧加剧［EB/OL］. 一财网，2016-10-10.

化动力衰减的一个重要原因在于国际贸易投资金融秩序的不合理、不平衡和不可持续，新兴经济体和发展中国家在全球治理中的地位和话语权与其在世界经济贸易增长中的地位和作用不相匹配。

（2）推动形成开放、包容、共享、均衡的贸易投资新秩序。坚定维护开放、包容、透明的多边贸易体制。促进发达国家与新兴经济体、发展中国家的贸易投资治理合作，为发展中国家平等进入全球和区域贸易体系创造更有利的环境和条件，提升区域和多边贸易协定中新兴经济体和发展中国家的代表性和话语权，在改善全球贸易治理结构中承担大国责任。

（3）支持新兴经济体和发展中国家平等参与经济合作与治理合作的平台与机制。

——积极支持以发展中国家和新兴经济体为主体的区域、次区域合作机制和多边治理机制。

——支持新兴经济体和发展中国家在全球、区域经济合作平台与机制中提高代表性和话语权。

——加强与新兴经济体和发展中国家多层次的对话交流合作。通过企业、智库、社会组织等多方面的交流合作，共同加强参与国际经济规则制定的能力建设。

2. 为促进世界经济可持续增长提供更多的公共产品

（1）在提供全球性和区域性公共产品上承担大国责任。

——各国在全球治理中的地位和角色应与其对世界经济持续发展的作用和贡献相匹配。面对贫困、收入分配不平等、资源短缺、生态环境恶化等全球性挑战，大国应在落实《2030 可持续发展议程》上发挥表率和引领作用，在提供全球公共产品上承担相应的责任。

——中美携手推动 G20 峰会提出的提振全球贸易与投资，全球基础设施互联互通、国际产能合作、构建全球创新体系、构建绿色低碳的全球能源治理格局等倡议落地。

——以建立稳定的经贸关系为基础，有效管控和缩小大国间的分歧。以此为解决敏感的政治安全问题奠定基础，为维护全球和地区和平安全创造有利条件。

（2）推进全球发展伙伴关系建设。以落实《2030可持续发展议程》为目标，积极构建全球发展伙伴关系网络，在共同支持非洲和最不发达国家工业化上发挥表率作用。坚持对最不发达国家和发展中国家的贸易投资优惠政策，通过设立社会发展基金等帮助发展中国家加强参与全球化的能力建设。增加对发展中国家的发展援助，创新发展援助机制，积极推动技术转移。

（3）引领世界经济走出泥潭。在世界经济增长放缓的背景下，大国的作用和责任最基本的要体现在其对世界经济的带动上。这要求大国更要自觉克制“以邻为壑”的贸易投资政策，以率先开放带动全球和区域自由贸易进程，拓宽各国的国际市场空间。

3. 共同完善全球治理机制

（1）共同推进国际治理机构改革。

——坚持互利共赢的原则，继续推进联合国系统主要机构、国际货币基金组织（IMF）、世界银行等全球治理机构的改革，继续推进IMF和世界银行经济监管规则变革。

——加强国际治理合作，共同创建区域和跨区域的金融和贸易监管协调机制，为现有的治理机制提供有益补充。

——共建贸易投资、金融领域、新兴领域监管、国际标准制定、区域经济合作等方面的新机制。

（2）加强宏观经济政策协调。

——积极共建区域性和全球性的战略与经济对话机制，引领各国携手应对全球性挑战。

——深化在贸易投资促进政策、可持续发展、中小企业发展等领域的交流合作，加强双方在重大国际问题上的沟通和协调。

——在主动控制自身风险、防止风险外溢的同时，引领建设全球和区域的经济金融危机风险监测及危机应对机制。

The Second
Round of Opening-up

第四章

“一带一路”：经济全球化的新主角

在经济全球化新的十字路口，“一带一路”是我国“二次开放”的重大战略布局，将是反对贸易保护主义，构建开放、包容、共享、均衡的经济全球化的新主角。它承载着三大历史性任务：一是以基础设施互联互通为依托；二是以产能合作和服务贸易为重点；三是以建立多层次、多种形式的自由贸易区网络为目标。

在经济全球化新的十字路口，“一带一路”承载着反对贸易保护主义，构建开放、包容、共享、均衡的经济全球化的历史性任务；承载着以构建自由贸易区网络为目标、促进全球自由贸易进程的新使命。以“一带一路”为总抓手，形成我国对外开放的大平台、大通道、大布局，才能赢得国内发展和国际竞争的主动。

第一节 “一带一路”：经济全球化的重要角色

“一带一路”倡议来自中国，但成效惠及世界。从3年多的实践看，“一带一路”秉承共商、共建、共享原则，践行开放包容、平等互利的务实行动，成为反对贸易保护主义、推动全球经济治理变革的新引擎，成为引领包容性经济全球化的新主角。

一、“一带一路”倡议赢得国际广泛共识

2013年以来，以“五通”为主要内容的“一带一路”建设，之所以能够赢得国际社会的广泛共识和积极参与，就在于其为区域和全球经济增长注入新动力，为世界经济走出阴霾带来新希望。

1. 助推经济全球化

（1）“黑天鹅”事件难阻“一带一路”进程。2008年国际金融危机以来，全球范围内贸易保护主义抬头，多边贸易体制受到冲击。在这个大背景下，“一

带一路”倡议高举经济全球化大旗，旨在打通生产要素全球流通渠道，以互联互通和产能合作助推经济全球化进程。3年多来，我国已经同哈萨克斯坦、埃塞俄比亚、巴西等20多个国家开展了国际产能合作[①]。

（2）推动多边、双边自由贸易进程。目前，我国已经签署并实施了14个自贸区协定，涉及亚洲、拉丁美洲、大洋洲和欧洲等22个国家和地区，正在谈判的自贸区协定有9个，正在研究的自贸区协定有6个[②]；我国已与“一带一路”沿线11个国家签署了自贸区协定[③]。立足周边、辐射“一带一路”沿线国家、面向全球的高标准自由贸易区网络正在形成。

（3）区域贸易和投资逆势上扬。2015年，我国与“一带一路”沿线国家与地区的贸易额超过1万亿美元，在我国外贸总额的占比超过1/4[④]；2016年1—11月，我国与“一带一路”沿线国家和地区的贸易额达到8489亿美元，占同期我国外贸总额的25.7%；我国对沿线国家和地区直接投资额达到134亿美元，占同期我国对外投资总额的8.3%；与沿线国家新签对外承包工程合同额1004亿美元，同比增长40.1%；沿线国家对华投资新设立企业2472家，同比增长27.3%，实际投资63亿美元[⑤]。“一带一路”倡议实施以来，区域内贸易和投资年均增速高于全球平均水平近1倍[⑥]。3年多来，我国企业对沿线国家投资达到500多亿美元。

2. 促进全球经济增长

（1）为全球经济增长注入新动力。破解经济全球化困境，首要的是为全球

① 中国已同20多个国家签订国际产能合作协议［EB/OL］. 新华网，2016-07-07.

② “一带一路”建设成绩斐然［N］. 人民日报，2016-09-27.

③ 商务部. 中国已与“一带一路”沿线56个国家签署双边投资协定［N］. 上海证券报，2016-05-31.

④ 顾学明. 深耕“一带一路”拓展全球开放型经济发展新境界［N］. 人民日报，2016-03-31.

⑤ 李国辉. 前11个月我国与“一带一路”沿线国家贸易额达8489亿美元［N］. 金融时报，2016-12-28.

⑥ 王毅. “一带一路”贸易投资年均增速高于全球平均近一倍［N］. 环球时报，2016-08-03.

经济增长注入新动力，破解经济增长的不平衡问题。“一带一路”建设将带来巨大的投资和消费需求。1990—2013 年，“一带一路”区域整体 GDP 年均增长速度达 5.1%，相当于同期世界经济增速的两倍[①]。

（2）为世界经济走出阴霾带来希望。新亚欧大陆桥、中蒙俄经济走廊和中国 – 中亚 – 西亚经济走廊把最具经济活力的东亚地区与发达的欧洲经济圈联系在一起，打通了波斯湾和地中海，为亚欧大陆腹地各国发展提供广阔的空间；中巴经济走廊、中国 – 中南半岛经济走廊和孟中印缅经济走廊，大大提升了欧亚走廊的经济辐射效应，使其惠及南亚、东南亚和印度洋等地区，发展潜力巨大。根据麦肯锡预计，如果硬件和软件的基础设施建设成功完成，到 2050 年，“一带一路”沿线区域将为全球带来 80% 的 GDP 增量和 30 亿人口规模的中产阶层[②]。正是“一带一路”蕴含的巨大发展潜力，提振了我国与各国共同应对复杂严峻国际经济形势的信心。

3. 扩大经济全球化的“朋友圈”

“一带一路”这条世界上跨度最长、最具潜力的合作带，凝聚了沿线国家与地区渴望发展的最大共识、契合了各经济体经济升级的最迫切意愿。“一带一路”正在成为各国推动经济全球化深入发展的一个新平台。3 年多来，共有 100 多个国家和国际组织积极参与和支持；中国与 40 多个沿线国家和国际组织签署共建“一带一路”合作协议，以亚投行、丝路基金为代表的金融合作不断深入；2016 年 11 月的第七十一届联合国大会上，193 个会员国一致赞同将“一带一路”倡议载入联大决议。

二、“一带一路”引领开放、包容、共享、均衡的经济全球化

面对当前复杂的国际形势，引领开放、包容、共享、均衡的经济全球化，

① 张茉楠．“一带一路”重构全球经济增长格局［J］．发展研究，2015（5）．

② 李光宇．“一带一路”沿线国家经济总量约 39 万亿美元［N］．中国保险报，2015-08-17.

是时代赋予“一带一路”的重大任务。

1. 以开放为导向，强调发展战略对接

“一带一路”以开放为导向，强调沿线国家发展战略对接，防止治理机制封闭化和规则碎片化，从而寻找利益契合点。3 年多来，通过各层次的双边、多边合作机制，以“六大经济走廊”为载体，“一带一路”倡议与沿线多国的发展战略实现对接，为地区和跨地区发展规划奠定基础，也吸引了越来越多的国家和国际组织参与“一带一路”建设。例如，通过中欧陆海联运快线建设，推动与欧盟的“容克计划”对接；通过中哈公路、铁路、机场、能源、物流中心等基础设施的建造，实现与哈萨克斯坦“光明大道”对接；通过中越铁路、公路等基础设施建设与产能合作，与越南加紧磋商“一带一路”和“两廊一圈”合作。

2. 以包容为原则，寻求发展的最大公约数

“一带一路”建设坚持和谐包容原则，不是要谋求势力范围，而是要支持各国共同发展的“大合唱”，欢迎不同发展水平的国家和地区平等参与，开展更大范围、更高水平、更深层次的区域合作，共同打造开放、包容、均衡、普惠的区域合作架构。目前，我国企业在沿线 20 个国家建设了 56 个境外经贸合作区，为沿线国家创造了超过 10 亿美元的税收和超过 16 万个就业岗位[①]。

3. 以共享为目标，突出互利共赢

“一带一路”沿线国家与地区发展水平参差不齐，既有发达经济体，也有落后的发展中国家（见表 4.1 和表 4.2）。“一带一路”倡议以共享为目标，强调所有参与者的互利互惠。例如，由于“一带一路”沿线国家与地区基础设施普遍落后，改善基础设施是其最大需求，但又面临巨大融资缺口。根据亚洲开发银

① “一带一路”，通向共同繁荣的未来［EB/OL］. 人民网，2016-12-17.

行预测，未来 10 年，亚洲基础设施投资需要 8.22 万亿美元，即每年需要新增投入 8200 亿美元基础设施资金。根据世界银行统计，中低收入国家用于基础设施投资方面的资金仅为 4000 亿美元左右[①]。亚投行的成立就是主动提供给世界的重要公共产品，以使更多国家共享全球化红利。仅在正式成立的 2016 年，亚投行就批准 9 个项目，发放贷款 17 亿美元[②]，项目全部集中在亚洲，大都投向“一带一路”沿线国家，大部分为能源交通基建项目[③]，这些项目不仅能促进商贸和就业，还有助于消除贫困，改善基础交通的质量和效率，促进包容性增长。

表 4.1：“一带一路”地区人均 GDP 分布情况

人均 GDP 分组	国家数	人均 GDP（美元）	总人口		GDP	
			万人	份额（%）	亿美元	份额（%）
US $ 20000 以上	10	35470	6426	0.90	22793	3.04
US$10000—20000	12	13178	33649	4.72	44342	5.92
US $10000 以下	35	3862	394788	55.34	152482	20.36
计算包含的“一带一路”国家数	57	5050	434862	60.96	219617	29.32
世界		10500	713333	100.00	749000	100.00

数据来源：隆国强．扎实推进“一带一路”合作［J］．国家行政学院学报，2016(1).

表 4.2：“一带一路”（其中 57 个国家）与世界总体比较

时期	GDP			贸易年均增长率 (%)		利用 FDI 年均增长率 (%)	
	世界	丝绸之路地区		世界	丝绸之路	世界	丝绸之路
		年均增长率 (%)	GDP 占世界之比(％)				
1990—2000	2.8	3.7	17.8	21.0	17.4	6.4	11.3
2000—2010	2.6	6.7	44.3	1.5	18.9	9.0	14. 8

① 张茉楠．亚洲基础设施多元化投融资时代来临［N］．中国经营报，2014-12-05.

② 亚投行首年贷出 17 亿美元 多国项目已获批贷款［N］．环球时报，2016-12-22.

③ 亚投行一周年成绩斐然［N］．人民日报海外版，2017-01-14.

续 表

时期	GDP			贸易年均增长率 (%)		利用 FDI 年均增长率 (%)	
	世界	丝绸之路地区		世界	丝绸之路	世界	丝绸之路
		年均增长率 (%)	GDP 占世界之比(%)				
2010—2013	2.4	4.7	41.3	2.8	6.2	9.3	13.9
1990—2013	2.7	5.1	33.7	9.7	16.5	7.8	13.1

注：GDP 以 2005 年美元不变价计，贸易和投资以现价美元计。

数据来源：隆国强．扎实推进“一带一路”合作［J］．国家行政学院学报，2016(1).

4. 以均衡为基础，打造繁荣发展的命运共同体

当前，随着全球经济发展新态势和治理格局的新变局，均衡已经成为新一轮全球化发展的要义。“一带一路”战略有利于打通亚欧沿海地区和大陆贫困腹地，撬动欧亚非大陆腹地的发展潜力，带动不发达地区的经济增长，从而提升沿线国家和地区相邻区域发展水平。以均衡发展为基础，打造沿线国家和地区互利共赢的利益共同体和共同繁荣的命运共同体，不仅有利于区域平衡发展，也有利于全球经济再平衡。

三、“一带一路”打造“经济全球化 3.0 版”

全球化经历了两个历程。即以欧亚大陆为载体的“古丝绸之路”带来的“全球化 1.0 版”和以海洋为载体、以西方国家为中心的“全球化 2.0 版”[①]。未来 10 ~ 20 年，以开放、包容、共享、均衡为目标的“一带一路”将打造“经济全球化 3.0 版”。

1. 推动全球经济再平衡

“一带一路”本质上是通过提高有效供给来催生新的需求，实现世界经济

① 王义桅．“一带一路”开创“全球化 3.0 时代”［EB/OL］．新华网，2016-12-27.

再平衡。例如，推动我国优势产能和高端装备制造走出去，与“一带一路”沿线国家和地区的工业化需求形成互补，不仅有利于提高有效供给满足消费需求，还能带动欠发达国家的技术进步，将有力推进联合国《2030年可持续发展议程》，从而实现发展再平衡。

2. 重塑全球经济治理的制度性话语权

国际金融危机以来，传统的以发达国家为主导的全球经济治理机制的作用在减弱，而中国发起设立的亚投行、丝路基金在推动全球经济治理变革中的作用不断提升，使新兴经济体和发展中国家有更多机会参与到全球经济治理中来。随着G20、金砖机制、上合组织、亚投行、丝路基金、新开发银行等新型国际机制和制度的发展，“一带一路”倡议不仅是对现有全球经济治理规则的补充与完善，增强新兴国家和发展中国家的话语权，更为重塑全球经济治理新格局注入动力。美国《国家利益》认为，“一带一路”计划不仅是一个宏大的经济计划，它还是全球关系与治理的一个典范，中国正引导全人类建设一个统一、和谐与繁荣的世界①。

3. 重构全球价值链

随着我国经济转型升级，制造业迈向中高端，部分劳动密集型产业和资本密集型产业正加快向“一带一路”沿线国家和地区转移，使处于工业化初期的欠发达国家有机会搭上新一轮经济全球化的列车，参与到世界经济分工中来，提高工业化水平。以纺织业为例，由于劳动力成本上升等因素，我国纺织业正加快向孟加拉国、塔吉克斯坦等国转移。孟加拉国已经发展成为仅次于我国的全球第二大服装出口国。

① 舞动的双翼 丰硕的成果——“一带一路”建设回眸与愿景［EB/OL］. 新华网，2017-01-03.

第二节 “一带一路”：经济全球化的重大任务

构建开放、包容、共享、均衡的经济全球化，“一带一路”承载着三大历史性任务：一是以基础设施互联互通为依托；二是以产能合作和服务贸易为重点；三是以建立多层次、多种形式的自由贸易区网络为目标。这既是“一带一路”可持续发展的重要制度安排，也是“一带一路”推动经济全球化的重大任务。

一、以基础设施互联互通为依托

设施联通是“一带一路”建设的优先领域和“血脉经络”，不仅对降低贸易成本、促进贸易投资便利化、推动全球经济增长发挥着基础性作用，也对实现“一带一路”沿线国家和地区发展战略对接、构建“一带一路”自由贸易区网络具有关键性作用。

1. 加快形成互联互通的六大经济走廊

（1）继续推进国际大通道建设。截至 2015 年年底，我国同沿线 60 个国家共签订了 3987 个基础设施合同，总金额达 926 亿美元，占当年我国同全球所签订合同总额的 44%，同比增长 7.4%[①]。2016 年，在“一带一路”框架下，一大批跨国基础设施已经开工建设或投入使用。目前“一带一路”框架内的基础设施在建项目已经覆盖 44 个国家[②]。未来 10 年，要加快打通“一带一路”在陆上、海上、空中的贸易流、物流、人流、信息流通道，形成放射性、网络化的交通布局，着力构建连接我国与自由贸易伙伴的经济大走廊，提升贸易物流便利化水平。

（2）以“一带一路”基础设施投资实现互利共赢。我国与“一带一路”沿

---

① 张茉楠．“一带一路”下国际产能合作风险与机遇［N］．上海证券报，2016-06-08.

② “一带一路”，通向共同繁荣的未来［EB/OL］．人民网，2016-12-28.

线国家和地区共建基础设施，既不是单方面援助行为，也不是“烧钱”，它对相关国家和地区经济发展带来的“溢出效应”已经超过基础设施投资收益本身，也必将带动我国经济的长远发展。例如，中国投资460亿美元与巴基斯坦共建的瓜达尔港，不仅对保障我国能源安全、降低运输成本具有重要的经济意义，也对我国突破马六甲海峡困局、保障地缘政治安全具有重要战略意义。

2. 以设施联通推进“一带一路”自由贸易区进程

2014年11月，习近平主席在主持召开加强互联互通伙伴关系对话会上指出：“今天，我们要建设的互联互通，不仅是修路架桥，不光是平面化和单线条的联通，而更应该是基础设施、制度规章、人员交流三位一体。”基础设施互联互通是加快实施自贸区战略的重要保障，其本身也会带来大量的自由贸易和投资需求，需要积极探索实行基础设施项下的自由贸易政策，加快推进“一带一路”沿线铁路、公路、油气管道、电网、信息网等关键基础设施的“无缝衔接”；推进通关便利化，尽快实现大通道、大通关，为推进双边、多边自由贸易区建设创造条件。例如，美国《福布斯》刊文认为，欧洲人开始接受并积极利用“一带一路”倡议的最大原因，是通往西方的火车开始行驶了。截至2016年6月底，中欧班列累计开行1881列，实现进出口贸易总额170亿美元[①]。

二、以产能合作和服务贸易为重点

目前，“一带一路”沿线国家和地区间的产能合作和金融合作已经展开。总体看，以金融业为重点的服务业企业“走出去”滞后于实体企业“走出去”步伐，也滞后于产能合作的实际需求。在深化产能合作的同时，加快推进服务业领域的国际合作，成为“一带一路”可持续发展面临的重大任务。

---

① 舞动的双翼 丰硕的成果——“一带一路”建设回眸与愿景［EB/OL］. 新华网，2017-01-03.

1.“一带一路”沿线国家和地区产能合作实现互利共赢

（1）产能合作不断深化。3 年多来，我国同 20 多个国家开展了国际产能合作；根据商务部统计数据，2016 年 1—11 月，我国装备制造业对外直接投资 167.6 亿美元，是 2015 年同期的 2.8 倍①。目前，跨境经济合作区中一半以上是与产能合作密切相关的加工制造类园区；各类双边、多边产能合作基金规模已经超过了 1000 亿美元②。从产能合作水平看，我国在高速铁路、航天、船舶和海洋工程、冶金工业设备等领域具备世界领先优势，“走出去”的不是落后和淘汰的产能，而是优质、先进、高科技的产能。

（2）产能合作潜力巨大。“一带一路”沿线 60 多个国家和地区之间工业化水平差距较大，大部分国家处于工业化初期，工业基础薄弱，需要吸引外国投资来实现本国工业化。我国与这些国家和地区的经济互补性较强，在国际产能和装备制造业合作方面潜力巨大。根据国家发改委预测，我国对外产业投资将从 2015 年的 1200 亿美元增加到 2018 年的 1600 亿美元③。

2. 在国际产能合作中加快培育服务贸易国际竞争力

（1）国际产能合作带来巨大服务贸易需求。从基础设施互联互通以及直接投资项目、国际产能合作中，不仅将在当地市场衍生出大量的工业品和消费品等长期而稳定的市场需求，而且还将衍生出大量相关服务贸易需求。尤其是在以信息技术为重点的高科技迅猛发展的背景下，各国在数字经济、服务贸易、智能制造等新兴产业与技术领域合作的空间巨大。以服务外包为例，2015 年，我国承接“一带一路”沿线国家服务外包合同金额达到 178.3 亿美元，同比增

---

① 前 11 月对外投资增长 55.3% 我国资本净输出愈加明显［N］. 经济参考报，2016-12-16.

② 同 20 个沿线国家开展产能合作“一带一路”沿线国家合作基金超千亿美元［N］. 经济日报，2016-07-30.

③ 林火灿 .2018 年我国对外产业投资预计达 1600 亿美元［N］. 经济日报，2015-12-30.

长 42.6%，占我国离岸服务外包的比重为 20.4%，较 2014 年提高 3 个百分点[①]。2016 年 1–11 月，我国企业签订服务外包合同额 8360.9 亿元，执行额 6024.9 亿元，分别增长 17.5% 和 17.3%[②]。预计“一带一路”沿线国家的服务外包合作业务规模将保持 20% 左右的年均增长速度。

（2）国际产能合作要求服务贸易跟进发展。我国制造业企业“走出去”，不仅仅是产能的“走出去”，更是装备、技术、标准、服务同时“走出去”，带动关联产业上、下游国际市场需求。在当前我国产能过剩、企业存在过度竞争的情况下，开展国际产能合作，尤其应该注重同时推动工程承包、研发设计、相关咨询、第三方认证、金融、保险、物流、采购企业“走出去”，以服务贸易合作提升产能合作水平。

（3）把“两结合”作为推动服务贸易强国的重要途径。在积极开展同发展中国家产能合作的同时，需要加快培育我国服务贸易国际竞争力，把产能合作与服务贸易“两结合”作为推动我国走向服务贸易强国的重要途径。2016 年前三季度，我国与“一带一路”沿线国家和地区服务贸易额超过 4400 亿元，同比增长 30%[③]。产能合作与服务贸易相互带动、融合发展的趋势正在形成。

3. 以服务贸易带动“中国制造 2025”全球布局

通过服务贸易合作，进一步建立健全区域合作的供应链、产业链和价值链，推动“中国制造 2025”在全球范围内配置资源，实现转型升级。例如，通过技术服务贸易，促进制造业同信息技术密集型服务业高度融合，以服务型制造为核心的新业态参与全球产业链结构再调整和价值链重构，并结合“中国制

① 中国服务外包研究中心 . 构建面向“一带一路”服务外包合作新体系［N］. 国际商报，2016-06-27.

② 商务部 . 前 11 月中国企业签订服务外包合同额 8360.9 亿元［EB/OL］. 中国新闻网，2016-12-23.

③ 中国与“一带一路”沿线国服务贸易额同比增长 30%［N］. 中国贸易报，2016-12-29.

造 2025”升级换代，把生产要素的国内合理配置转换成立足全球资源禀赋的要素合理配置，形成“中国制造 2025”的全球产业链，提升我国制造业的国际竞争力。

三、以建立自由贸易区网络为目标

以开放、包容、共享、均衡为目标，加快推进“一带一路”自由贸易区网络建设，使“一带一路”战略成为反对贸易保护主义、维护经济全球化的新主角。

1. 建立“一带一路”自由贸易区网络的现实需求

（1）贸易投资合作潜力巨大。世界银行数据显示，2010—2013 年，“一带一路”对外贸易、外资净流入年均增速分别达到 13.9% 和 6.2%，比全球平均水平高出 4.6 和 3.4 个百分点[①]。根据国际货币基金组织预测，到 2020 年，“一带一路”沿线国家和地区货物贸易总额将达到 19.59 万亿美元，比 2013 年增长 38.25%；占全球货物贸易总额 38.93%，比 2013 年提高 1.38 个百分点[②]。

（2）沿线国家和地区间的贸易、投资成本居高不下。由于“一带一路”沿线国家和地区经济发展水平差距较大，部分国家采取贸易壁垒来维护本国市场，使得“一带一路”沿线国家和地区之间贸易成本居高不下，自由贸易程度较低。根据《全球营商环境报告 2015》，中亚国家的贸易成本相当于中国贸易成本的 5 ~ 10 倍[③]，成为制约区域贸易发展的主要障碍。与欧盟、NAFTA 以及东盟等在区域一体化方面取得实质性进展的地区相比，“一带一路”相关国家面向区域内国家的出口和进口在全部对外贸易中的比重明显偏低。

（3）应对贸易保护主义挑战。未来 5 ~ 10 年，要以“一带一路”沿线国家和地区为重点建立更多双边、多边、区域性、全球性自由贸易区网络，显著降低与主要贸易伙伴的关税和非关税贸易壁垒，加快自由贸易进程。根据《世界

① 张茉楠 .“一带一路”重构全球经济增长格局［J］. 发展研究，2015（5）.

② 刘华芹 . 贸易畅通与发展：“一带一路”建设的基点［N］. 光明日报，2015-10-29.

③ 刘华芹 . 贸易畅通与发展：“一带一路”建设的基点［N］. 光明日报，2015-10-29.

贸易报告 2013》的相关分析，假设实施多哈回合谈判的贸易便利化措施，将低收入国家的贸易便利化分数提高到中等收入国家的水平，那么可降低 10% 的运输成本以及 20% 的贸易成本。

（4）形成规范、公正和透明的市场环境。通过签署一系列自贸协定或建立自贸区，打通自由贸易大通道，以自贸区为重点促进区域经济一体化，为沿线国家之间的经济贸易往来提供一个规范、公正和透明的市场经济环境，不仅能够降低跨区域生产和贸易往来的成本，也能在一定程度上防范由于地缘政治和地区不稳定因素造成的违约风险，提高贸易效率，促进双边、多边贸易投资和经济合作，从而形成“一带一路”沿线国家和地区开放合作大市场。

2. 把构建自由贸易区网络作为“一带一路”的重要制度安排

（1）以自由贸易区网络安排保障“一带一路”稳定性。未来“一带一路”面临的国际环境更加复杂，干扰因素将明显增多。这既是“一带一路”的重大挑战，也是重要机遇。不管形势如何变化，制度安排可以保障“一带一路”的稳定性，而多种形式的自由贸易区网络就是基本的制度安排。同时，通过构建“一带一路”自由贸易区网络，巩固我国与周边及沿线国家的经贸合作关系，拓展国际合作领域，创新合作机制，使“一带一路”在全球经济治理中发挥重要作用。

（2）以自由贸易区网络安排防范风险。“一带一路”推进过程中面临的政治、经济、社会环境风险将明显增多，不确定性增强。一方面，要加强风险研判，建立预警和防范机制；另一方面，要加快构建自由贸易区网络，通过这一制度安排来有效规避风险，以不变应万变，推进“一带一路”战略的顺利实施。

（3）以自由贸易区网络赢得国内发展和国际竞争的主动。以“一带一路”沿线国家和地区为重点，加快建立跨国、跨区域自由贸易区网络，探索对外开放新的路径和模式，有利于我国在国际经贸规则制定中赢得主动，有利于拓展经济转型空间，有利于创造更好的外部发展环境，有利于在新一轮全球贸易自由化进程中发挥更大作用。

3. 建立“一带一路”自由贸易区网络的基本目标

（1）实现制度化、便利化的安排。无论是建立双边自由贸易区，还是构建多边自由贸易区，或是开展多种形式的自由贸易，都需要尽快形成制度安排，在投资贸易便利化上实现重要突破。

（2）实现双方、多方的优势互补。构建“一带一路”自由贸易区网络，需要立足沿线国家和地区的基本国情，发挥各自的资源优势，实现优势互补、互惠互利，形成利益共同体。

（3）推进“一带一路”的可持续进程，增强各方对全球经济一体化的信心。在全球贸易保护主义抬头的特定背景下，推进“一带一路”自由贸易区网络建设，对促进全球经济一体化和改善全球治理结构有重要影响。同时，有利于增强各方对全球经济一体化的信心，共同反对各种形式的贸易保护主义。

第三节 “一带一路”：建立自由贸易区网络的战略重点

在贸易保护主义抬头的背景下，推进“一带一路”与建立自由贸易区网络相融合，采取多种方式推进自由贸易进程，对促进“一带一路”沿线国家和地区间形成利益共同体、命运共同体、责任共同体具有战略意义，对我国实现“二次开放”的突破有重要作用，对全球经济增长和经济治理格局的改善将产生重大影响。

一、务实推进“一带一路”自由贸易区网络建设

“一带一路”沿线国家和地区发展水平参差不齐，既有发达经济体，也有落后的发展中经济体，很难用一个标准、一个规则、一个模式来建立自由贸易区网络，必须依据开放、包容、共享、均衡的目标要求，打造多层次、多类型、

灵活多样的双边、多边、区域性、全球性自由贸易区，或实施多种形式的自由贸易政策，以点连线、以线带面，重点突破，务实推进，逐步形成“一带一路”自由贸易区网络。

1. 推进“一带一路”与自由贸易区网络融合联动

总的看，“一带一路”进程与建立自由贸易区网络融合发展的大趋势正在形成。随着“一带一路”进程的推进，将有越来越多的国家参与进来，由此产生的自由贸易需求将不断增长，打破各种形式的贸易保护壁垒的愿望更加强烈。这就需要统筹推进“一带一路”与自由贸易区网络建设，实现相互促进、融合联动，以加快构建立足周边、辐射“一带一路”、面向全球的高标准自由贸易区网络，推动新一轮的全球自由贸易进程。

2. 最大程度增强开放包容性

根据“一带一路”沿线国家和地区的发展水平、发展优势、发展需求，打造多层次、多类型的自由贸易区，坚定地维护多边贸易体制，反对贸易保护主义，继续在推进贸易投资自由化、便利化、法治化的进程中，让更多新兴经济体和发展中国家参与进来，分享经济全球化红利。

3. 优化自由贸易区网络布局

以亚太自贸区为重点，加快构建周边自由贸易区，力争与所有毗邻国家和地区建立自由贸易区，不断深化经贸关系，构建合作共赢的周边大市场；结合周边自由贸易区建设与推进国际产能和装备制造合作，积极同“一带一路”沿线国家和地区商建自由贸易区，形成“一带一路”大市场，将“一带一路”打造成畅通之路、商贸之路、开放之路。经过 5 ~ 10 年的努力，逐步形成全球自由贸易区网络，争取同大部分新兴经济体、发展中大国、主要区域经济集团和部分发达国家建立自由贸易区，构建金砖国家大市场、新兴经济体大市场和发展中国家大市场[①]。

4. 采取灵活多样的形式

充分考虑“一带一路”沿线国家发展水平、发展需求、制度差异、承受能力，本着先易后难、循序渐进的精神，采用包括“早期收获计划”、框架协议、双边投资协定等多种合作形式，与“一带一路”战略支点国家共建灵活多样的双边、多边自贸区，积极开创适合“一带一路”的自由贸易区网络新局面。例如，对于条件成熟的国家，采取双边自由贸易区的形式；对于上海合作组织等多边合作机制，尽快使其发展成为多边自由贸易区，为更高层次的区域经济一体化奠定基础；对于条件尚不成熟的国家，实行基础设施项下、产能项下、旅游项下等多种自由贸易政策安排，实现双边自由贸易的突破。

5. 短中长期相结合分步推进

短期内，加快正在进行的自由贸易区谈判进程，逐步提升已有自由贸易区的自由化水平，积极推动与我国周边大部分国家和地区建立自由贸易区，使我国与自由贸易伙伴的贸易额占我国对外贸易总额的比重达到或超过多数发达国家和新兴经济体水平；中长期内，形成包括邻近国家和地区、涵盖“一带一路”沿线国家和地区以及辐射五大洲重要国家的全球自由贸易区网络，使我国大部分对外贸易、双向投资实现自由化和便利化[②]。

6. 构建自由贸易区的高中低方案

综合考虑各种因素，可采取高、中、低三种方案。高方案：与条件成熟的发达国家和地区，建立双边、多边自由贸易区，实施高标准的贸易投资政策、

① 国务院关于加快实施自由贸易区战略的若干意见［EB/OL］. 中国政府网，2015-12-17.

② 国务院关于加快实施自由贸易区战略的若干意见［EB/OL］. 中国政府网，2015-12-17.

规则；中方案：与经济发展水平较低的国家，通过承诺过渡期、产业项下贸易自由化，以及“早期收获计划”、框架协议等多种合作形式，先达成浅层次一体化协议，如实施基础设施和产能项下的自由贸易政策；低方案：推动沿线各国在基础设施、制造业、服务业、能源资源等多个领域开展广泛合作，合作建立跨境经济合作区和产业园区，建立多种形式的经济合作圈，对贸易和投资自由化、便利化的制度安排进行先行先试，务实推进自由贸易进程（见表 4.3）。

表 4.3：共建“一带一路”自由贸易区网络的总体思路

总体要求	主要内容	重点突破
目标任务	立足周边、辐射“一带一路”、面向全球的高标准自由贸易区网络	（1）加快推进亚太自贸区 （2）加快推进中欧自贸区 （3）打造中国－东盟自由贸易区升级版 （4）落实中韩、中澳自由贸易区
基本思路	相互促进、融合联动	（1）推进“一带一路”进程与建立自贸区网络相融合 （2）自由贸易区建设和推进国际产能合作相融合 （3）基础设施互联互通与发展战略对接相融合
发展原则	开放包容、互利共享	（1）最大程度增强自由贸易安排的开放性和包容性 （2）坚定地维护多边贸易体制 （3）推进贸易投资自由化、便利化
建设布局	立足周边、优化布局	（1）力争与所有毗邻国家和地区建立自由贸易区 （2）积极推进“一带一路”沿线自由贸易区 （3）争取同大部分新兴经济体、发展中大国、主要区域经济集团和部分发达国家建立自由贸易区
推进方式	分类实施，灵活多样	（1）双边、多边自由贸易区 （2）基础设施项下、产能项下、产业项下自由贸易 （3）跨境经济合作区 （4）多种类型的经济合作圈
推进步骤	短中结合、重点突破	（1）近期：加快正在进行的自由贸易区谈判进程，逐步提升已有自由贸易区的自由化水平，积极推动与我国周边大部分国家和地区建立自由贸易区 （2）中长期：形成包括邻近国家和地区、涵盖“一带一路”沿线国家以及辐射五大洲重要国家的全球自由贸易区网络

续 表

总体要求	主要内容	重点突破
方案选择	高低结合，务实推进	（1）高方案：多边、双边自贸区 （2）中方案：实行产业项下自由贸易政策；合作建立跨境经济合作区和产业园区 （3）低方案：建立旅游经济圈、能源经济圈等各种形式的经济合作圈

二、探索建立“一带一路”多边自由贸易区

多边贸易体制和区域经贸安排是驱动经济全球化的两个轮子。探索建立“一带一路”多边自由贸易区，支持开放、包容、共享、均衡的多边贸易体制和区域经济合作，把促进贸易和投资自由化、便利化放在更加突出的位置，推动形成开放型世界经济格局。

1. 建立上合组织自由贸易区

（1）条件总体具备，要加快推进。

——上合自贸区蕴含巨大市场潜力。上海合作组织自 2001 年成立以来，逐渐形成了政治安全、经贸合作和人文交流三大支柱，成为全球经济增长较快的区域之一。随着印度和巴基斯坦的正式加入，上合组织成员人口规模超过 30 亿人。建立上合自由贸易区，将带来将近 1000 亿美元的 GDP 增长，进出口总额会增加近 1300 亿美元[①]。

——保障上合组织的安全与经贸两只轮子有力运转。在当前全球经济下行压力加大、多哈回合谈判受阻的背景下，建立上合组织自由贸易区，对推动中亚和南亚区域经济一体化，扩大上合组织的区域影响和全球影响，提升上合组织在国际重大事务中的话语权，都将发挥重要作用。

——直接关系我国向西开放的格局。上合组织是衔接“一带一路”与“大

① 上合自贸区呼之欲出 GDP 增幅将破千亿美元大关［N］. 中国产经新闻报，2016-10-24.

欧亚伙伴关系”的重要平台。推进上合组织自由贸易区进程，直接关系“一带一路”能源、交通大通道的建设，不仅为俄罗斯和中亚国家提供南下印度洋的通道，也将带动孟中缅印经济走廊、中巴经济走廊、中国－中亚－西亚经济走廊和中蒙俄经济走廊的建设，对中亚和南亚的地缘政治经济格局有重大影响。

（2）以 WTO 规则为基础启动自贸区谈判。建立上合组织自由贸易区的一个现实有利条件是多数成员国都是 WTO 成员国，可把 WTO 的规则作为基础来启动谈判。

——尽快确立上合组织自由贸易区的发展目标，显著降低关税和非关税壁垒，提升贸易投资便利化水平，在欧亚大陆次区域内形成统一市场。

——消除在服务贸易领域的障碍，加强运输、物流、旅游、教育、建筑、通信等重点领域的合作，促进电子商务的发展。

——把投资保护和促进作为自贸区建设重要内容，加强安全合作，保障机构、企业和人员安全。

——提升产能合作水平。根据共同需求，明显提升在交通、能源、电信、信息、农业、环保、科技、加工制造业等领域的产能合作水平，探索实行国际产能和装备制造业项下的自由贸易政策。

（3）加快制度与机制对接，提高贸易便利化程度。上合组织成员国合作的领域已经从传统的贸易、投资、能源、交通扩大到金融、科技、农业、环保、旅游等多个领域，但目前经贸合作主要是具体项目对接，应加快推进贸易投资、市场准入、海关监管等方面的制度与机制对接，提升贸易投资自由化、便利化水平。有研究表明，如果将上合组织八个成员国间通关时间缩短 25%，GDP 总量将增加 540 亿美元，进出口总额会相应增加 200 亿美元[①]。

（4）加强重点产业领域合作。

——以可持续发展为导向，全面落实《2017—2021 年上海合作组织进一步

① 区域经济杀出“黑马”上合组织经贸项目步入落地期［N］. 上海证券报，2016-10-22.

推动项目合作的措施清单》，加快在贸易投资、金融、海关、农业、科技、环保、交通基础设施等领域取得突破。

——整合成员国能源优势，建立稳定的能源供求关系，在世界能源秩序中谋求有利地位。

——尽快成立上合组织开发银行和上合组织发展基金，加强银行金融领域的互利合作，推进人民币和成员国货币之间的合作，为促进贸易投资便利化创造良好的金融环境。

——依靠上合组织建立农业生产、农产品贸易以及食品安全等领域的合作，为农业领域合作提供平台。

（5）探索多种形式的自由贸易政策安排。全面实施基础设施项下、产能项下、农业项下的自由贸易政策；总结并推广中哈霍尔果斯边境国际合作园区的经验，与其他成员国共同建立产业项下的境内和跨境产业园区、工业园区和自贸区。

2. 推进中国－海合会自贸区进程

（1）时机条件比较成熟，近期内有望完成自贸谈判。

——对提升双方在全球能源治理秩序中的影响力和话语权具有战略意义。中国－海合会自贸区一旦建成，将在构建"一带一路"能源经济合作圈中发挥重要作用，对双方在全球能源治理秩序中的影响力和话语权产生重要影响。

——中国与海合会国家经贸的互补性较强。从海合会国家来看，大部分国家的经济结构单一，对我国的机电设备、信息通信等高新技术产品和轻工类商品需求较大。2014 年，双方贸易额达 1752 亿美元，是 2001 年的 20 倍，年均增速高达 25.7%[①]。目前，海合会是中国第七大货物贸易伙伴、第一大建筑工程承包市场，中国是海合会最大贸易伙伴国和最为重要的石油出口目的地。随着海合会国家推进产业多元化和贸易多元化战略的实施，对华贸易需求将进一步

① 李伟．加强政策沟通 共创中国－海湾国家经济合作新格局［EB/OL］．国务院发展研究中心网，2016-12-19.

增加，对相关基础设施、制造业、金融及相关服务业的双边自由贸易需求将进一步增强。

——中国－海合会自贸区谈判已经取得重要进展。2004 年以来，中国－海合会自贸区已经进行了 9 轮谈判，在货物贸易、服务贸易、投资、经济技术合作、海关核查程序、技术性贸易壁垒、卫生和植物卫生措施、贸易救济等领域达成一致。双方将于 2017 年 3 月底前举行下一轮谈判。总体看，建立中国－海合会自贸区的时机条件比较成熟，在近期内有望完成谈判。

（2）推动双方发展战略的对接。在“一带一路”框架下，推动国际产能合作与海合会的经济结构多元化战略对接，相互借力，加快推动经济结构优化调整，带动中国与海合会经济合作。

（3）以开展能源项下的自由贸易为重点，打造能源经济共同体。推动能源价值链合作，推动油田工程技术服务、设备贸易、行业标准对接。加强可再生能源和绿色能源开发和技术创新领域的合作。加快建立中国－海合会石油战略储备机制，建立能源安全合作基金等。

（4）扩大服务贸易领域合作。推动我国与海合会成员在旅游、交通、信息技术、电子商务、金融等服务贸易领域的合作，提升服务贸易项下的人员往来便利化水平。

（5）创新重点领域合作机制。结合双方基础和条件，围绕能源、金融、基础设施、产业园区、智慧城市等重点领域，创新合作机制。例如，将能源合作与货币合作相结合，将金融合作与基础设施建设相结合，将产能合作与共同开拓第三方市场相结合。

3. 把中国－中东欧合作（“16+1”）[①] 发展为多边自由贸易区网络

（1）把握中东欧国家在欧盟一体化中作用上升的趋势和机遇。中东欧 16 国

---

① 中东欧 16 国包括：波兰、匈牙利、捷克、斯洛伐克、斯洛文尼亚、爱沙尼亚、拉脱维亚、立陶宛、罗马尼亚、保加利亚、克罗地亚、马其顿、塞尔维亚、阿尔巴尼亚、波黑、黑山。

已成为促进欧盟一体化的重要力量，中东欧 16 国中已有 11 个欧盟成员国，8 个申根区国家，5 个欧元区国家[①]。推动与中东欧 16 国的贸易投资自由化、便利化，对促进中欧自贸区进程至少有三个方面的作用：一是扩大支持中欧自贸区的欧盟成员国范围；二是先行探索贸易投资自由化、便利化的制度安排；三是通过让中东欧国家分享我国发展红利，从而在欧盟产生示范带动效应。

（2）启动“16+1”自贸协定谈判。面对欧洲一体化格局的深刻复杂变化，在“一带一路”倡议下，构建“16+1”自由贸易区网络，对推动中欧自贸区进程将产生重要影响。为此，建议把尽快开展可行性研究、启动中国 – 中东欧自贸协定谈判作为制定《中国 – 中东欧国家合作中期规划》的一项重要内容。

（3）对接发展战略，推进互联互通。推进“一带一路”倡议与“16+1”合作机制的有效对接；加强在公路、铁路、港口、机场、电信、油气管网等基础设施建设领域的合作。与相关国家推动匈塞铁路尽早开工建设，打造中欧陆海快线并加快推动通关便利化，扩大物流合作，推进中欧班列建设，扩大民航交流合作。

（4）促进中国和中东欧国家双向投资和贸易的便利化水平。

——在“16+1”合作框架下，与 16 国积极探讨形成降低贸易投资壁垒的制度安排，降低双方市场准入，加强技术标准、知识产权规则和市场监管方面的合作研究，对等放开政府采购市场。

——加强海关通关便利化合作，加强信息共享和情报交换，推动更多符合条件的中东欧国家参与中欧安全智能贸易航线试点计划及其他中欧海关合作战略框架下的合作项目。

——扩大对中东欧的基础设施投资，建立中国 – 中东欧产业合作基金，建立中国 – 中东欧中小企业合作基金。

（5）探索实行产能项下和装备制造业项下的自由贸易政策安排。加强轨道交通装备、电力装备、工程机械、船舶和海洋工程装备、航空、汽车等装备制造合作；深化石油、化工、钢铁、有色金属、建材、铁路等领域优质产能合作；

① 开创“16+1”合作共赢新局面［N］. 人民日报，2015-11-21.

在此基础上，实行产能项下和装备制造业项下的自由贸易政策安排。

（6）合作建设自由工业港区和自由经济区。开展亚得里亚海、波罗的海和黑海“三海港区合作”，在有条件的港口合作建立产业集聚区，拓展中国装备、欧洲技术和中东欧市场的结合；鼓励和支持中国和中东欧国家加强产业园区和自由经济区合作，深化产业链合作。

三、推进“一带一路”双边自由贸易区建设

考虑到我国与“一带一路”沿线国家和地区在合作领域、内容、机制等方面的差异，应采取多种形式、分类推进的方式，重点与周边、“一带一路”沿线以及产能合作重点国家加快商建双边自由贸易区。

1. 加快推进已取得实质性谈判成果的双边自贸区进程

（1）加快中国－斯里兰卡、中国－马尔代夫自贸区谈判进程。2015 年，中斯双边贸易额达到 45.64 亿美元，同比增长 12.9%，我国是斯里兰卡第二大贸易伙伴和第二大进口来源地[①]。目前，中国与斯里兰卡已经开展了四轮自贸区谈判，双方就货物贸易、服务贸易、投资、经济技术合作、海关程序和贸易便利化、技术性贸易壁垒、争端解决等议题展开了深入磋商，谈判已经取得积极进展。同样，中国与马尔代夫也已经展开了四轮自贸区谈判，双方就货物贸易、服务贸易、投资、经济技术合作、原产地规则、海关程序和贸易便利化、技术性贸易壁垒和卫生与植物卫生措施、贸易救济以及法律问题进行了磋商。需要加快谈判进程，争取早日建成中斯、中马自贸区。

（2）积极推进中国－巴基斯坦自贸区谈判。中巴自贸协定自 2006 年签署实施以来，双边经贸关系快速发展，2015 年双边贸易额达到 189.3 亿美元，同比增长 18.2%。2016 年 1–10 月，双边贸易额为 154.1 亿美元，同比增长 0.7%。

① 中国同斯里兰卡的关系［EB/OL］. 外交部网，2016-12-06.

目前，巴基斯坦已成为我国在南亚地区的第二大贸易伙伴[①]。抓住中巴经济走廊建设机遇，积极推进中巴自贸区谈判，争取早日建立中巴自贸区。

2. 升级已有的双边自由贸易区

当前，中国已和有关国家签署了 14 个自由贸易协定，但自贸协定主要集中在传统贸易领域，如人员劳务、商品流通、产业合作、消除贸易壁垒等方面。短期内，在条件具备的情况下逐步提升已有自由贸易区的自由化水平；中长期内，适应服务贸易加快发展的大趋势，以建立高标准自由贸易区网络为目标，重点围绕提升贸易便利化水平、服务业市场开放、产能合作、双向投资实现自由化和便利化、规制合作、削减关税和非关税壁垒、保护知识产权、环境保护、电子商务、自然人移动便利化等方面，推动中国 – 东盟、中国 – 新西兰、中国 – 韩国、中国 – 澳大利亚、中国 – 智利、中国 – 秘鲁等自贸区升级版建设。

3. 启动与主要贸易伙伴的双边自贸区谈判

（1）启动中国与南非等非洲国家双边自贸区谈判。利用中非合作论坛机制，积极落实中非“十大合作计划”，统筹推进中非基础设施合作计划和中非贸易投资便利化合作计划，重点与南非、加蓬等非洲国家开展自贸合作，推进包括货物贸易、服务贸易和投资合作等在内的全面自由贸易协定，充分挖掘双方经贸合作潜力，提高贸易投资自由化、便利化水平，使更多非洲国家分享中国大市场的红利，为建立中国 – 全非自由贸易区奠定基础。

（2）加快与巴西、墨西哥等拉美国家双边自由贸易区谈判。巴西是我国在拉美的第一大贸易伙伴，同属金砖国家；应对特朗普压力，墨西哥寻求与中国贸易合作的积极性可能会有所提高。中国与智利、哥斯达黎加和秘鲁三国的自

① 中国 – 巴基斯坦自贸区第二阶段谈判第七次会议举行［EB/OL］. 商务部网，2016-12-08.

由贸易协定实施情况良好，对拉美其他国家将起到一定的示范效用。利用中拉合作论坛机制，加快与更多拉美国家的自由贸易协定的谈判，争取缔结更多的双边自由贸易区。

（3）推动中国与以色列自由贸易区谈判。中以经济结构互补性强，以色列是我国重要的对外投资国和引进高新技术的重要来源，我国是以色列经济发展极为重要的海外市场。近几年，双方在农业、医疗、食品、化工和高科技等领域的贸易和投资增长迅速，贸易规模持续扩大。我国已成为以色列亚洲第一大、全球第三大贸易伙伴。中国和以色列已于 2016 年 9 月举行了第一次自贸区谈判。抓住机遇，应尽快达成中以双边自由贸易协定。

（4）启动中国与尼泊尔、孟加拉国等南亚国家自贸区进程。推动“一带一路”倡议与尼泊尔、孟加拉国国家重建和发展规划对接，加强在道路、口岸建设等领域的合作，进一步提高互联互通水平；尽快开展中尼、中孟双边自贸协定联合可行性研究，在此基础上，启动中尼、中孟双边自贸区谈判，加快构建中尼、中孟自由贸易区。

四、实行“一带一路”基础设施和产能项下的自由贸易政策

“一带一路”基础设施互联互通、国际产能和装备制造合作与灵活多样的自由贸易政策安排相结合，是务实推进“一带一路”自由贸易区网络的重要选项。

1. 以设施联通为目标推进基础设施项下自由贸易

（1）统筹推进基础设施合作和自由贸易区网络建设。加快构建“一带一路”沿线国家和地区互联互通的海运水运网、高速公路网、高速铁路网、航空网、通信光缆网，对沿线贸易和生产要素进行优化配置，促进区域一体化发展；构建基础设施合作的多边机制，把整合全球性、区域性的基础设施投资计划作为加快实施自由贸易区战略的重要任务，在“一带一路”自贸区网络建设的大框架下对基础设施投资合作进行战略布局，形成互为依托、互为促进、统筹推进的新格局。

（2）依托六大经济走廊推进自由贸易区网络建设。依托中巴经济走廊，逐步将瓜达尔港打造成以能源资源储备加工为重点的自由贸易区；依托中蒙俄经济走廊，加快推进中国与俄、蒙毗邻地区跨境铁路、公路等基础设施互通互联，推进中俄、中蒙贸易投资便利化制度安排，推进以能源、矿产、电力等产业为重点的中蒙、中俄跨境自由贸易示范区建设；依托中印缅经济走廊，提速国家大通道建设，打造沿边自由贸易区；依托中国－中亚－西亚经济走廊，加快石油管道和天然气管道等能源基础设施互联互通，以实行自由工业港区发展模式为目标，积极开展能源项下自由贸易（见表4.4）。

表4.4：六大经济走廊

序号	名称	范围	包含的具体地区	
1	新欧亚大陆桥	江苏和山东沿海－哈萨克斯坦、俄罗斯、白俄罗斯－地中海	国内城市	连云港、青岛、日照、徐州、郑州、洛阳、西安、兰州、乌鲁木齐
			境外资源	里海盆地、南图尔盖盆地油气田，图尔盖洼地铁矿带、楚河－萨雷苏河铀矿区
			国内重点园区	霍尔果斯经济开发区、哈萨克斯坦阿斯塔纳－新城经济特区
2	中蒙俄经济走廊	天津、大连经二连浩特、满洲里、绥芬河经蒙古、俄罗斯抵达波罗的海	国内城市	北京、天津、大连、沈阳、长春、哈尔滨
			境外资源	西西伯利亚油气田、蒙古戈壁煤矿铜矿、蒙古乔巴山铀铅锌矿、俄罗斯远东金铁多金属成矿区
			国内重点园区	满洲里、二连浩特和绥芬河（东宁）、吉林延吉（长白）重点开发试验区
3	中国－中亚－西亚经济走廊	乌鲁木齐，经哈萨克斯坦、吉尔吉斯斯坦、塔吉克斯坦、乌兹别克斯坦、土库曼斯坦、伊朗、土耳其，抵达波斯湾、地中海和阿拉伯半岛	国内城市	西宁、银川、喀什、乌鲁木齐
			境外资源	卡拉库姆、费尔干纳、中里海、北乌斯秋尔特、南北阿扎德甘、雅达瓦兰、南北帕斯油气区，楚伊犁、境外天山金属矿带、高尔达克海盆地大型钾盐矿
			国内重点园区	喀什经济开发区，二连浩特和绥芬河（东宁）、吉林延吉（长白）重点开发试验区
			境外重点园区	哈萨克斯坦阿拉木图信息科技园，吉尔吉斯斯坦比什凯克、塔吉克斯坦所哥特自由经济区，乌兹别克斯坦吉扎克特区、鹏盛工业园

续 表

序号	名称	范围	包含的具体地区	
4	中国－中南半岛经济走廊	昆明和南宁，分别经老挝、越南、柬埔寨，联通泰国、马来西亚，抵达新加坡	国内城市	昆明、南宁、贵阳、重庆、成都，向东至广州、深圳
			境外资源	马来盆地、泰国盆地油气区，越北断块－长山有色金属成矿带，红远－上传龙铝土矿产带
			国内重点园区	广西东兴、凭祥和云南勐腊重点开发开放区，中新（广州）知识城，中码钦州产业园
			境外重点园区	老挝赛色塔综合开发区、马中关丹产业园区、印尼－中国综合园区、新加坡裕廊工业园区
5	中巴经济走廊	新疆喀什经红其拉甫山口，伊斯兰堡，瓜达尔港	国内城市	西宁、银川、乌鲁木齐、喀什
			巴基斯坦园区	卡拉奇出口加工区（信德省） Risalpur 出口加工区（沙浦） Sialkot 出口加工区（旁遮普省） Gujranwala 出口加工区（旁遮普省） Khairpur 经济特区（信德省）
6	海上丝绸之路	六个布点，连线，输出，吸纳，结对，搭台。地方抓手	线路（1）	沿海港口（福建）过南海、马六甲海峡，到印度洋，延伸至欧洲
			线路（2）	沿海港口、过南海，经印尼抵达南太平洋
			线路（3）	远期考虑北冰洋方向
			海上战略支点	西哈努克港、雅加达港、比通港、新加坡港、皎漂港、瓜达尔港、关丹港、吉大港、塞拉莱港、索纳迪亚港、汉班托塔港、科伦坡港、亚丁港、赛得港

资料来源：王义桅．世界是通的"一带一路"的逻辑［M］．北京：商务印书馆，2016.

（3）以基础设施互联互通带动装备制造业"走出去"。把基础设施互联互通作为推进贸易投资便利化的重要内容，实行基础设施项下的自由贸易政策，获享关税优惠，带动我国机械、装备、零部件等相关产品出口以及金融保险、研发设计、科技咨询、信息技术、现代物流等服务产品出口。

（4）探索成立各种形式的国家间或地区间合作基金。积极探索成立"一带一路”相关国家和地区的双边、多边合作基金，专门用于基础设施建设。

2. 以产能合作为重点推进能源项下自由贸易

（1）与沿线能源生产国签订双边、多边能源自由贸易与产业合作协议。优先保障合作伙伴的石油供给，共同建立能源价格风险管理机制，共同建设石油合作战略储备基地，共同研究建立能源产业基金等，稳步推进能源项下的双边、多边自由贸易合作。

（2）推进能源技术合作。积极推进与“一带一路”沿线国家和地区在能源可持续开发使用、可再生能源和新能源开发方面的技术合作。形成互利共赢的能源合作规则，促进公平可持续的区域和全球能源治理格局，提高发展中国家和新兴经济体在全球能源定价中的话语权；积极开展与能源合作相关的服务贸易领域合作，实现产能合作与服务贸易融合发展。

（3）建设具有自贸区性质的能源产业园区。在“一带一路”沿线国家和地区的能源通道节点城市，建设具有自贸区性质的能源加工园区、能源保税港区、新能源产业园区、能源跨境经济合作区、以能源为重点的工业港区等，对能源贸易和投资自由化、便利化的制度安排进行先行先试，打造区域能源贸易中心、能源共同储备基地、能源合作创新中心等。

3. 以在全球范围内配置资源为目标推进制造业项下自由贸易

（1）以制造业项下的自由贸易与投资便利化逐步形成我国主导的区域价值链。总的看，我国制造业在全球价值链上仍处于中低端。要实现价值链升级，现实的路径是推进与“一带一路”沿线国家和地区制造业项下的自由贸易与投资便利化，引导制造业向周边和沿线发展中国家转移，打造由我国主导的区域价值链，实现产业链的整体升级。同时带动沿线国家产业升级和工业化水平提升，通过重构全球价值链推动经济全球化。

（2）通过共建合作区模式加快推进制造业项下的自由贸易。利用我国在高端装备制造领域的优势，积极参与境外产业集聚区、经贸合作区、工业园区、工业港区、经济特区等合作园区建设，在合作区内实行自由贸易政策和相关制度安排，实现中国制造的全球布局和资源配置的全球化。

4. 开展多种形式的服务业项下自由贸易

（1）开展重点领域的服务贸易。适应我国城乡居民对高水平服务型消费需求全面快速增长的趋势，与“一带一路”沿线国家和地区开展以教育、健康、医疗、旅游、文化、金融、免税购物、会展为重点的服务业项下的自由贸易试点。

（2）推进服务业市场双向开放。参照发达国家和国际上高水平自贸区的服务开放模式和标准，以“负面清单”管理模式推进服务业开放；通过放宽准入门槛和经营范围限制、拓展开放领域等，吸引境外服务业投资者进入国内市场，有效促进服务业竞争、提升服务水平。

五、建立“一带一路”沿线国家和地区跨境经济合作区

与“一带一路”沿线国家和地区合作建立边境经济合作区、跨境经济合作区、境外经贸合作区等多种形式的经济合作区，为中国企业“走出去”搭建平台，提升双边经贸合作水平。

1. 在主要港口和口岸建立边境经济合作区

（1）增进与周边国家的互利合作。我国与周边国家之间有非常长的陆地和海上边境线，在沿边地区建立边境经济合作区，对推进优势产业集聚、促进双边贸易投资便利化、巩固边疆安全和维护民族团结具有重大意义。

（2）建立边境产业示范区和特色产业园。

——促进沿边地区与周边国家的特色产业互补发展，建立具有口岸特色和沿边特色的现代产业体系。吸引各国企业入园投资，形成产业示范区和特色产业园，通过产业园区来建设跨国产业链，形成沿边境线的跨国产业带，进一步建立健全区域合作的供应链、产业链和价值链。

——推动出口加工贸易转型升级。促进现代制造业、服务业、现代农业等相关产业的融合发展，提高产品和服务的国际竞争力。

——以出口转型推动沿边地区经济结构转型。如结合东盟、南亚等“一带一路”沿线国家和地区的市场需求、消费习惯和资源条件，形成外向型加工制造业产业基地，推动沿边地区传统产业升级和产业结构优化。

（3）以加强口岸建设为重点，促进通关便利化。健全以物流、人流便利化为重点的政策措施；采取沿边地区省市县联动的方式，增加通关的道路、桥梁、查验货场等基础设施建设投入，推动口岸发展。开展多种形式投资合作。以能源、贸易、基建为主，以“资源换项目”、港口特许经营权等多种形式，推动大型能源和基建企业海外投资与运营，推动边境产业园区建设，进行多种形式的投资合作。

2. 在主要节点建立跨境经济合作区

（1）加快跨境经济合作区建设。

——加快推进在建跨境经济合作区建设。目前在建跨境经济合作区有11个[①]，其中与东盟国家合作建立跨境经济合作区的步伐相对较快，中蒙二连浩特－扎门乌德等跨境经济合作区也已进入基础设施建设与招商引资阶段。

——尽快批准建立一批跨境经济合作区。目前部分地区已经积极启动前期协商谈判和基础设施建设工作，但仅停留在地方层面，尚未得到国家正式批复。建议尽快启动中俄蒙跨境经济合作区规划建设。通过加大与俄蒙对接口岸的基础设施投资，推进跨境电力通道、油气管道、铁路轨道的建设，形成中国东北地区、蒙古国东部地区及俄罗斯远东地区三个延伸区，并最终辐射到中俄蒙全境。

（2）实现与沿边国家“硬件”和“软件”的对接。

① 中国人民大学“一带一路”建设进展课题组．坚持规划引领、有序务实推进：“一带一路”建设三周年进展报告［R］．2016-09-26.

——推进基础设施互联互通。通过 PPP 方式，加大跨境双方在口岸对接、轨道对接、陆海联运、管网畅通等方面的投资力度。在跨境经济合作区及其辐射区域建立陆路、水路、空运的立体化交通运输系统，使跨境经济合作区的人员、货物能迅速运往内地、周边国家或第三方市场。

——建立跨境经济合作协调机制。借鉴广西和越南边境联合工作委员会会晤机制、柬埔寨西哈努克港经济特区协调委员会等经验，建立双边定期会晤机制和磋商机构，巩固和深化与外方交流合作机制，共同推动合作区建设各项工作。

（3）发展特色产业合作，建立产业加工基地。推动以基础设施、现代服务业、高端制造业为重点的产业发展，逐步建成新型的国际化产业园区。

——将区位和资源特色结合起来，分别形成一批国际产能与装备制造合作基地、能源资源综合开发利用基地、农业资源生产加工基地、商贸物流节点体系、技术创新与研发基地。

——充分利用国际国内“两种资源、两个市场”，通过以“跨境区内半成品 - 出口低关税 - 跨境区外成品销售”的模式形成沿边境线的跨国产业带，进一步建立健全区域合作的供应链、产业链和价值链。

3. 沿六大经济走廊建立境外经贸合作区

（1）重点与欧亚国家合作建立境外产业园区。欧亚地区正处于工业化加速发展和产业结构转型升级期，其经济发展战略与我国产能对接性强，建立欧亚经贸合作产业园区，对推动“一带一路”建设和欧亚经济联盟建设对接具有重要作用。与俄罗斯、吉尔吉斯斯坦等国家合作建立境外装配制造和物流集散基地；对接哈萨克斯坦“光明大道”新经济政策，建立境外工业园区，加强在交通、工业、能源基础设施等领域合作；加强与罗马尼亚、匈牙利等中东欧国家合作，建立境外装配制造园区和国际贸易集聚基地，进一步推动与欧美地区的商贸合作。

（2）将服务贸易作为境外经贸合作区建设的重要任务。如以跨境金融服务为重点的服务贸易作为境外经济合作区建设的重要任务。推动优质金融机构

“走出去”，既解决我国企业海外投资需求，同时将金融服务向外延展，不断深化双边经贸关系，构建合作共赢的周边大市场。

（3）创新运用 PPP 模式开展基础设施投资和产能合作。考虑到基础设施项目建设周期长、回报低、融资难的特点，在促进产能合作的过程中，更多采取 BOT、PPP 等方式。

4. 将有条件的跨境经济合作区提升为双边自由贸易区

随着跨境经济合作区的进一步深化，将有条件的跨境经济合作区升级为双边自由贸易区，简化通关流程，降低关税，消除贸易壁垒，推进资金流、物流、人员流动的便利化，逐步消除生产要素跨境流动的障碍，使其成为双边深化投资贸易合作的先行试验区。例如，把周边已经形成的黑龙江绥芬河、云南临沧等跨境经济合作区上升为跨境自由贸易区。

六、建立多种形式的“一带一路”经济合作圈

“一带一路”倡议重在推动沿线各国在基础设施、制造业、服务业、能源资源等多个领域开展广泛合作，为提振区域经济和世界经济注入新的动力。为此，通过建立多种形式的经济合作圈，对贸易和投资自由化、便利化的制度安排进行先行先试，打造区域贸易中心。

1. 打造能源经济合作圈

（1）建立沿线能源经济合作圈。“一带一路”沿线既聚集了全球能源消费大国，也聚集了全球能源生产大国。深化能源合作，推进沿线国家基础设施互联互通，是共建“一带一路”和建立可持续的能源战略合作关系的重大任务。

——在中国和“一带一路”沿线国家和地区的能源通道节点城市，建设具有自贸区性质的能源加工园区、能源保税港区、新能源产业园区、能源跨境经济合作区、以能源为重点的工业港区等。

——对能源贸易和投资自由化、便利化的制度安排进行先行先试，打造区

域能源贸易中心、能源共同储备基地、能源合作创新中心等。

（2）共建中国－沙特阿拉伯－伊朗能源经济合作圈。中国与中东国家在能源投融资、勘探开采、运输物流、加工储存、技术研发等领域的合作空间巨大。沙特阿拉伯和伊朗都是中国重要的进口原油国，为实现三国的共同利益和促进能源战略合作，建议三方努力寻求建立更加紧密的能源战略合作的机制安排。

（3）建立能源共同储备机制，加强能源安全合作。建立能源共同储备机制对加强“一带一路”能源供给安全具有战略意义，尤其是对稳定当前世界能源市场价格具有重大作用。建议中国与伊朗、沙特阿拉伯等“一带一路”沿线能源生产国共同建设石油合作战略储备基地。

（4）深入推进能源技术合作进程。我国应积极与东道国签订双边投资协定，加强对“走出去”企业的保护。鼓励智库、研究机构、非政府组织开展合作，促进能源规划、开发、储存、加工、贸易、金融等多方面的交流合作。

（5）构建“一带一路”能源治理新机制。在当前全球能源生产、消费和贸易格局深刻变化的背景下，“一带一路”沿线国家和地区要深化能源双边多边合作，形成互利共赢的能源合作规则，促进公平可持续的区域和全球能源治理格局，以提高发展中国家和新兴经济体在全球能源定价中的话语权。

2. 建立旅游经济合作圈

（1）以旅游经济合作圈提升开放合作水平。构建开放性的区域旅游经济合作网络，借助“一带一路”基础设施互联互通建设，促进区域内旅游交通设施便利化；加强“一带一路”沿线区域旅游合作，充分发挥各地区位优势和旅游资源优势，共同打造边境、跨境、境外旅游合作区；在我国丝绸之路沿线旅游枢纽城市和港口城市，建设一批丝路国际旅游港。

（2）实行旅游业项下的自由贸易政策。积极与周边和“一带一路”沿线国家和地区开展旅游项下的自由贸易，建立旅游产业贸易和投资自由化、便利化的体制机制安排。例如，通过共建跨境旅游合作示范区、边境旅游试验区、旅游产品生产加工制造业产业园区、旅游高端装备保税港区，对旅游设备进口实行免关税政策，对旅游产品生产、加工、制造实行保税物流、保税展示、加工、保税维修服务等政策。

（3）提高沿线国家旅游签证便利化水平。在有条件的“一带一路”国家和地区完善旅游签证政策，逐步实施落地免签、过境免签和旅游免签等便利化措施和政策，推行无障碍旅游。例如，鼓励边境旅游试验区积极探索“全域旅游”发展模式，允许符合条件的试验区实施口岸签证政策，为到试验区的境外游客签发一年多次往返出入境证件。

3. 建立医疗健康产业合作圈

（1）加快建设以欧盟、东盟等为重点合作对象的健康医疗服务自贸园区。逐步对外资开放医疗服务业，吸引国际医疗服务机构、国际商业医疗保险机构进驻，推动我国医疗健康服务产业经济的升级和“一带一路”沿线国家和地区协同发展。例如，允许境外资本在园区内举办独资、合资医疗机构；在园区内实行欧盟的高水平医疗标准；放宽境外医师在园区内的执业时间；适当降低园区部分医疗器械和药品的进口关税；鼓励园区利用多种渠道融资，吸引社会投资；在园区内先行探索医疗保障制度对接试点。

（2）多平台、多形式、多领域地开展医疗健康合作。通过建立健康产业基金、健康科技园区、健康服务业合作示范基地等合作平台，形成“资金、政府、科研”的合作体系，打造一批面向“一带一路”沿线国家和地区的国际化医疗保健机构。加强在健康管理、健康职业教育、健康技术研发等领域的互利合作。

（3）推动我国传统医疗保健产业“走出去”。充分发挥我国传统医疗产业优势，与多国开展业务合作、推广中医文化，积极发展中医药服务贸易，拓展与“丝绸之路经济带”沿线国家的合作。

4. 建立数字经济和电子商务合作圈

依托“一带一路”建立全球性和区域性的数字自由贸易产业园区，协调国家间数字贸易政策和竞争政策，建立数字贸易、数据传递、数据安全、网络安全与监管等制度安排。立足我国电子商务发展优势，推进与沿线国家和地区跨境电子商务交易便利化，拓宽跨境电子商务的市场空间，建立跨境电子商务服务贸易规则。

5. 建立科技创新合作圈

充分发挥"一带一路"沿线国家科研机构和组织的地域特点及多学科综合优势，围绕"一带一路"建设重点领域，以及重大资源、环境、经济、民生和可持续发展等科技问题，组织、支持和实施国际科技合作研究计划①。搭建"一带一路"协同创新平台，加大重点科技基础设施建设。例如，在具备条件的"一带一路"沿线国家和地区建立联合实验室、联合研究中心、技术转移中心、技术示范推广基地和科技园区等国际科技创新合作平台；推进科技网络平台建设，促进科技创新等信息共享与合作；对联合开展科学研究和教学用品、科技开发用品实行免征进口关税和进口环节增值税、消费税等政策。

第四节 "一带一路"：形成区域开放新格局的重大机遇

充分发挥国内各地区比较优势，通过对接"一带一路"倡议，实行更加主动的开放政策，加强东中西部的互动合作，促进国内各地区开放型经济协同发展，以此获得经济增长新动力，推动我国经济长期稳定发展。

一、西部大开放带动西部大开发

实施"一带一路"战略使我国西部从开放"末梢"变身开放前沿。把握丝绸之路经济带建设的历史性机遇，把西部地区特色优势转化为经济优势，以西部大开放带动西部大开发。

① "一带一路"科技创新国际研讨会发布"北京宣言"[EB/OL]. 人民网，2016-11-08.

1. 西部大开发重在抓住开放前沿机遇

（1）开放程度低严重制约西部大开发。2016 年前三季度，东部地区和中部地区对外贸易占比分别为 86.7% 和 6.3%，西部地区贸易占比有所下降，占比为 7.0%，比东部地区低 79.7 个百分点[①]。2015 年，西部地区对外贸易依存度平均为 12.5%，远远低于 36.4% 的全国平均水平（见图 4.1）。总体看，西部地区对外开放水平不高。

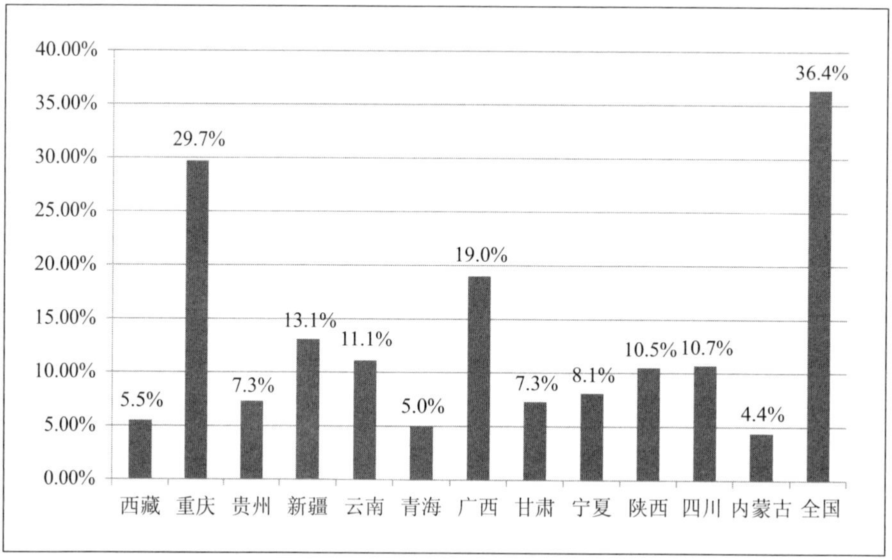

图 4.1：2015 年西部地区对外贸易依存度与全国平均水平比较

数据来源：根据《中国统计年鉴 2016》计算得出。

（2）新阶段西部大开发的关键在于经济转型。在全球新一轮工业革命方兴未艾的背景下，国际市场对传统能源及原材料的依赖程度大大减弱，使西部地区以传统能源及原材料为主的工业面临更大挑战；从国内形势看，经济下行的重大挑战是产能过剩，不仅在传统工业领域，而且在风光发电等新能源领域、

① 2016 年前三季度经济形势综述及我国进出口贸易形势分析报告［EB/OL］. 海关信息网，2016-11-22.

战略性新兴产业都出现了产能过剩。如果西部地区无法尽快完成工业转型升级，将进一步拉大与全国平均水平的差距。

（3）以区域开放带动西部地区经济转型升级。从资源禀赋看，“一带一路”沿线国家和地区资源禀赋的丰富程度和种类差异较大，比较优势明显，与我国西部地区具有极大的互补性。从区位看，我国西部地区向西、向南、向北都具有开放优势：向西，通过亚欧大陆桥到达中亚，到达欧洲；向南，可以加强与巴基斯坦、印度以及南亚和东南亚的合作；向北，则可以延伸至俄罗斯。“一带一路”战略实施将打通我国边境通道、东中西部间的物流通道和保障东部与南部资源供应的战略资源通道，加强东中西之间的联系，降低西部物流成本，发挥西部战略资源优势，密切与东部的经济联系，进而实现双向互动[①]。

2. 加强西部地区与“一带一路”沿线国家产能合作

加强能源资源深加工技术、装备与工程服务合作，加大煤炭、油气、金属矿产等传统能源资源勘探开发合作，积极推动水电、核电、风电、太阳能等清洁、可再生能源合作，推进能源资源就地就近加工转化合作，形成能源资源合作上下游一体化产业链。

3. 推进能源矿产资源项下自由贸易区建设

能源矿产资源开发和深加工是西北地区的比较优势。中亚国家具有丰富的石油、天然气、矿产等自然资源，但开发能力有限，更需要加强与我国进行合作开发和深加工。例如，哈萨克斯坦目前可再生能源利用率不到 1%，但哈萨克斯坦政府重视发展绿色能源，出台了《可再生能源法案》，计划到 2020 年将可再生能源利用率提高到 3% 以上[②]。可以预见，未来几年，西部地区与中亚国家能源合作的空间巨大。尽快启动能源矿产资源项下自由贸易区建设是与中亚合

---

① 章利斯，刘巍巍．彰显后发优势“一带一路”促进西部大开发［J］．大陆桥视野，2015（3）．

② 甘肃“穿针引线”助力企业开拓中亚市场［EB/OL］．新华网，2014-03-23.

作比较务实的选择。

4. 以构建现代化交通运输体系为重点促进基础设施的互联互通

西部地区在“一带一路”战略中具有重要和独特的区位优势，应统筹推进铁路、公路、航空、油气管道、城市轨道交通等多元化运输手段，逐步形成连接沿线国家和地区之间的基础设施网络，构建全方位、多层次、复合型的国际骨干通道网络，构建联通中国与中亚、西亚、南亚以及欧洲和非洲的综合交通运输体系。比如，新疆可以利用中巴经济走廊建设契机，完善交通软硬件设施，积极推动面向中亚、西亚、南亚和欧洲的物流通道、能源通道、信息通道建设。

5. 鼓励西部企业“走出去”

鼓励西部地区有竞争力的企业积极“走出去”，参与沿线国家基础设施建设和产业投资，在沿线国家主要交通节点城市和港口合作建设境外经贸合作区、跨境经济合作区等各类产业园区，在园区内实行多种形式的自由贸易政策，力争率先打造成产业示范区和特色产业园，促进产业集群发展，形成区域产业协同融合、资源互补共享的良好发展格局[①]。

6. 推进西部区域经济一体化

以能源矿产资源项下的自由贸易为起点，连接陕西、新疆、青海、宁夏，促进大西北跨区域经济协作，推动区域经济一体化，强化大西北地区与中亚五国在能源、矿产资源领域的合作与交流，通过 3 ~ 5 年的努力，逐步扩大与中亚各国多方面的经贸合作领域，奠定中国 – 中亚自由贸易区的重要基础。

二、形成“一带一路”东北开放的大格局

开放度低是制约东北经济发展的“最大短板”，是产业结构调整滞后、体制

① “一带一路”战略下的西部机遇［EB/OL］. 人民网，2015-08-13.

机制改革难以破题的症结所在。为此，东北地区应加快融入"一带一路"战略，构建东北对外开放的大通道、大平台、大布局，由此形成东北振兴的新动力。

1. 开放度低、开放进程滞后是东北振兴的突出"短板"

（1）对外开放程度低。以对外贸易为例。2015 年，东北三省的对外贸易依存度为 14.6%，比全国平均水平低 21.8 个百分点；东北三省 GDP 占全国比重约 8.6%，但其进出口总额仅占全国的 3.4%；辽宁、吉林高新技术产品进出口额占外贸进出口总额的比重分别为 9.6%、10.9%，分别比全国平均水平低 20.8 和 19.6 个百分点。到 2020 年，若东北三省对外贸易水平达到 2015 年的全国平均水平，至少还有 20 个百分点以上的增长空间[①]。

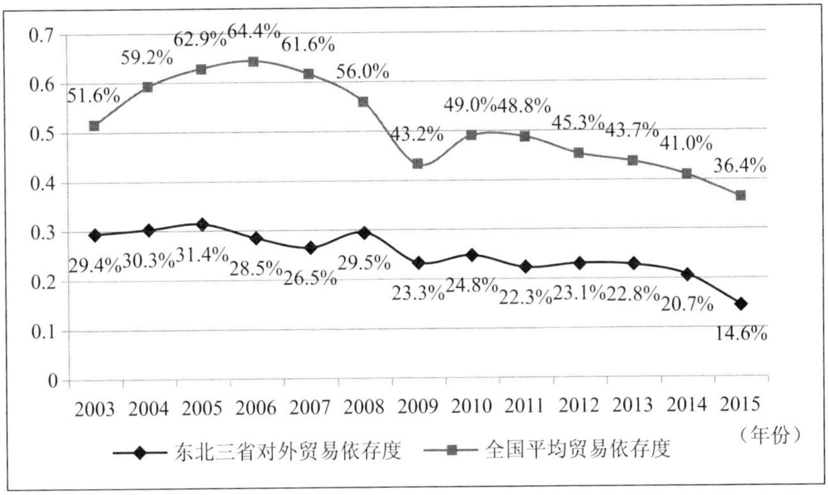

图 4.2：2003—2015 年东北三省对外贸易依存度情况

数据来源：《中国统计年鉴（2004—2016）》《辽宁统计年鉴（2004—2016）》、《吉林统计年鉴（2004—2016）》《黑龙江统计年鉴（2004—2016）》。

注：内蒙古仅部分地市属东北地区，内蒙古统计年鉴存在若干年份的数据缺失，因此东北地区仅包含三省份数据。

（2）市场开放程度滞后。目前，东北三省民营经济占 GDP 比重超过 50%，

---

① 加快融入"一带一路"战略 构建东北开放大格局［N］. 辽宁日报，2016-08-30.

但与全国水平（60%以上）相比，至少还有10个百分点的增长空间；东北地区民间投资占全国民间投资的比重由2003年的8.1%下降到2015年5.4%；2015年以来东北地区民间投资增速开始大幅下滑，2016年1—6月同比下降31.9%。全国国有企业与私人企业的比例为1∶50，而东北仅为1∶24；全国工商联发布的2016年中国民企500强中，东北仅有9家，与排名第一的浙江省（138家）差距巨大，民营经济还有相当大的发展空间①。

（3）产业开放程度低。2014年，全国（非金融）国有企业资产占比为30.2%，而东北三省国有企业资产占比均达到或超过50%。如辽宁省有央企及各地企业1751户，吉林省2013年央企销售收入占全省规模以上工业主营收入90%以上，黑龙江省央企占全省规模以上工业比重也在60%以上②。

2. 以扩大开放形成东北振兴的新动力

（1）形成制造业转型升级的新动力。东北地区高等院校、科研机构、科研人才众多，但创新能力并不高。例如，2015年，辽宁、吉林、黑龙江研发经费投入强度（研发经费与GDP之比）分别为1.27%、1.01%、1.05%，低于全国2.07%的平均水平，与全国研发经费投入强度最高的北京相差近5个百分点③。东北三省需要扩大与先进制造业国家的技术合作，以市场换技术、以资源换管理，提升重大技术装备自主化以及核心技术与关键零部件研发制造水平，形成科技创新支撑东北国企转型发展的新动力。与此同时，以企业走出去为重点提升“东北制造”的国际竞争力。

（2）形成体制机制创新的新动力。上海等国内自贸区的实践表明，自贸区不仅是扩大开放的探索，更是制度创新的“试验田”，对理顺政府与市场关系，激发市场活力，营造国际化、法制化、公平高效的营商环境等形成倒逼机制。

---

① 东北振兴需国企改革率先破题［EB/OL］. 人民政协网，2016-10-25.

② 专家：国企改革是新一轮东北振兴的关键［N］. 新华网，2016-08-21.

③ 国家统计局.2015年全国科技经费投入统计公报［EB/OL］. 国家统计局网，2016-11-11.

“十三五”，抓住中韩自贸区建设契机，实施以自贸区为重点的全方位开放战略，以开放倒逼改革，形成东北全面深化改革的新动力[①]。

（3）形成改善投资营商环境的新动力。东北经济社会发展面临着诸多矛盾和困难，重要原因在于以“官本位”为主要特征的软环境不优，突出表现在“政府太强、市场太弱”。破解“投资不过山海关”的难题，主要不是靠政策和资金项目扶持，关键在于通过开放为经济运行营造国际化、法治化、公平高效的市场环境，为企业和创业者提供稳定的宏观经济环境和良好的法治环境，形成各类市场主体公平、公正参与市场竞争的新格局[②]。

3. 构建“一带一路”东北开放的大通道、大平台、大布局[③]

（1）以制造业转型升级为目标，形成“一带一路”东北大平台。

——创新中德（沈阳）高端装备制造产业园、中以（哈尔滨）产业合作园等合作机制。以汽车等产业为重点，吸引国际知名跨国公司总部、生产性服务业企业和研发中心，加强与发达国家和地区在重点领域和项目方面的合作，引进先进技术、管理经验和高素质人才，推动“中国制造 2025”与德国“工业 4.0”战略对接融合。

——在东北设立国有企业综合改革试验区。从现实情况看，东北国企改革相对滞后，在某些领域严重滞后。例如，20 世纪已经解决的企业办社会、厂办大集体问题，在东北仍然十分突出。建议东北老工业基地积极申报设立国有企业综合改革试验区，争取在国企改革的关键问题上尽快有所突破。重点开展混合所有制改革，通过多种形式使社会资本、国外资本参与国企改革，搞活国有企业；采取兼并重组、债务重组和破产清算等方式坚决让“僵尸企业”退出市场；采取特殊措施尽快剥离企业办社会、厂办大集体等国企非主业，扔掉包袱

① 扩大开放是“十三五”东北振兴新动力［N］. 中国经济导报，2015-10-27.

② 迟福林 . 以改革新突破形成发展新动力［N］. 人民日报，2016-10-09.

③ 迟福林 . 加快融入“一带一路”战略 构建东北开放大格局［N］. 辽宁日报，2016-08-30.

轻装前行。

——探索发展“飞地型跨区域特别合作区”。借鉴广东深汕特别合作区的体制飞地经验，通过引入市场机制，创新东北对外开放体制、机制、政策和管理模式，与东北地区向北开放的广阔空间相融合，探索设立“辽沪特别合作区”、“吉浙特别合作区”、“黑苏特别合作区”等，共同打造对外开放新平台，加快建设中国向北开放的重要窗口和东北亚地区合作的中心枢纽。

——推进跨境经济合作园区创新发展。发挥中韩俄蒙四国紧密合作、基础扎实的优势，按照自贸区标准推进黑龙江绥芬河－东宁重点开发开放试验区和图们江跨境经济合作区等沿边重点开发开放试验区建设，探索跨境经济合作区的运营模式、管理体制与多层次跨境协调机制。

（2）以服务贸易为重点，形成东北“一带一路”大布局。

——全面推进服务业市场的开放。加快向社会资本和外资开放服务业市场。例如，吸引俄罗斯、韩国、日本等国金融机构在东北地区设立分支机构，发展相关金融业务。

——围绕东北地区融入“一带一路”战略、形成扩大对外开放大布局的总目标，借鉴上海、天津、广东、福建自由贸易试验区建设经验，立足东北地区对外开放的广阔空间及其开放目的国家和地区的特点，选择金融服务、航运服务、商贸服务、文化服务以及社会服务作为扩大开放的重点领域，全面实施负面清单管理。

——打造沿边迷你型“自由贸易试验区”。东北仅黑龙江对俄口岸就有15个，数量位居全国之首。适时选择辽宁丹东口岸、黑龙江绥芬河口岸、吉林珲春口岸等地全面实施贸易投资自由化政策，建设丹东对朝、绥芬河对俄、珲春对俄朝的迷你型“沿边自由贸易试验区”，打造扩大沿边开放的新高地。

——按照自贸试验区标准推进各类园区建设。在经济领域探索建立与国际通行规则接轨的制度框架体系，使保税区、出口加工区、边境合作区、国家级新区等各类园区成为“准自贸区”，进一步改善各类园区发展的体制政策环境，探索把各类园区作为国家实施自贸区战略的重要途径。

（3）以基础设施建设为依托，形成“一带一路”东北大通道。

——凭借吉林省长春市的轨道客车适合北方高寒地区的技术优势，加快推动中蒙俄铁路网络建设。推动铁路网络与大连港、锦州港、营口港等出海口的互联互通，提升基础设施互联互通能力，将主要城市和港口打造成国际航运中心和国际物流中心。

——尽快启动东北东部快速铁路专线建设。积极争取亚投行资金支持，将东北东部5条东西走向的客运专线连通，加快建设哈大客运专线之外的第二条南北走向快速铁路专线，形成两纵五横快速铁路网络。

——打造江海联运水上丝绸之路。东北地区应进一步加大界河航道维护和航道疏通，维护通航水深在三级以上；构建黑龙江中下游、松花江干流高等级航道，畅通水上对俄经贸大通道，打造东北亚黄金水道。

三、推进沿边大开放

深化与周边国家和地区合作，实现沿边开放的重大突破，是沿边地区主动融入和服务“一带一路”战略的重要任务。

1. 积极融入“一带一路”

（1）发挥沿边开放在“一带一路”战略实施中的重大作用。加快推进沿边开放，扩大与周边国家的互联互通，逐步实现商品、人员、资本等在南亚、东亚和东南亚三大市场间的自由流通，有利于推进横贯东中西、连接南北方的对外经济走廊建设，改变我国以往“东快西慢、海强陆弱”的对外开放格局，将对“一带一路”战略实施具有重要作用。例如对我国与东盟携手打造“10+1”自贸区升级版、以周边国家为重点拓展区域经济一体化的战略空间极为重要。

（2）推进区域贸易投资自由化，扩大区域贸易投资规模。沿边地区与周边国家的经济结构和产业结构高度互补，相互扩大贸易投资的空间巨大。例如，2000—2015年，中国与泰国、老挝、柬埔寨三国进出口总额年均增长18.02%（见表4.5），越老缅三国已成为云南境外投资的最大对象国。扩大沿边开放，可以进一步深化我国与周边国家的经贸合作，促进其产业结构升级，由此释放我国与周边国家的贸易投资潜力。

表 4.5：2000—2015 年中国与泰国、老挝、柬埔寨三国贸易情况

（单位：亿美元）

年份	与三国进出口总额	向三国出口总额	从三国进口总额
2000	68.88	24.42	44.47
2001	73.53	25.97	47.56
2002	88.97	32.63	56.34
2003	130.85	42.21	88.64
2004	179.37	63.54	115.83
2005	225.03	84.59	140.45
2006	286.78	106.31	180.47
2007	358.36	130.34	228.02
2008	428.30	170.00	258.30
2009	398.87	145.70	253.17
2010	554.63	215.72	338.91
2011	685.34	284.86	400.48
2012	743.95	348.38	395.57
2013	777.46	378.50	398.96
2014	800.46	406.27	394.19
2015	826.63	432.80	393.83
2015/2000	12.0	17.72	8.86
年均增长（%）	18.02	21.13	15.65

数据来源：历年中国统计年鉴。

（3）带动周边发展，保障周边稳定。扩大沿边开放是保障我国周边安全、能源安全、通道安全的战略需要。尤其是在我国周边地缘政治和地缘经济格局深刻复杂变化的形势下，其战略地位不断上升。通过加快沿边开放进程，建设面向南亚、东南亚的辐射中心，让周边国家分享我国发展红利，带动周边国家发展，有助于增进我国与周边国家的政治互信，为“一带一路”战略实施创造有利环境。

（4）促进沿边地区转型升级。扩大沿边开放对打通沿边地区发展瓶颈、促进区域转型升级、激发沿边地区改革发展活力具有决定性作用。以云南为例。云南产业结构高度依赖于烟草、矿业、旅游、生物资源和医药制造等支柱产业，服务业发展相对滞后。2015 年，云南服务业占比为 45.0%，低于全国 50.5% 的平均水平[①]。通过加快云南沿边开放，抓住国内产业转移的历史机遇，充分利用南亚、东南亚的大市场，可以加快产业结构调整，推进经济转型升级。比如，通过吸引长三角与珠三角的加工制造业，发展面向越老缅等国的出口加工业；利用云南大通道的优势发展边境跨境旅游等，将有效促进产业结构调整。

2. 实现沿边开放的新突破[②]

（1）设立沿边自由贸易试验区。鼓励云南瑞丽、孟定和猴桥以及广西东兴、凭祥等地，整合沿边开放资源，设立具有国际贸易、转口贸易、国际物流功能的“沿边自由贸易试验区”，全面实施贸易投资自由化政策。

——创新贸易投资体制机制。在促进自由贸易、放宽产业准入等方面破除制约中缅贸易与投资合作的体制机制障碍，进一步扩大双边贸易投资规模。

——探索沿边金融开放的政策与体制机制。扩大人民币结算和交易范围，为人民币周边化、区域化创造有利条件。

——加强中缅双边在市场准入、海关监管、检验检疫等方面的管理体制创新与政策协调。

——加快中缅双边在环境保护、投资保护和政府采购等重要议题的谈判进程。

（2）发展沿边出口加工区。鼓励云南磨憨等地充分利用周边国家的资源优势和劳动力低成本优势，承接沿海地区加工制造业转移，建设跨境产业合作基地，形成以出口加工为主，以国际贸易、储运服务、国际旅游为辅，面向东南亚和南亚市场、具有自由贸易试验区功能的出口加工区。例如，加快建设中老

① 2015 年云南 GDP 增速高于全国 经济运行呈现九大亮点［N］. 云南日报，2016-02-19.

② 中改院课题组 . 加快打造中国东盟自贸区升级版［N］. 经济参考报，2014-02-27.

产业合作基地，承接沿海加工制造业转移，创新加工贸易模式，形成面向东南亚和南亚市场的出口加工贸易产业集群。

（3）发展跨境、边境旅游合作区。按照提高层级、打造平台、完善机制的原则，深化与周边国家的旅游合作，支持满洲里、绥芬河、二连浩特、黑河、延边、丹东、西双版纳、瑞丽、东兴、崇左、阿勒泰等有条件的地区研究设立跨境旅游合作区。通过与对方国家签订合作协议的形式，允许游客或车辆凭双方认可的证件灵活进入合作区游览。鼓励省（区）人民政府采取更加灵活的管理方式和施行更加特殊的政策，与对方国家就跨境旅游合作区内旅游资源整体开发、旅游产品建设、旅游服务标准推广、旅游市场监管、旅游安全保障等方面深化合作[①]。

（4）创新跨境经济合作区发展。体制机制创新是加快跨境经济合作区发展的关键突破口和重要动力源。创新跨境经济合作区需在运营管理、跨境协调、投融资政策等方面，建立与国际投资贸易通行规则相衔接的机制，打造良好的营商环境。

——创新跨境协调合作机制。深化对中老磨憨－磨丁跨境经合区的监管服务改革，加快形成“两国一区、协同监管、封闭运行”的跨境合作机制[②]。将“一线放宽，二线安全高效管住”的分线管理模式复制推广到其他跨境经济合作区，进一步提高通关便利化水平。

——以服务贸易为重点推进贸易结构优化。形成中国企业“走出去”体制机制，促进双向投资贸易合作发展。扩大工程承包、技术合作、电子商务、金融保险、国际运输、民族文化等服务贸易出口，加快服务贸易发展。

——创新人才保障机制。推行公务员聘任制试点，突破身份限制，积极探索人才“飞地”，实现跨地区、跨行业、跨部门吸引紧缺急需的人才，形成人才集聚效应，保障跨境经济合作区工作积极高效地推进。

---

① 国务院关于支持沿边重点地区开发开放若干政策措施的意见［EB/OL］. 中国政府网，2015-12-17.

② 支持勐腊（磨憨）重点开发开放试验区建设若干政策［EB/OL］. 云南省人民政府网，2016-07-14.

3. 提速国际大通道建设[①]

（1）提速西线建设。加快往缅甸方向的国际大通道西线建设，尽快实现西线通道建设的重大突破：加快泛亚铁路西线（昆明 – 密支那 – 仰光 – 曼谷 – 吉隆坡 – 新加坡）建设；尽快取得公路大通道西线（昆明 – 瑞丽 – 曼德勒 – 皎漂）建设的重点突破；有序推进中缅伊洛瓦底江水陆联运通道建设，加大对伊洛瓦底江航道疏通、境外关键航段整修、改造、升级的援助力度，形成瑞丽至曼德勒并经伊洛瓦底江进入印度洋航道的水陆联运大通道。

（2）加快中线建设。往老挝方向的国际大通道中线是中国 – 东盟自贸区基础设施互联互通的关键，也是大湄公河次区域经济合作 (GMS) 的重要交通枢纽。尽快推进泛亚铁路中线（昆明 – 磨憨 – 琅勃拉邦 – 万象 – 曼谷 – 吉隆坡 – 新加坡）建设，重点加快玉溪至磨憨段建设；加快改善澜沧江 – 湄公河国际航运通道通航条件，提升航道运能。

（3）推进东线建设。往越南方向的国际大通道东线是中国 – 东盟自贸区基础设施互联互通的重要组成部分，应加快规划实施。推进泛亚铁路中东线国外路段规划建设进度；加紧制定老街 – 河内 – 海防标准轨铁路线路规划；推进中越红河国际航运通道和港口建设，加快红河干线航道治理。

4. 形成基础设施互联互通的新格局

（1）提出互联互通的重大项目清单。尽快提出我国与东盟国家的交通、油气管道、电网、信息网等关键基础设施"无缝衔接"的项目清单；提出我国与东盟各国在检验检疫、海关、技术标准等通关便利化的项目清单。

（2）尽快形成互联互通的金融支撑体系。加快探索我国与东盟国家金融机构共同出资组建融资平台的路径。积极参与东盟基础设施基金建设；以多种形式积极引入社会资本参与"10+1"基础设施互联互通建设。

---

① 中改院 . 加快打造中国东盟自贸区升级版［N］. 经济参考报，2014-02-27.

（3）推进通关便利化，实现大通道、大通关。加快建设与东盟国家的“一体化”口岸管理机制，借鉴欧盟“单一窗口”经验，探索并推广区外货物进入区内后“一次报关、一次查验、全程放行”的“大通关”模式。

第五节 “一带一路”：构建“泛南海经济合作圈”

推进海上互联互通是构建开放型经济的重大举措，发展蓝色经济是拓展未来发展空间的重大选择。21 世纪海上丝绸之路建设，重在南海，难在南海，突破也在南海。在经济全球化面临新趋势、新挑战的背景下，南海及其周边地区作为亚太经济最具活力和发展潜力的区域之一，在全球经济格局中的地位日益提升。构建泛南海经济合作圈（见图 4.3），重点开展经济领域的自由贸易，不仅是建设 21 世纪海上丝绸之路的重大突破口，也是促进泛南海地区区域一体化，形成海上自由贸易大网络的重要途径。

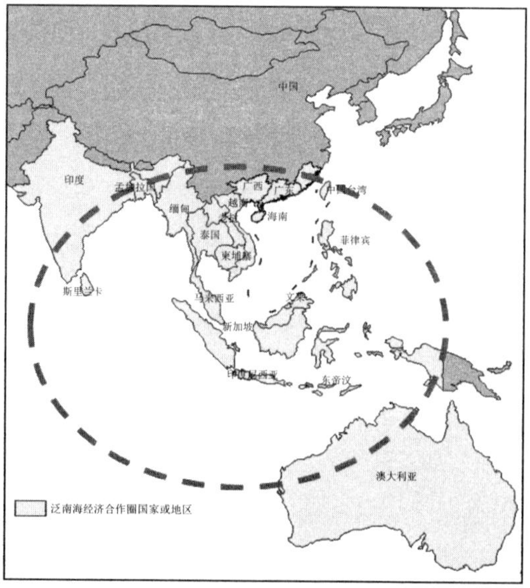

图 4.3：“泛南海经济合作圈”示意图

一、以自由贸易为目标构建“泛南海经济合作圈”

在经济全球化大背景下，南海及周边地区地处两大洋和两大陆的交汇地带，交通区位优势突出、自然资源丰富，产业互补性强，区域经济一体化建设是大势所趋。适应趋势，以自由贸易为目标建设泛南海经济合作圈，促进沿海国家贸易投资便利化，是建立“一带一路”自由贸易区网络的重要任务。

1. 破题 21 世纪海上丝绸之路建设

（1）共建 21 世纪海上丝绸之路要打好“经济牌”、“开放牌”。纵观国际上绝大部分领土争端问题的解决案例，政治、外交、军事以及法律等措施并不完全能从根本上解决矛盾分歧，反而有可能使本来有望搁置的问题陷入旷日持久的纷争当中。治本之策仍然是经济与利益的融合之道。越是在地区局势复杂严峻的时刻，越要高举开放、合作的旗帜，以开放增进交往，以交往带动合作，以合作促进经济发展，强化各方利益联结纽带。在当前南海局势日益复杂的情况下，共建 21 世纪海上丝绸之路，更是要以开放、包容、共享、均衡为原则，构建“泛南海经济合作圈”，以泛南海区域内经贸合作实现 21 世纪海上丝绸之路建设的重大突破。

（2）促进泛南海地区共享发展。21 世纪海上丝绸之路建设，要求兼顾各方利益，寻求利益契合点和发展的最大公约数，实现互利共赢。泛南海区域内国家在自然资源、资金、技术、人才、市场、产业、产品等方面具有很强的互补性，产业分工程度高，具有加强经贸合作的比较优势和良好基础。构建“泛南海经济合作圈”，不仅可以消化我国的富余产能，还有利于推动泛南海区域内国家之间的产业、产能合作，签订双边、多边自由贸易协议，推动各方在某些产业方面形成联合发展优势，促进沿线国家和地区共同繁荣。

（3）为 21 世纪海上丝绸之路建设创造更好的合作环境。构建“泛南海经济合作圈”将以海洋合作网络与项目建设为突破口，充实和拓展 21 世纪海上丝绸之路南海区域的合作内容、领域和机制等，有利于淡化南海争议与有关主张分歧，为共建21世纪海上丝绸之路创造更好的合作环境。

2. 形成区域性海上自由贸易大网络

（1）以自由贸易为目标。通过实行海洋产业项下、产能合作项下、基础设施项下、旅游项下等多种形式的自由贸易政策，把区域内彼此分割的岛屿、群岛等地理单元更好地连接起来，释放区域内各经济体的自身发展潜力，构建双边、多边海洋区域、次区域经济合作圈，最终建成区域海洋自由贸易合作大网络。

（2）以海上基础设施互联互通为依托。加强区域内国家和地区在港口、国际中转、运输航线、物流配送、邮轮客运等方面的合作，打通区域内海上贸易流、物流、人流、信息流通道，形成放射性、网络化、便捷化的交通网络布局，实现海洋基础设施互联互通和岛屿–海洋一体化发展格局，提升区域贸易物流便利化水平。

（3）以海洋经济和产业合作为主题。推进高端海洋生产要素和创新发展要素集聚，共建具有自贸区性质的海洋产业园区、海洋高端装备保税港区、海洋经济合作示范区等，对海洋产业贸易和投资自由化、便利化的体制机制安排进行先行先试。

3. 具备良好的现实基础

（1）良好的地缘经济基础。泛南海地区依托海洋天然联结纽带，兼具江海联通、陆路接壤的独特地理区位优势。区域内港口、公路、铁路、内河、口岸等交通基础设施逐步完善，中国与东盟相互对接、海陆联动的国际大通道建设已初具规模。

（2）良好的人文基础。泛南海区域内国家和地区人文历史相通，建立了密切的经济圈和人文圈，特别是东南亚国家华人、华侨数量众多，且拥有较强的经济实力，合作意愿强烈。

（3）良好的政治互信基础。中国全面参与了东盟主导构建的各类地区机制。

双方形成了以“10+1”领导人年度峰会为核心，包括各部长会议等在内的10余个对话合作机制。中国－东盟合作的不断深化，为中国与泛南海地区国家的经贸合作奠定了基础。

（4）重要经济基础。2008年国际金融危机以来，我国成为带动世界经济复苏的重要引擎。未来，随着经济持续增长以及经济结构的转型升级，市场需求规模将进一步扩大，我国有望确立“泛南海经济合作圈”网络和分工秩序中的核心地位。

二、推动海洋产业项下的自由贸易

以海洋经济和产业合作为主题构建泛南海经济合作圈，要积极推动海洋旅游、海洋渔业等海洋产业项下的自由贸易，在海洋产业项下实行双边、多边的自由贸易政策。

1. 推进旅游产业项下的自由贸易进程

（1）完善航班航线、港口码头等基础设施，务实推进泛南海国家和地区的旅游合作。进一步密切21世纪海上丝绸之路沿线岛屿地区在港口、码头建设、集装箱联运、国际中转、运输航线、物流配送、邮轮客运等方面的合作，形成更多面向海上丝绸之路沿线岛屿的国际班轮航线网络；积极开辟面向海上丝绸之路重点岛屿地区的中转、直达国际航线。

（2）打造岛屿地区健康养生休闲旅游业联盟。充分发挥沿线岛屿在健康服务业方面的特色和优势，探索建立海南岛与其他岛屿经济体的休闲养生互换互助计划。培育一批具有海南本土特色的国际村或健康养生社区，实现岛际间健康服务业资源优势互补、错位竞争、协同发展；在海南建立岛际间健康服务业合作示范基地，以多种形式开展健康管理、健康职业教育、健康技术研发等领域的互利合作。

（3）建设海上丝绸之路岛屿主题活动园。借鉴“世博会”和“园博园”的经验，按照海上丝绸之路沿线岛屿国家与地区的大致地理分布，把一个或多个岛屿国家与地区组合成为一个独立区域，集中呈现海上丝绸之路岛屿地区最具特色、最有代表性的内容，定期举办各岛屿的旅游、文化、艺术、饮食、服饰等活动，加强岛屿间在人才交流、文体赛事等领域的交流合作。

2. 推进海洋渔业项下的自由贸易进程

（1）合作建设一批具有自由贸易园区性质的海洋渔业产业园。扩大并用好中国–东盟海上合作基金、丝路基金、亚投行等一系列金融支持，深化渔业合作；以远洋捕捞、深海网箱等为重点，合作建设具有自贸区性质的海洋渔业示范园；推动建立马来西亚、菲律宾、印度尼西亚等周边国家远洋渔业基地，探索大型拖网加工作业、传统捕捞作业。

（2）加强海洋渔业科研合作。加强渔业技术创新，推动海洋渔业技术合作，加大与海上丝绸之路沿线国家和地区在海洋渔业科研、技术开发等方面的合作力度。借助中国–东盟海洋科技合作论坛等平台，深化中国与21世纪海上丝绸之路沿线国家和地区在海洋渔业领域的科技交流与合作。

3. 推进海洋产业项下的国际产能合作①

（1）建立具有自贸区性质的海洋产业园区。在21世纪海上丝绸之路沿线的航运通道节点城市或港口，如中国的海口港、三亚港，印度尼西亚的雅加达港、泗水港，马来西亚的巴生港、关丹港等地共建具有自贸区性质的海洋产业园区、海洋高端装备保税港区、海洋经济合作示范区等，对海洋产业贸易投资自由化和便利化的体制机制安排进行先行先试。

（2）建设跨境产业园区。以能源、贸易、基建为主，以“资源换项目”、港口特许经营、“飞地园区”等多种合作形式，推动大型能源和基建企业投资与运营，推动跨境产业园区建设，实质性推进中国与南海周边国家和地区海洋产业项下的国际产能合作。

---

① 迟福林．共建“一带一路”自由贸易区网络［EB/OL］．光明网，2016–11–16.

三、推动岛屿经济体互联互通

21 世纪海上丝绸之路沿线诸多岛屿经济体的互联互通是实现泛南海区域自由贸易的重要基础。因此，要进一步完善岛屿经济体交通基础设施建设，加强岛屿经济体在航空、海运等领域的合作，打造畅通、快捷、便利、高效的互联互通网络，尽快实现各岛屿经济体互联互通，助力海上自由贸易大网络的形成。

1. 加快岛屿内及岛屿间的交通基础设施互联互通

（1）推进海上大通道建设。尽快实施 21 世纪海上丝绸之路沿线国家和地区的基础设施互联互通计划，加快中国与印度尼西亚、马来西亚、缅甸、斯里兰卡、巴基斯坦等国在港口、码头、临港园区等基础设施的建设与合作，在扩建、新建港口的同时，组建港口联盟，提升海上互联互通水平；畅通陆水联运通道，增加海上航线和班次，争取开通岛际间客货运“海上穿梭巴士”；加强海上物流信息化合作，共建互联互通的海上大通道。

（2）推进航空基础设施建设。构建 21 世纪海上丝绸之路沿线泛南海区域内各岛屿之间通达通畅的航线网络，增加岛屿间的航线航班，加大国际直航航线的开通力度，增加岛屿地区间中转、直达航班班次；积极开辟岛屿间新的航线客运、货运航班；积极推动各岛屿地区机场、航站楼等航空基础设施建设，尽快实现岛屿地区航运互联互通。

2. 加快推进能源基础设施互联互通

加强能源基础设施建设，促进各岛屿经济体能源互联互通。依托 21 世纪海上丝绸之路，加强岛屿地区之间的骨干通道建设，构建全方位、复合型、多层次的互联互通能源网络；积极开展能源项下的自由贸易，打造能源利益共同体。

3. 建设岛屿经济体互联互通的共同平台

（1）搭建岛屿地区电子商务平台。加快形成移动物联网、车联网、大数据等新一代信息技术在健康、旅游、海洋、农业、金融、电子商务、智慧城市等领域的应用和创新的产业集群，以21世纪海上丝绸之路沿线岛屿人才、科技、信息为核心智力资源，共建21世纪海上丝绸之路岛屿电商联盟。

（2）创建岛屿服务贸易大数据中心。探索开拓岛屿经济体之间在旅游、金融、教育、健康医疗等服务贸易领域的创新发展与合作，在健康医疗、教育、旅游等方面签订双边、多边自由贸易协定。

（3）建立21世纪海上丝绸之路岛屿全息信息平台。收集整理海上丝绸之路沿线各岛屿自然、地理、人文、历史等数据资料，建立岛屿全息信息平台。

（4）构建岛屿地区交流合作平台。在博鳌亚洲论坛“21世纪海上丝绸之路岛屿经济”分论坛的基础上，打造岛屿地区经济交流对话的新平台，建立各岛屿地区交流合作的长期对话机制，加强政策沟通与经验分享，促进项目对接，实现互利共赢。

四、务实推动中国与印度尼西亚等国家海上丝绸之路建设

作为世界上最大的群岛国家，东南亚最大的经济体、G20中唯一的东盟国家和世界第四人口大国，印度尼西亚在中国–东盟合作和中国与东南亚海洋经济合作中扮演着重要角色。共建“一带一路”自由贸易区网络和泛南海经济合作圈，需要务实推进中国与印度尼西亚以海洋产业为重点的全面合作的机制建设。

1. 完善中国与印度尼西亚海上交通合作网络

（1）加强中国与印度尼西亚在港口、国际中转、运输航线、物流配送、邮轮客运等方面的合作。构建连接中国与东盟自由贸易伙伴的海洋经济大走廊。例如，加开加密中国沿海港口至印度尼西亚主要港口的航线，以及两国主要空港的客运和货运班机。

（2）改善与中国、印度尼西亚两国贸易相关的口岸管理、通关程序、检验检疫。实施一站式通关，推动两国贸易投资便利化和自由化。

（3）加大资金、金融支持力度。充分利用亚洲基础设施投资银行、丝路基

金以及进出口银行，对中资企业参与印度尼西亚基建项目进行配套贷款。

2. 强化中国、印度尼西亚两国间的地区和产业合作

（1）以海南岛、巴厘岛作为试点，探索建立中国–印尼自由旅游合作体。在自由贸易区框架内，两国应创造条件，多层面探索旅游交流合作。例如，双方互免对方国民入境旅游签证或实行一签多行、定期免签等政策；互相开放旅游投资项目；设立独资或合资旅游经营企业、旅游培训咨询机构；合作培养和联合审定两国互认的导游、领队人员；联合在国际上开展旅游宣传推广等，共同创建中国–印尼旅游自由贸易先行区。再如，可探索推进海南岛–巴厘岛旅游卡计划，借鉴 APEC 商务旅行卡模式，共同发起两岛旅游卡发展计划，促进双方人员往来便利化和自由流动；互设旅游免税品商店，共同打造“东亚双岛”旅游品牌①。

（2）推进两国海洋产业合作。作为世界上最大的群岛国家，印度尼西亚海洋渔业资源丰富。建议中国、印度尼西亚签署渔业合作协议，开展远洋捕捞、水产品加工和进出口合作；鼓励中国渔业企业在印度尼西亚设立远洋基地。充分发挥中国造船业的优势，鼓励相关企业进入印度尼西亚市场，推动印度尼西亚造船业的发展。深入推进两国海洋油气开发合作。

（3）合作开展中高端旅游人才培养。深化以大旅游为重点的海洋合作，人力资源建设和人才培养是其重要组成部分。建议依托相关高校和智库资源推进人才合作培养、学术交流，构建多种形式的国际交流合作机制与平台。

3. 深化中国、印尼间的长效合作机制

（1）充分发挥博鳌亚洲论坛等对外交流合作平台机制作用。充分利用国际传媒、博鳌亚洲论坛平台等，推动成立中国与印度尼西亚泛南海经济合作圈建设专家论坛，吸引南海周边国家和地区的政府和企业代表、学者参加，加大双

---

① 迟福林. 共建“一带一路”自由贸易区网络［EB/OL］. 光明网，2016-11-16.

方交流程度。

（2）推动中国与印度尼西亚建立政府间磋商机制和咨询机制，形成对话讨论机制化平台。考虑推动建立中国与印度尼西亚牵头、相关方参与的泛南海经济合作协商讨论平台，逐步推动落实“泛南海经济合作圈”政府间的实体磋商程序，推动我国21世纪海上丝绸之路战略与印度尼西亚“全球海洋支点”战略的对接和有效实施，并加强中国与东南亚智库间的合作研究与政策咨询。

第五章

服务贸易：全球自由贸易的战略重点

服务贸易成为推动全球自由贸易进程与拉动世界经济增长的重要引擎。推进以服务贸易为重点的开放转型，是经济转型升级的内在需求，是“二次开放”的重大选项。

在新一轮经济全球化遭受贸易保护主义的严峻挑战、全球经济发生深刻复杂变化的新形势下，加快推进以服务贸易为重点的开放转型，是坚定推进全球自由贸易进程的战略重点，是建立“一带一路”自由贸易区网络的重大任务，是促进我国经济转型的重要举措。

第一节　服务贸易较快发展的大趋势

随着全球产业深度分工和加速融合，特别是大数据、物联网、云计算和移动互联网等信息技术的快速发展，服务的可贸易性不断增强，服务在全球价值链中的地位日益凸显，服务贸易成为新一轮全球自由贸易的战略重点。

一、服务贸易的较快发展

全球经济的服务化带动服务贸易进入快速发展的新阶段。2015 年，尽管服务贸易总额出现下降，但其不断扩大的趋势没有改变，服务贸易增速快于货物贸易增速的格局也没有改变。未来 5 ~ 10 年，服务贸易仍具有巨大的发展潜力与市场空间。

1. 经济服务化驱动服务贸易较快增长

全球进入服务型经济主导时代，服务业占世界经济的比重达到 70% 左右，主要发达经济体的服务业比重更是达到 80% 左右（见表 5.1），中等收入国家服务业比重也由 2012 年的 54% 上升至目前的 57%[①]，全球服务贸易的需求不断增加。2012—2014 年，全球服务贸易年均增长 6.6%；2015 年，服务贸易占全球贸易的比重为 23% 左右。若按附加值计算，服务贸易占全球贸易的比重已达到 50% 左右[②]。

表 5.1：世界主要国家服务业占比变化（单位：%）

国家	服务业增加值占国内生产总值比重		国家	服务业增加值占国内生产总值比重	
	2000 年	2015 年		2000 年	2015 年
中国	39.8	50.5	南非	64.8	68.9
印度	51	52.60*	美国	75.7	77.98*
印度尼西亚	38.5	43.3	法国	74.3	78.8
日本	67.4	71.97*	德国	68	69
韩国	57.5	59.7	意大利	70	74
蒙古	44.1	51.1	荷兰	72.8	77.8
巴基斯坦	50.8	55.5	俄罗斯	55.6	62.8
菲律宾	51.6	58.8	英国	72	79.2
新加坡	65.1	75.02*	澳大利亚	69.8	70.5

注：*2014 年数据。

数据来源：国家统计局．中国统计年鉴 2016［M］．北京：中国统计出版社，2016.

2. 服务贸易规模日益增大

受国际金融危机冲击，服务贸易在部分年份有所波动，但整体仍呈增长趋势。特别自 2011 年以来，在全球货物贸易持续低迷的条件下，服务贸易仍保持了较快发展。2011—2015 年，服务贸易规模由 8.7 万亿美元增加到 9.6 万亿美元，提高了 10%，是 2008 年金融危机前规模的 1.4 倍；2015 年，服务贸易占全球贸易总额的比重达到 23%，比 2011 年提高了 3.3 个百分点（见图 5.1）。

① 王晓红，李勇坚．全球服务业形势分析与展望［J］．全球化，2016（1）．

② 迟福林．自贸区转型发展的历史新起点——以服务贸易为重点的二次开放［N］．中国经济时报，2016-10-11.

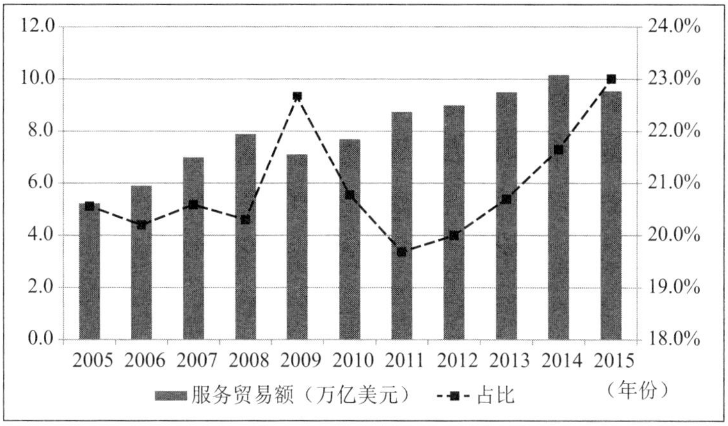

图 5.1:2005-2015 年全球服务贸易额及占比

数据来源：联合国贸发会议（UNCTAD）统计数据库。

3. 服务贸易增速快于货物贸易

2009-2015 年，全球服务贸易年均名义增速约为 5.1%，高于同期货物贸易年均增速 0.3 个百分点。分年限看，2012-2015 年，全球服务贸易出口增速连续 4 年高于全球货物贸易出口增速（见图 5.2）。

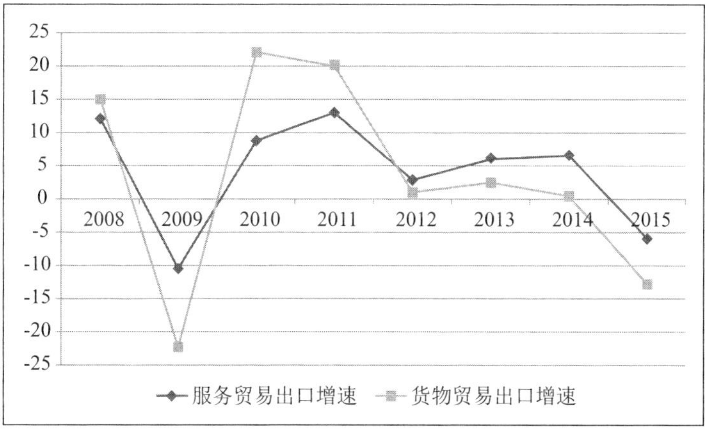

图 5.2:2008-2015 年服务贸易出口与货物贸易出口增速对比（单位：%）

数据来源：联合国贸发会议（UNCTAD）统计数据库。

二、货物贸易与服务贸易深度融合发展的大趋势

随着以现代信息技术为标志的新一轮科技革命的兴起，制造业与服务业深度融合已成为现代产业发展的主流趋势，并不断催生出新产业、新业态。与此同时，货物贸易与服务贸易的边界日益模糊，二者融合互动、相互依存。

1. 全球新一轮工业革命带动服务贸易发展

（1）“工业 4.0”带动生产性服务贸易快速发展。以德国为代表的制造业强国，纷纷抢占“工业 4.0”高地，发展以信息产业为重点的生产性服务业。研究表明，目前研发、金融、商务等服务中间投入占制造业企业中间投入成本的比重达到 70% 左右，对生产性服务的有效需求有近 70% 来自第二产业[①]。制造业的全球化又带动信息、物流、金融等生产性服务贸易快速发展。以商业服务贸易为例。2005-2015 年，全球商业服务贸易出口由 0.51 万亿美元增加至 1.04 万亿美元，年均增长 7.3%，高于服务贸易出口增速 1.1 个百分点，占服务贸易出口额的比重由 19.4% 上升至 21.5%，提高了 2.1 个百分点[②]。生产性服务贸易的快速发展将在全球产业变革中发挥重要作用。

（2）制造业服务化为服务贸易创造了条件。全球消费结构升级推动制造业发生革命性变化，制造业服务化趋势明显，尤其是信息、互联网、物联网技术在制造业领域的广泛应用，跨越服务产品生产与消费不可分离的障碍，为服务业全球化和服务贸易发展提供了技术条件。例如，20 世纪 80 年代，通用电气公司在全球 24 个国家共拥有 113 家制造厂，其产值中传统制造产值的比重高达 85%，服务产值仅占 12%。而目前，通用电气的“技术 + 管理 + 服务”所创造的产值占公司总产值的比重已经达到 70%[③]；IBM 公司在制造业基础上实现了服务产品化，为全球提供网络和软件服务，目前大约有 57% 的收入来自 IT

① 王晓红 . 制造业与服务业融合发展的六大趋势［J］. 中国经济周刊，2014（25）.
② 数据来源：根据联合国贸发会议（UNCTAD）统计数据库计算。
③ 贺军 . 两个 70% 有玄机　制造服务业　你好［N］. 投资时报，2014-06-20.

服务[1]。

2. 服务贸易的快速发展提升传统货物贸易

（1）服务贸易主导货物贸易产业价值分配。新工业革命时代，服务贸易不仅能显著降低货物贸易成本，提高货物贸易便利性，更重要的是，研发、融资、营销、技术支持等服务成为产品价值产生的主要来源。在整个价值链条中，服务定价权日益超过货物本身定价权，谁在服务贸易领域拥有竞争优势，谁就拥有了货物贸易谈判主导权的重要砝码。例如，iPhone 的价值构成中，其拥有的核心技术和知识产权为苹果公司带来丰厚利润，生产环节几乎都在国外代工。苹果公司与其说是生产手机，不如说是生产服务，在服务领域的优势是 iPhone 手机长久不衰的一个重要因素。

（2）服务贸易冲破货物贸易的地域限制。在互联网技术的推动下，全球货物贸易的内容、贸易方式和贸易规则发生深刻变化，货物贸易的地域边界逐渐淡化，全球无边界资源配置大市场和消费大市场正在形成。以跨境电商为例，亚马逊这样的跨境电商，可以在世界范围内组织产品生产和货物贸易，提高资源配置效率。跨境电商的快速发展也深刻改变着全球贸易结构。亿万消费者在电脑、手机和平板电脑上触动指尖就可以“买全球”，中小企业也可借助这一平台将自己的产品卖向全球，跨境电商正在成为全球贸易的重要方式与平台。例如，2016 年有 235 个国家和地区的网民参与了中国天猫“双 11”庆典；2017 年 1 月 9 日，马云与特朗普会谈，表示为美国 100 万个中小企业提供支持，帮助美国农民及美国的中小企业通过阿里巴巴平台接触到中国市场和亚洲其他国家的市场和消费者[2]。

---

① IBM：转型 IT 综合服务提供商典范［EB/OL］. 中国电子商务研究中心，2016-08-19.

② 2016 天猫双 11 交易额 1207 亿 物流订单量超 6.57 亿［EB/OL］. 中国经济网，2016-11-12.

3. 货物贸易和服务贸易深度融合

（1）货物贸易与服务贸易边界在模糊。制造业服务化和服务业制造化使得货物贸易和服务贸易边界日益模糊，而信息技术的快速发展和广泛应用，进一步将货物贸易和服务贸易黏合在一起，呈现出“你中有我、我中有你”的特征。数据显示，虽然目前全球服务贸易占贸易总额的23%左右，但占全球贸易80%左右比重的货物贸易中，有30%是服务贸易带动的[①]。服务贸易与货物贸易之间的深度融合，已经成为经济全球化的重要特征之一，与之相适应的贸易统计、贸易方式、贸易规则也将发生深刻变革。

（2）服务贸易规则与货物贸易规则相融合。随着产品的服务化趋势日益明显，越来越多的服务被包含在货物中，并以货物贸易为载体实现跨境流动。货物贸易规则制定不仅考虑货物质量本身，还考虑货物中的服务标准、服务规则与服务质量。服务贸易规则与货物贸易规则相融合成为当前国际贸易规则演进的大趋势。

（3）服务贸易规则与投资规则相互融合。随着全球经济的服务化，服务业对全球投资的吸引力不断增强，服务业已成为全球投资的主体领域，并且这一趋势不断增强。2001–2014年，全球服务业FDI占FDI总额的比重上升了6个百分点，相应地，制造业FDI占比下降了11个百分点。2014年，全球服务业领域FDI占比达到64%，是制造业FDI占比的近2.4倍（见表5.2）。2015年，服务业FDI占比仍在60%以上[②]。全球外商直接投资加快向服务业集聚，进一步推动了全球服务贸易规模的不断扩大与服务贸易的快速发展，也使得服务贸易规则与投资规则相互影响、相互融合。

---

① 商务部.中国制造应定位于中间产品和工序贸易［EB/OL］.商务部网，2014–01–28.

② 商务部.2015年全球外国直接投资情况及特点［EB/OL］.商务部网，2016–06–24.

表 5.2：2014 年分行业 FDI 占比（单位：%）

	农业	制造业	服务业	其他
世界平均	7	27	64	2
发达国家	6	27	65	2
发展中国家	8	27	64	2
转型国家	15	15	70	0

数据来源：联合国贸发会议（UNCTAD）. 世界投资报告［R］. 2016.

三、服务贸易推动全球经济增长的大趋势

当前，全球服务贸易发展格局已发生重大变化，服务贸易成为拉动世界经济增长的重要动力。新一轮经济全球化和国际经济竞争的焦点将从货物贸易转向服务贸易。

1. 新兴服务成为服务贸易新的增长点

互联网经济的发展，不仅使信息服务、通信服务等新兴服务贸易成为服务贸易的重要内容，而且新兴服务贸易巨大的技术溢出推动了其他产业的改造升级，进而提高了全球经济全要素生产率，促进了全球经济增长。以信息服务贸易出口为例。2006–2015 年，信息服务贸易出口增速在大多数年份均高于服务贸易出口增速与货物贸易出口增速。其中：2012–2015 年，信息服务贸易出口增速始终高于服务贸易增速 2 ~ 4 个百分点，高于货物贸易增速 6 ~ 10 个百分点（见表 5.3）。

表 5.3：全球信息服务贸易与服务贸易及货物贸易出口增速对比（单位：%）

年份	2006	2007	2008	2009	2010	2011	2012	2013	2014	2015
信息服务贸易出口增速	17.2	20.3	14.2	–4.1	3.6	16.0	6.3	8.1	9.7	–2.3
服务贸易出口增速	13.1	19.5	12.3	–10.7	8.7	13.1	2.7	6.1	6.5	–6.1
货物贸易出口增速	15.5	15.6	15.2	–22.3	21.9	19.9	0.9	2.4	0.3	–12.9

数据来源：联合国贸发会议（UNCTAD）统计数据库。

2. 新兴经济体成为服务贸易的新生力量

（1）新兴经济体服务贸易规模不断扩大。2005–2015 年，除 2009 年、2013 年外，新兴经济体服务贸易持续快速增长，服务贸易总额由 1.3 万亿美元增加至 3.2 万亿美元，增加了近 2.5 倍；新兴经济体服务贸易占全球服务贸易的比重由 25.1% 提升至 33.7%，提高了 8.6 个百分点（见图 5.3）。新兴经济体已成为全球服务贸易发展的重要组成部分。

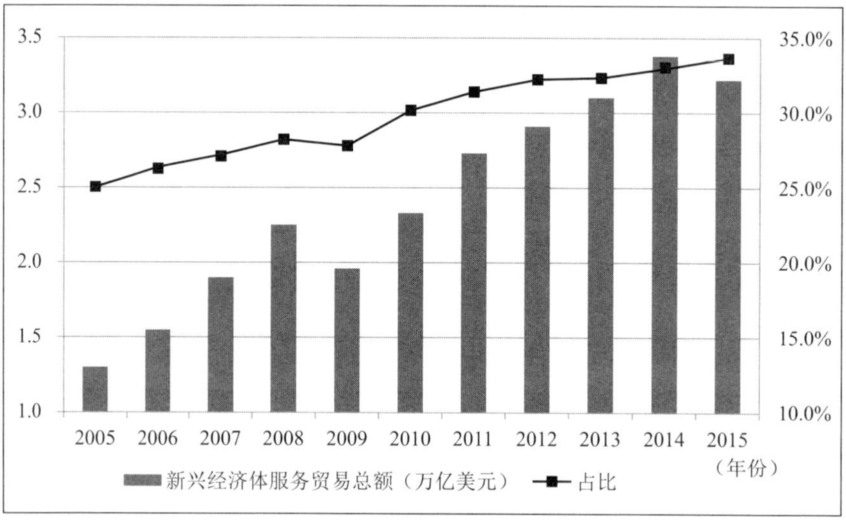

图 5.3：2005–2015 年新兴经济体服务贸易总额及其占比

数据来源：联合国贸发会议（UNCTAD）统计数据库。

（2）新兴经济体提速全球服务贸易。2006–2015 年，新兴经济体、全球、发达经济体服务贸易年均增速分别为 8.4%、5.5%、4.3%，新兴经济体服务贸易增速约为发达经济体的近两倍。除 2009 年、2013 年外，2006–2015 年 10 年间有 8 个年份新兴经济体服务贸易增速高于全球服务贸易平均增速，更高于发达经济体服务贸易增速。在某些年份，新兴经济体服务贸易增速高于发达经济体 1 倍以上（见表 5.4）。新兴经济体服务贸易不仅成为稳定全球服务贸易的重要因素，也成为扩大需求、推动世界经济增长的重要引擎。

表 5.4：2006-2015 年各类经济体服务贸易增速对比（单位：%）

年份	服务贸易出口增速			服务贸易进口增速		
	新兴经济体	全球平均	发达国家	新兴经济体	全球平均	发达国家
2006	17.9	13.1	11.9	18.2	12.1	9.9
2007	23.2	19.5	18.4	21.8	18	16.3
2008	17.2	12.3	10.8	18.6	14.3	11.9
2009	-12.7	-10.7	-10.7	-11.4	-10.9	-11.2
2010	17.3	8.7	4.9	19.2	9.5	4.5
2011	16.9	13.1	11.9	16.8	12.3	9.8
2012	5.4	2.7	1	7.1	3.5	1.2
2013	5.5	6.1	6.4	7	5.9	5.3
2014	8.6	6.5	5.9	10.3	7.3	5.7
2015	-4.1	-6.1	-7.3	-5.2	-6.2	-7

数据来源：联合国贸发会议（UNCTAD）统计数据库。

3. 服务贸易拉动全球经济增长

（1）货物贸易对全球经济拉动作用逐渐弱化。2008 年国际金融危机之后，全球货物贸易增长率虽然有所反弹，但总体来看，货物贸易增长率低于全球经济增长率，打破了过去几十年来货物贸易增速一直高于 GDP 增速的发展格局。数据显示，2009 年，货物贸易增速大幅下降，远远超过了当期全球经济衰退幅度，货物贸易出口增速首次低于全球 GDP 增速。2010-2011 年全球货物贸易增速虽有“大幅”反弹，但主要是由于 2009 年全球货物贸易基数较低。2012 年以来，全球货物贸易出口增速大都低于同期全球经济增长率（2013 年除外）。据世界贸易组织和国际货币基金组织预测，2016 年，全球货物贸易与经济增长率分别为 1.7%、3.1%，货物贸易增速仍低于全球经济增长[①]。

（2）服务贸易推动经济增长的作用强化。服务贸易较快发展促进了全球人才、资金、技术、信息等要素的自由流动，进一步优化全球资源配置，降低

① 戴翔. 如何看待全球贸易增速低于经济增速现象［J］. 国际贸易，2016（10）.

交易成本，提升全球经济运行效率；从规模来看，2015 年，全球服务贸易额为 9.6 万亿美元，比 2009 年增长了约 35%，高于同期全球 GDP 增幅 10 个百分点；从增速来看，2010–2014 年，服务贸易出口增速均快于全球 GDP 增速（见表 5.5）。

表 5.5：2009–2015 年全球服务贸易与 GDP 增速对比（单位：%）

年份	2009	2010	2011	2012	2013	2014	2015
服务贸易出口增速	–10.7	8.7	13.1	2.7	6.1	6.5	–6.1
服务贸易进口增速	–10.9	9.5	12.3	3.5	5.9	7.3	–6.2
GDP 增速	–2.04	4.09	2.87	2.22	2.15	2.54	2.47

数据来源：联合国贸发会议（UNCTAD）统计数据库。

第二节　服务贸易成为全球自由贸易的焦点

服务贸易不仅成为全球贸易格局重塑的引领力量，也是推进双边、多边自由贸易进程的重点和焦点所在。以服务贸易为重点推进全球自由贸易进程，是各国需要采取的共同行动。

一、服务贸易在全球自由贸易中扮演重要角色

服务贸易的兴起，是新一轮经济全球化的突出特点。可以说，服务贸易自由化和便利化很大程度上将决定全球自由贸易与经济全球化的进程和格局。

1. 促进全球贸易复苏

（1）释放服务贸易发展潜力。全球经济活动中，服务型经济占 2/3，但服务贸易占全球贸易的比重只有 1/5。服务业和服务贸易的潜力还远未释放。过去 10 多年，国际投资更加倾向于服务业，服务业领域的外国直接投资已占全

球对外直接投资总流量的60%以上[①]，预计未来服务业领域的国际投资将进一步扩大。另外，由于国际贸易统计数据中并不包括WTO《服务贸易总协定》（GATS）定义下的所有服务贸易，货物贸易往往被高估，而服务贸易则在一定程度上被低估。适应全球经济服务化趋势，要充分估计服务贸易对拉动全球贸易增长的重要作用。

（2）以服务贸易提高应对贸易波动的能力。历史表明，在经济增长阶段，货物贸易与服务贸易增长基本保持同步，服务贸易增速略低于货物贸易；在经济危机期间，服务贸易增长的稳定性好于货物贸易。例如，2009-2015年期间，服务贸易增速与货物贸易增速均在2009年、2012年、2015年出现双下降，但服务贸易增速下降幅度远小于货物贸易；在2011年、2014年，服务贸易增速上升，而货物贸易增速下降（见图5.4）。上述变动表明相比于货物贸易，服务贸易增长更加稳定，有利于缓解全球贸易波动。

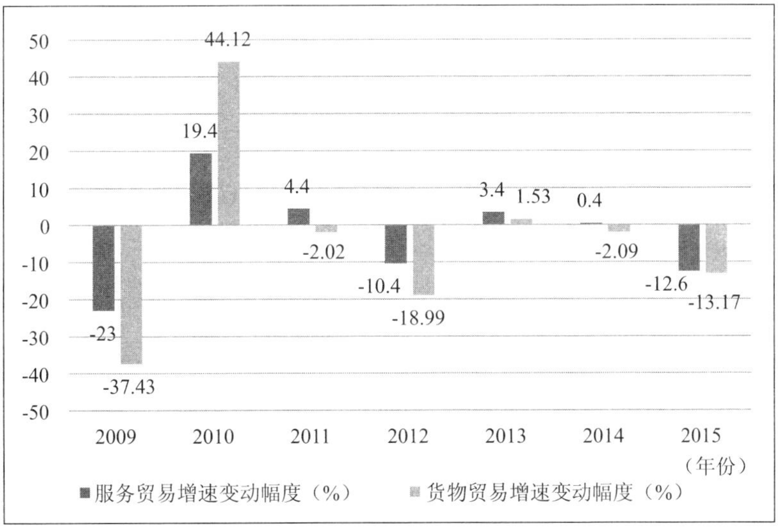

图5.4:2009-2015年服务贸易与货物贸易增速变动幅度对比

数据来源：联合国贸发会议（UNCTAD）统计数据库。

① 商务部.2015年全球外国直接投资情况及特点［EB/OL］.商务部网，2016-06-24.

2. 促进全球贸易再平衡

（1）促进发达国家外部平衡。由于各国发展水平与发展阶段不同，在国际分工中所处的地位也不同，服务贸易发展的地区不平衡成为全球经济不平衡的重要表现之一。随着全球贸易重点逐步从货物贸易转向服务贸易，欧美等发达国家凭借科技、金融、知识产权、专利等服务领域的优势，服务贸易顺差快速扩大。2005–2015 年，七国集团服务贸易顺差由 536.7 亿美元增加至 2964.6 亿美元，增加近 4.5 倍；服务贸易顺差占服务贸易总额比重由 2.3% 上升至 8.5%（见图 5.5）；2015 年服务出口总量排名前五位的国家中，美国、英国、德国、法国占了四席。发达国家服务贸易领域的顺差有利于改善其外贸长期逆差的局面，促进其外部再平衡。

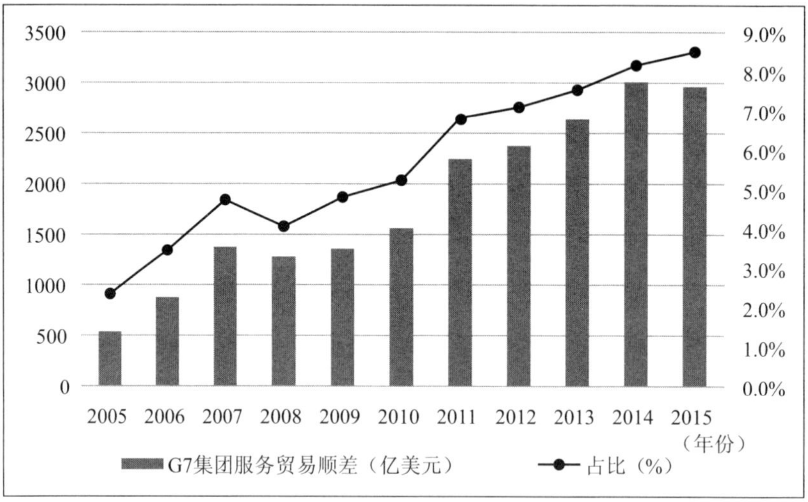

图 5.5:2005–2015 年七国集团服务贸易顺差及占比

数据来源：联合国贸发会议（UNCTAD）统计数据库。

（2）提升新兴经济体和发展中国家的服务贸易水平。服务贸易竞争实质上是服务业的国际竞争。一国服务贸易发展水平及竞争力取决于其在全球服务业价值链中的地位。发展中国家在积极参与全球服务贸易进程中，为扩大服务贸易国际占有量、分享更多的全球化红利，在大力吸引国际资本及技术的同时，必然会加大服务业领域的研发力度，加快技术改造和升级，促进本国服务业转型升级。例如，大唐电信集团等标准制定和设备制造企业与我国电信运营企业一道推动我国移动通信实现从3G“追赶”到4G“同行”再到踏上5G“引领”的“三级跳”，使得我国在全球通信领域的贸易地位明显提升。因此，加快服务贸易发展、增强服务贸易竞争力是各国深度参与经济全球化的重要途径，更是新兴经济体和发展中国家提高参与国际分工能力和国际贸易水平的战略选择。

3. 促进全球自由贸易进程

（1）拓宽自由贸易范围。随着移动互联网、大数据等新一代信息科技革命的兴起，使得教育、健康、医疗、文化等原本不可贸易的“服务”变得可贸易，并逐渐成为服务贸易的主要内容，由此使得可贸易的服务种类不断增加、范围不断扩大。例如，信息技术的发展使得远程医疗成为可能，推动了医疗服务贸易的发展。2015年OECD发布的研究成果认为，未来10年，人类将建立起基于数字的新经济世界。数字经济、数字贸易将超越企业和市场，引发深刻的经济和社会变革。

（2）提高全球贸易便利化水平。这些年，无纸化通关、单一窗口、通关一体化、提前申报等逐步推行，报关业不仅实现从手填报关单、打印报关单到无纸化通关的跨越，并且大幅提升了通关效率。要充分利用现代信息技术实现数字化和互联互通，提升国际贸易便利化水平，降低贸易成本，拓展国际贸易的深度和广度。

（3）新兴服务贸易影响全球贸易格局。2014年，国际数字贸易对全球GDP增长的贡献首度超过货物贸易。随着新一代信息通信、物联网、电子商务等新技术的快速发展，数据流量将呈指数增长，数字经济将成为影响全球贸易和经济格局的关键因素[①]。波士顿咨询公司研究表明，预计2035年，中国整体数字

---

① 钟源.数字经济将超越企业和市场成为新风口［EB/OL］.经济参考网，2016-05-11.

经济规模接近 16 万亿美元，数字经济渗透率 48%，总就业容量 4.15 亿[①]。未来，如果我国能在互联网经济、数字经济等领域走在世界前列，将显著改善我国在全球贸易中的地位和制度性话语权。

二、服务贸易成为国际贸易投资规则重构的焦点

随着服务型经济比重的提升和服务贸易的快速发展，全球贸易投资规则的重心正加快从货物贸易领域转向服务贸易领域。如何以服务贸易为重点重构多边、双边贸易投资规则，如何推进服务业市场双向开放，如何打破显性和隐性服务贸易壁垒，成为全球新一轮贸易投资规则重构的重点与焦点。

1. 国际贸易规则重构的核心是服务贸易

服务贸易的快速发展及制造业服务化进程的加快，使得国际贸易规则的聚焦点从货物贸易向“货物贸易 – 服务贸易 – 投资”转变。从现实情况看，现有的国际贸易规则和贸易政策仍停滞在 20 世纪，传统全球自贸协定往往不会将金融、娱乐、医疗、会计等中高端服务业行业列为开放部门，即使区域性多边自由贸易区内部各国间也有诸多限制。此类贸易规则不仅无法适应以服务贸易为重点的全球自由贸易新趋势，也不适应现有世界贸易格局。因此，在全球贸易投资关系更加复杂和密切的背景下，全球贸易的主要障碍已不是货物贸易领域内的关税，而是服务贸易与投资领域内的监管、非关税壁垒以及市场的开放度，服务贸易自由化和便利化在很大程度上决定着全球自由贸易进程。未来，服务贸易规则重构将成为全球贸易规则重构的核心与重点所在。

2. 服务贸易成为加强全球多边贸易体制的重点

在 WTO 多哈回合谈判受阻的背景下，占全球服务贸易 70%、年贸易规模

---

① 李紫宸 . 波士顿咨询：2035 年中国数字经济带动就业容量 4.15 亿人［EB/OL］. 经济观察网，2017–01–11.

达4万亿美元的12个WTO成员开始进行《国际服务贸易协定》（TiSA）谈判。按照TiSA相关规定，谈判议题已从传统服务业扩大到电子商务、信息服务、环境服务和能源服务等新兴服务业。目前参与该协定谈判的WTO成员的环境产品贸易额占全球环境产品贸易总额的85%①。TiSA的谈判进程不仅成为未来全球服务贸易发展的重要基础，也将对全球贸易自由化进程产生重要影响。

3. 服务贸易成为双边、区域贸易协定谈判的焦点

从短期来看，随着服务贸易在世界各国经济发展中的重要性不断提高，国际服务贸易竞争日益激烈，服务贸易在双边、多边和区域贸易投资谈判中占有比重逐渐增大，并成为各国争论与博弈的焦点。例如，2016年11月，RCEP部长级会议期间就货物贸易、服务贸易和投资三大核心领域给予战略指导，但由于东亚国家服务业发展滞后，普遍对服务贸易的开放持谨慎态度。中欧BIT谈判的核心问题是市场准入，最大难点也是在交通、通信、医疗、物流和商业服务等服务业领域对等的市场准入问题②。随着双边服务贸易的份额不断扩大，未来服务贸易在双边、区域贸易投资协定谈判中的分量会明显增大。

三、服务贸易自由化对全球经济治理变革有重要作用

随着服务贸易发展及其在全球自由贸易进程中的地位不断提升，服务贸易自由化水平在相当程度上影响着全球贸易自由化进程。

1. 对全球自由贸易标准产生重要影响

由于服务贸易影响范围更加广泛以及发达国家价值链的全球布局，新服务贸易规则的标准将超越WTO现有的政策领域和标准。新一轮服务贸易规则重构，在推动市场开放、削减贸易与投资壁垒方面，增加了许多新的标准。例如

① 陆燕．国际贸易新规则：重构的关键期［J］．国际经济合作，2014（8）．

② 中国国际经济交流中心．中欧双边投资协定谈判的进展、难点及思路［R］．2016-12-02.

TiSA 等谈判不仅考虑到竞争中立、贸易便利化，还将知识产权、劳工标准、政府采购、环境产品等内容纳入新规则。这些内容将影响全球贸易规则改革的未来走向，对全球贸易规则标准产生重要影响。

2. 关键在于打破隐性壁垒

与货物贸易相比，服务产品不仅具有无形性，还具有生产与消费同步性和跨国界等特点。与货物贸易通过关税来设置关税等“显性壁垒”不同，服务贸易更倾向采取国内资格资质要求、参股比例限制、经营范围和形式、繁杂的审批条件和程序等“隐性壁垒”来保护本国服务产业。服务贸易壁垒具有隐蔽性和非数量性等突出特点，无论是提升服务贸易自由化水平，还是消除服务贸易壁垒，都比货物贸易困难得多。例如，全球技术性贸易壁垒数量越来越多，WTO 范围内技术性贸易壁垒协定（TBT）和实施卫生与植物卫生措施协定（SPS）通报越来越多。数据显示，2015 年，全球 TBT 通报量为 1992 起，是 2000 年的 3.2 倍[①]；2015 年第一季度，全球 SPS 通报量为 507 件，较同期增加 34.6%[②]。此外，“购买本地服务”成为不少国家政策的优先考虑，给外国服务提供者进入本国市场设置重重障碍，而对服务出口则实行隐性补贴。未来，技术、政策等隐性壁垒仍将是全球服务贸易进程中的重大挑战。

3. 构建开放、包容、共享、均衡的服务贸易体系

2015 年，新兴经济体服务贸易额占全球服务贸易总额的比重已达到 33.7%，比 2005 年提高了 8.6 个百分点，与七国集团（36.5%）、欧盟 15 国（36.0%）相当。然而，长期以来服务贸易规则主要由发达国家主导制定，新兴经济体话语权较少。此外，在贸易规则制定时，发达国家在知识产权、环境保护、劳工利

① 广州 TBT 中心 .2015 年 TBT 通报与召回分析报告［EB/OL］. 广州技术性贸易措施综合服务平台，2016-02-01.

② 国家质检总局 .2015 年第一季度 WTO 成员 SPS 通报措施分析［EB/OL］. 中国农业外经外贸信息网，2016-12-23.

益、政府采购、碳排放标准等诸多方面提出了新兴经济体目前难以达到的标准。例如，发达国家要求不同发展水平的国家采用统一开放标准，且制度安排深入到成员国的体制、政策、标准等内部问题。这种高度的开放框架显然不适合大多数发展中国家。未来，在强调开放的同时，应充分考虑新兴经济体和广大发展中国家的现实基础和主要诉求，以构建开放、包容、共享、均衡的服务贸易体系为重点促进全球经济治理变革。

第三节　形成以服务贸易为重点的对外贸易新格局

服务贸易是衡量一个国家现代化水平的标志之一，也是大国间经济竞争的焦点。以服务贸易为重点形成我国对外贸易新格局，不仅是我国经济转型升级的重要驱动力，也是我国经济在中长期持续释放巨大内需潜力、保持中高速增长的重要推动力，更是提升我国在全球经济治理地位及全球贸易制度性话语权的重要基础。

一、以服务贸易为重点的开放转型

当前，无论是满足国内服务型消费需求快速增长的要求，还是推进“中国制造 2025”，加快推进以货物贸易为主向以服务贸易为重点的开放转型，不仅对我国产业转型升级有重要促进作用，而且对促进全球经济再平衡有着重要影响。

1. 我国对外贸易的短板集中在服务贸易领域

（1）服务贸易规模相对较小。2015 年，我国服务贸易进出口额已达 7130 亿美元，稳居世界第二位。但相对于我国 GDP 总量，我国服务贸易规模仍然较小。2015 年，我国服务贸易进出口额占我国 GDP 的比重仅为 6.5%，占贸易总额的比重为 15.3%，不仅远低于发达国家，也低于印度等发展中国家（见表 5.6）。

表 5.6：2015 年主要经济体服务贸易占比比较（单位：%）

国家	服务贸易占 GDP 比重	服务贸易占贸易总额比重
印度	12.6	29.0
美国	6.7	24.1
中国	6.5	15.3
日本	8.3	22.8
德国	16.5	18.9
英国	19.7	34.5
意大利	11.1	19.3
法国	19.5	30.9
世界平均	12.8	23.0

数据来源：中国数据来自国家统计局．中国统计年鉴 2016［M］．北京：中国统计出版社，2016；其他国家数据来源于联合国贸发会议（UNCTAD）统计数据库。

（2）服务贸易逆差不断扩大。2008–2014 年，我国服务贸易逆差从 116 亿美元增长到 1599 亿美元，年均增长 54.9%。2015 年服务贸易逆差有所缩小，但仍高达 1366.2 亿美元（见图 5.6），服务贸易逆差主要集中在运输服务、旅游和保险服务以及专有权利使用和特许费等领域。实际上，如果把那些生产在我国、知识产权掌握在别国手中的产品算上，我国服务贸易逆差更大。

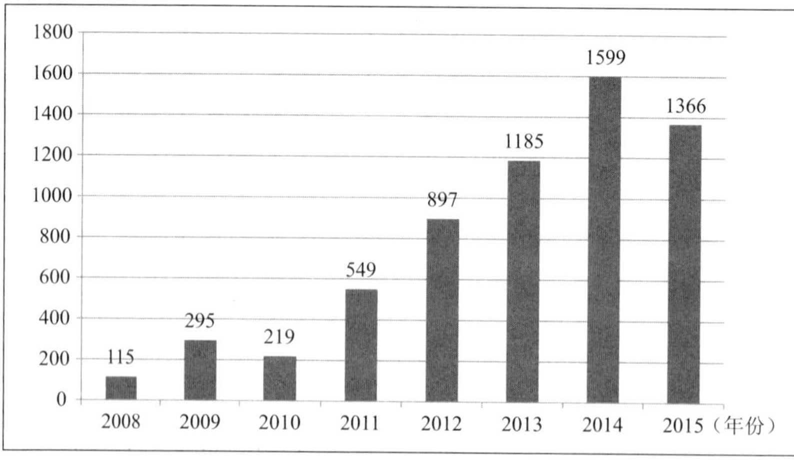

图 5.6:2008–2015 年我国服务贸易逆差额（单位：亿美元）

数据来源：国家统计局．中国统计年鉴 2016［M］．北京：中国统计出版社，2016.

（3）服务贸易结构有待优化。我国服务贸易仍以旅游、运输等传统行业为主，而在资本密集型、知识密集型服务方面较为薄弱。2015 年，旅游服务、运输服务贸易额占服务贸易总额的比重达 67.2%，金融、保险、知识产权、技术、电信、计算机和通信等新兴服务贸易额仅占服务贸易总额的 14.4%，其中金融、保险分别仅占 0.7%、1.8%（见图 5.7）。

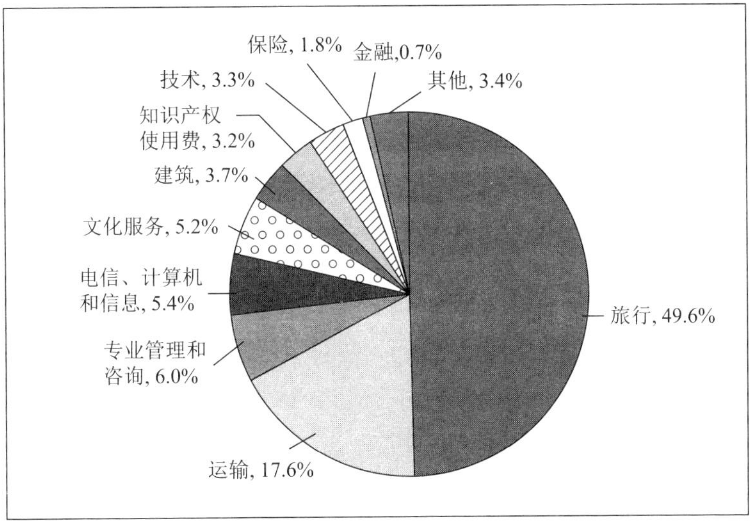

图 5.7：2015 年我国服务贸易结构

数据来源：国家统计局．中国统计年鉴 2016［M］．北京：中国统计出版社，2016.

（4）服务贸易国际竞争力亟待提高。2015 年，我国服务贸易 TC 指数与 RCA 指数分别为 –0.24、0.50，竞争力相对较弱（见表 5.7）。

表 5.7：2015 年主要服务贸易经济体服务贸易竞争力比较

国家	服务贸易出口占贸易出口的比重	服务贸易国际占有率	服务贸易比较优势指数（TC）	服务贸易显示比较优势指数（RCA）
美国	21.08%	14.5%	0.19	1.39
英国	43.84%	7.3%	0.25	1.96
中国	11.12%	6.0%	–0.24	0.50
德国	15.76%	5.2%	–0.08	0.70
法国	28.18%	5.0%	0.02	1.26

续 表

国家	服务贸易出口占贸易出口的比重	服务贸易国际占有率	服务贸易比较优势指数（TC）	服务贸易显示比较优势指数（RCA）
荷兰	23.89%	3.7%	0.06	1.07
日本	20.18%	3.3%	–0.05	0.90
印度	35.02%	3.3%	0.12	1.57
新加坡	26.55%	2.9%	–0.01	1.19
爱尔兰	47.69%	2.7%	–0.08	2.13

说明：如果 TC 指数大于零，表明国际竞争力较强，越接近于 1，竞争力越强；TC 指数小于零，则表明不具有国际竞争力，越接近于 -1，竞争力越弱；TC 指数为零，表明竞争力与国际平均水平相当。RCA 指数大于 2.5，表明该国该产业具有极强的国际竞争力；RCA 介于 1.25 ~ 2.5 之间，表明该国该产业具有很强的国际竞争力；RCA 介于 0.8 ~ 1.25 之间，表明该国该产业具有较强的国际竞争力；RCA 小于 0.8，表明该国该产业国际竞争力较弱。

数据来源：汤婧，夏杰长．我国服务贸易发展现状、问题与对策建议［J］．国际贸易，2016(10)．

2. 发展服务贸易具有全局影响

（1）为全球贸易持续增长注入新动力。目前，我国已成为世界第一大货物贸易国和第二大服务贸易国，2015 年服务贸易总额占世界的 7.7%[①]。“十三五”，我国经济转型升级对服务贸易的需求不断增强，服务业市场及服务贸易开放程度的不断扩大，使得我国服务贸易仍将保持较快发展态势，为全球贸易发展注入新动力。

（2）为全球经济增长增添新活力。随着城乡消费结构升级，我国 13 亿人的服务型消费大市场将成为国际服务贸易主体竞相争夺的目标。根据国家发改委宏观经济研究院预测，到 2020 年，我国健康产业（包括生物医药、医疗器械和健康服务业）产值规模将达到 14 万亿 ~ 16 万亿元[②]。加快服务贸易发展，释放

---

① 商务部.2015 年中国服务进出口额 7130 亿美元 占全球服务进出口总额 7.7%［EB/OL］. 商务部服务外包研究中心网，2016-04-19.

② 曹红艳. 战略性新兴产业稳增长作用凸显［N］. 经济日报，2016-02-22.

我国巨大的服务型消费潜力，可以缓解由于需求不足而导致的全球经济增长乏力的问题，使我国经济发展红利转变为全球红利。

二、形成服务贸易强国的新格局

把握我国服务业市场双向开放与新一轮全球自由贸易历史交汇带来的机遇，加快服务贸易发展，到2020年，在服务贸易规模、结构等方面实现重大突破，将显著提升我国在全球自由贸易进程中的地位和作用。

1. 实现服务贸易规模达到1万亿美元左右

“十二五”，我国服务贸易总额从3624亿美元增至7130亿美元，年均增长14.5%（见图5.8）。“十三五”，我国服务贸易有可能继续保持两位数增长。若持续保持10%以上的增速，到2020年我国服务贸易总额将至少达到1.1万亿美元，占对外贸易的比重将达到20%以上，初步形成以服务贸易为重点的对外贸易新格局。实现这一目标，关键取决于服务贸易的开放程度。

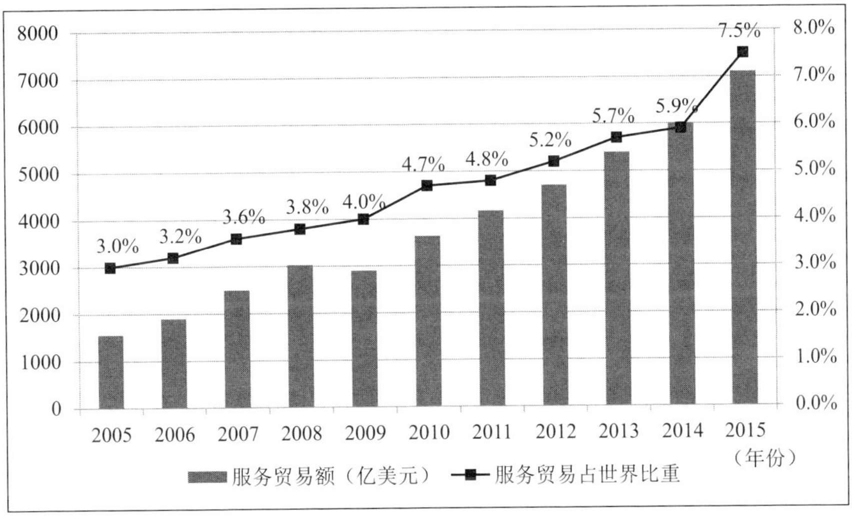

图5.8：2005-2015年我国服务贸易总额及占比（单位：亿美元，%）

数据来源：国家统计局．中国统计年鉴2016［M］．北京：中国统计出版社，2016.

2. 形成中高端服务贸易结构的新优势

2015年，旅游、运输两大服务贸易出口占我国服务贸易出口总额的53%。2016年上半年，电信、计算机和信息服务出口额同比增长16.3%；技术、知识产权使用及研发服务出口额同比增长11.2%；金融服务出口额同比增长35%；专业管理和咨询服务出口额同比增长8.8%①。上述四项服务出口占服务出口总额的比例提升至34.9%。2016年前三季度，我国与"一带一路"沿线国家和地区服务贸易额超过4400亿元，同比增长30%，服务贸易继续保持快速发展势头②。"十三五"，服务"一带一路"倡议，推进产能合作与服务贸易相融合，在提升传统服务贸易竞争优势的基础上，进一步拓展金融、保险、研发、设计、咨询、法律保障、文化等新兴服务贸易领域，加快高附加值服务出口，以服务贸易结构的优化提升我国在全球服务贸易中的竞争力。争取到2020年，知识密集、技术密集和高附加值服务贸易出口占服务贸易出口比重达到60%左右。

3. 提升我国在全球自由贸易中的地位

2015年，我国服务进出口总额继续保持世界第2位，其中服务出口居第5位，服务进口居第2位③。未来，以服务贸易为重点，加快构建"一带一路"自由贸易区网络，推进全球贸易投资规则重构，实现我国由贸易规则的跟随者向开放、包容、共享的新贸易规则的引领者转变。争取2020年实现服务贸易额占全球服务贸易的比重达到10%以上，将在以服务贸易为重点的全球双边、多边和区域贸易规则重构中发挥更重要的作用。

---

① 梁达. 服务贸易将成为经济增长新抓手［N］. 上海证券报，2016-10-13.

② 中国与"一带一路"沿线国家服务贸易额同步增长30%［N］. 中国贸易报，2016-12-29.

③ 商务部服务贸易和商贸服务业司. 2015年我国服务进出口规模稳居世界第二［EB/OL］. 商务部网，2016-10-11.

三、以服务贸易提升我国产业国际竞争力

服务贸易对服务业发展具有重要的促进作用。对于服务业相对落后的国家，在积极参与服务贸易国际竞争中提升服务业发展与开放水平，并以此来获得服务贸易带来的人才、资金、技术等先进要素的流入，实现国内服务业及相关制造业转型升级。

1. 以服务贸易加快服务业发展

（1）以服务贸易加速我国资本积累。从国际经验看，发达国家先进的信息基础设施是生产性服务业国际竞争力的一个先决条件。生产性服务业具有高附加值的特点，已成为国际直接投资的重点领域。由于独特的制造业优势，我国的生产性服务业越来越成为发达国家的投资首选。2015 年，高技术制造业实际利用外资 583.5 亿元（折合 94.1 亿美元），同比增长 9.5%①，远高于平均增速。以生产性服务贸易为重点积极引导国外直接投资投向高端生产性服务业领域，鼓励国外先进企业对国内服务业投资，并融入本地传统产业链条，积极发挥 FDI 对我国生产性服务业的提升作用，实现传统服务业的改造升级。

（2）以服务贸易加速我国技术积累。生产性服务业发展滞后是我国制造业转型升级的突出短板。在人才、技术等要素相对缺乏的情况下，积极开展生产性服务贸易，充分利用发达国家高新技术出口机遇，加速我国知识积累。同时，通过引进国外先进技术和管理带来的外溢效应，结合本地技术和知识积累，突破关键部件的技术创新，推动本地产业由单纯加工制造向价值链上游升级，使之发展成为一个相对先进和高端的服务型制造产业，从而促使整体产业升级。例如，根据普华永道思略特对全球 1000 家企业进行的“全球创新 1000

① 倪丹 .2015 年我国实际使用外资 7813.5 亿元 同比增长 6.4%［EB/OL］. 中国证券网，2016-01-20.

强（2007–2015 年）”调研，1000 强企业中的跨国公司在中国的科研投入增长率是 79%，在美国只有 34%[①]，这为我国培养了大批具有国际水准的研发人才，加速了我国生产性服务业的发展。

（3）以服务贸易加速我国服务业企业转型升级。服务贸易对我国服务业企业具有巨大的竞争效应，通过服务贸易开放，将我国服务业主体置于全球大市场中，深度参与国际竞争，倒逼服务业企业不断加大科研投入，提高服务业企业的国际竞争力，由此促进我国服务业企业转型升级。例如，计算机服务市场的开放使得计算机服务成为我国最大的服务贸易顺差部门。

2. 以服务贸易优化服务业发展环境

服务贸易逆差不仅仅是消费的数额和价差问题，背后还有我国服务型消费产品供给质量不高、国内市场信任度不高、质量监管滞后等深层次原因。以绿色食品消费为例。随着我国消费结构不断升级，居民健康等服务型消费需求全面快速增加。从现实情况看，出于对本国健康行业的不信任，我国大量居民选择出国就医。2016 年，我国海外就医花费总规模达到 1000 亿美元[②]，健康消费大量外流。未来，适应我国居民服务型消费需求快速增长大趋势，通过服务贸易的快速发展，加快国内消费产品和服务的质量和标准与发达国家对接，逐步在服务业领域建立起国际高标准的行业规范和行业标准，提振消费者对国内消费市场的信任度，让更多的消费留在国内。

3. 以服务贸易形成未来产业新优势

新一轮科技革命不断催生新的产业涌现，相当一部分新兴产业是高端服务业或是与高端服务业直接相关的制造业。例如，未来几年，数字经济在全球经济的占比将达到 22.5%，到 2020 年，将产生超过 44ZB（1ZB 相当于 10 万

---

① 普华永道思略特 . 2015 年全球创新 1000 强研究［R］. 普华永道，2015.

② 海外就医费用高达几十万上百万“奇迹”却只是个案［N］. 新民晚报，2016–09–18.

亿亿字节）的数据[①]。面对巨大的市场空间，德国发布《数字战略 2025》，明确了德国制造转型和构建未来数字社会的思路；英国出台《数字经济战略（2015–2018）》，旨在建设数字化强国；日本提出建设“超智能社会”，最大限度将网络空间与现实空间融合。适应全球服务业发展大趋势，充分利用全球科技革命带动新兴服务业重新洗牌的契机，加快推进数字经济、“互联网 +”等产业，形成未来国际竞争新优势。

四、以服务外包为重点培育我国服务贸易新优势

服务外包成为发展中国家参与全球服务分工体系、培育服务贸易比较优势的重要途径。适应全球服务外包快速发展的大趋势，充分利用我国人才、资金等要素优势，积极开展服务外包，推动我国由服务贸易大国向服务贸易强国迈进。

1. 我国服务外包的快速发展

我国服务外包起步晚却发展迅速。2012–2015 年，在全球贸易持续低迷的背景下，我国服务外包执行金额始终保持着两位数的增长，服务外包执行金额由 336.4 亿美元增加至 966.9 亿美元，增长了 187%，年均增长 40% 以上（见图 5.9）。2016 年上半年，我国企业签订服务外包合同 5000 多亿元，执行金额 3000 多亿元，同比分别增长 39.6% 和 13%。其中，离岸服务外包合同 3500 多亿元，同比增长 55.2%[②]。未来，随着云计算、大数据、移动社交、3D 打印等创新技术发展，基于国内巨大的 B2B、B2C 市场，包括医疗健康、教育、养老等行业的市场前景广阔。在我国政府政策支持下，随着欧美服务外包需求的不断增加，服务外包规模将以两位数的速度增长，到 2020 年，我国服务外包执行金额将达到 1600 亿美元以上，成为我国参与全球产业分工、发展服务贸易及提升

① 盛玉雷 . 数字经济，迈向经济发展“新蓝海”（评论员观察）——把握网络强国建设的历史契机［N］. 人民日报，2016–10–11.

② 毛庆 .2016 全球服务外包大会透露产业发展新趋势［EB/OL］. 光明网，2016–09–10.

产业价值链的重要途径。

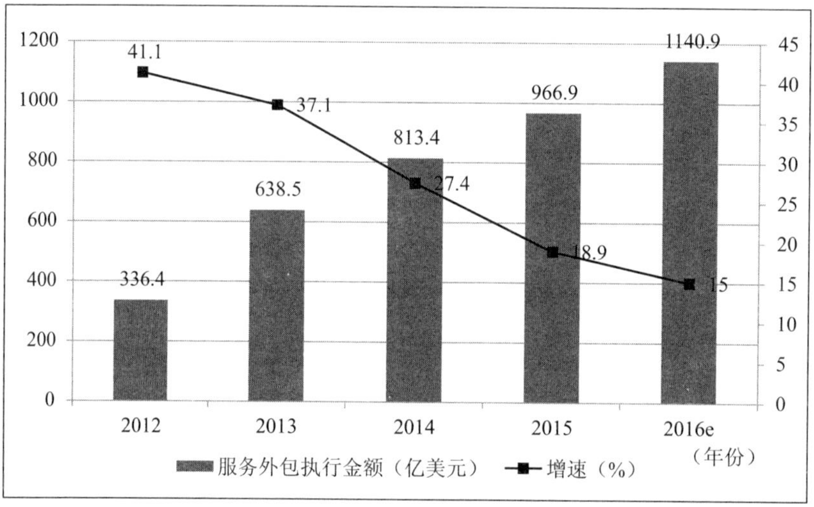

图 5.9：2012–2016 年我国服务外包执行金额及增速

数据来源：根据中华人民共和国商务部网站相关数据整理。

2. 以服务外包缓解服务贸易结构性失衡

服务外包可以吸引国际服务商对服务业的投资，促进接包国服务出口，提升服务贸易竞争力。2005 年之前，我国电信、计算机与信息服务贸易一直处于逆差状态，2006 年首次出现顺差（6.64 亿美元），截至 2015 年，顺差达到 156 亿美元[①]。电信、计算机与信息服务贸易顺差的持续扩大，在很大程度上得益于我国大力发展国际服务外包产业。未来，以优化环境为重点促进服务外包快速发展，应加大对知识产权保护力度，促进本国优势服务出口，不断扩大服务贸易顺差。

3. 以服务外包提升服务贸易竞争力

通过发展服务外包增加中间投入种类，提升技术水平和服务供给能力，提

① 数据来源：《中国统计年鉴 2016》。

高自身研发水平和管理经验；以大力发展服务外包城市，推进国内服务外包产业集聚发展、高水平发展；通过国际发包方提供的服务标准、服务规范等内容，全面提升我国服务业领域的技术标准、产品规范和运营能力；以信息技术为载体，使软件、数据信息等方面的创新成果加快向我国转移，促进其他服务业发展。

4. 以服务外包培育服务贸易发展主体

（1）以服务外包做强做优服务贸易企业。目前，我国服务贸易企业普遍规模相对较小、贸易覆盖面狭窄、人力成本不断增加、企业战略和资源整合能力较低。随着全球服务贸易竞争的加剧及服务贸易的知识密集化、高端化，迫切需要在服务贸易领域培育一批规模大、覆盖广的龙头企业。为此，以服务外包为载体，推动我国企业参与全球竞争，加速国外资本的流入和资本积累，提高我国服务贸易企业发展规模与国际竞争力。

（2）以服务外包培养服务贸易人才。通过承接服务外包增加高技术含量的工作岗位及相关企业，带动我国高端服务业发展。2007 年我国服务外包企业仅有 1731 家，从业人员为 42.5 万人。到 2015 年上半年，我国服务外包企业已超过 3 万家，从业人员达 655.6 万人，其中大学（含大专）以上学历 437.6 万人，占从业人员总数的 66.8%[①]。服务外包的快速发展不仅壮大了我国服务贸易发展主体，也为我国在知识密集型服务业领域培养了大批人才，为我国服务业结构升级与服务贸易为重点的开放转型奠定了重要基础。

---

① 李西林．我国服务外包产业由大变强路径何在［N］．上海证券报，2016-01-21.

第四节 国内自贸区转型重在发展服务贸易

服务贸易占比偏低，既是我国对外贸易的“短板”，又是我国推进自由贸易进程的“短板”。在这种情况下，以服务贸易为重点推进国内自贸区转型发展，对破题以服务贸易为重点的开放转型、发挥先行先试的示范作用至关重要。

一、自贸区转型发展的重大任务

国内自贸区建设的核心在于制度创新。适应全球服务贸易发展的大趋势及我国经济转型升级的内在需求，争取在服务业市场开放与服务贸易开放方面实现重大制度创新，成为未来我国自贸区建设的重大任务。

1. 需要着眼于国家对外开放大局

（1）着眼于服务业市场双向开放大局。“十三五”，服务业市场双向开放成为我国供给侧结构性改革与经济转型升级的关键一环。从现实看，我国服务业市场化程度低、开放水平低、服务水平低、服务产品价格高，已成为我国市场化改革与对外开放的突出短板。国内自贸区作为新一轮全球化背景下我国改革开放的试验田，要在服务业市场的双向开放方面，通过制度创新形成服务业开放的体制机制与风险防范机制，为全国范围内服务业市场开放与服务贸易发展提供可复制、可推广的经验。

（2）着眼于我国全方位开放大局。从2013年9月上海自贸区挂牌至今，国内批准的自贸区已有11个。从布局来看，现有国内自贸区覆盖沿海、中部、西部、东北四大区域，初步形成了先行先试的区域发展布局，成为服务国家战略、差异化对外开放的引擎；从战略需要来看，现有国内自贸区与振兴东北老工业基地、西部大开发、中部崛起、长江经济带、“一带一路”、“一国两制”等重大国家战略相吻合。从现实发展情况看，11 个自贸区与各部委、自贸区各部门与当地政府上级部门、自贸区内部各职能部门以及自贸区之间的互联互通水平较低，难以形成全方位开放的合力。为此，需要从国家层面加强国内对自贸区的总体谋划和战略考量，统筹考虑与国家重大开放发展战略的关系，同时结合各自特色，谋求国内自贸区转型发展的重大突破。

（3）着眼于参与国际贸易规则制定。国际金融危机以来，世界经济复苏乏力，各国都在寻求重振经济的新动力。贸易保护主义重新抬头，国际产业竞争与合作态势发生重大变化。围绕规则、秩序等问题的竞争日益激烈，尤其是服务业领域的投资与贸易规则成为新一轮全球化博弈的角力点。在此背景下，国内自贸区应着眼于全球贸易规则制定这个大目标，主动在符合我国现阶段发展水平与开放需求方面积极探索，为我国推动全球自由贸易进程、参与全球贸易投资规则制定、增加全球经济治理话语权提供实践依据。

2. 国内自贸区建设处于“尴尬”境地

（1）自贸区对服务贸易限制较多。一是我国负面清单数量相对较多。美国、澳大利亚、日本等主要发达国家的负面清单三个附件条款总共在 100 条左右，而我国 2015 年《自贸试验区负面清单》包含 15 个行业 50 个子行业的 122 条限制措施。且 122 条中仅包括现有的限制性措施，即 BIT 协定负面清单的附件一。尚不包括未来可能加严的限制性措施，相当于 BIT 协定负面清单的附件二。这些限制措施仅类似国外的附件一，尚不包括附件二。二是针对外国投资者的限制较多。发达国家较少对具体产业规定股份限制条款，越南等发展中国家的负面清单中保留了部分股比限制，但设定了有效期。目前，我国负面清单仍然在制造业与服务业中设定了外资股份限制条款。三是我国负面清单法律法规依据有待进一步提高。目前，我国负面清单内限制性措施仍未对法律来源及内容作具体说明。

（2）自贸区服务贸易发展思路不明晰。国内自贸区设立以来，国家各部委先后出台了系列文件以支持自贸区建设发展，但这些文件仅从各自领域和各自分管工作的角度提出了一系列推进措施。虽然充分体现了各领域对自贸区发展的特定要求，但也存在一定的管理与政策制定的部门化、碎片化等问题，使得政策的创新与实施效果大打折扣，削弱了自贸区在探索服务贸易发展的整体性和协调性。服务贸易发展的总体思路不明确，使得国内各自贸区在服务贸易开放等具体推进工作中难以统一形成强大的合力。

（3）自贸区制度创新自主权较小。国际化、市场化、法治化、便利化已成为当前国内自贸区制度创新的方向。但从具体层面来看，国内自贸区制度创新的路径和边界不清晰。目前，国内自贸区的制度改革创新路径一般为自下而上，客观上要求地方在制度创新中拥有较大的自主权。然而，大量的创新措施属于中央事权，使得自贸区先行先试的权力与积极性大打折扣。例如，外商投资准入属于中央事权，自贸区在外商准入方面需要向国家部委申请。未来，应在进一步总结自贸区制度创新基本边界的基础上，赋予其在某些关键领域先行先试的自主权，实现制度创新方面的更大突破。

3. 加大服务贸易开放的先行先试

服务业对外开放与服务贸易便利化是国内自贸区先行先试的重要内容。总体而言，经过 3 年的改革实践，国内自贸区在贸易投资便利化及市场监管等领域积累了丰富的经验，但在推进服务业市场开放与服务贸易发展方面，尚未有实质性突破，与国际上大多数自贸区的做法有较大的差距。在新一轮全球化大背景下，国内自贸区建设的突出矛盾不在于数量的多少，关键是能否在服务业市场开放及服务贸易开放方面实现重大制度创新。在以服务贸易为重点的更高标准的经贸规则上先行先试，不仅有利于我国进一步提升开放合作水平，助推“一带一路”战略，而且对我国参与国际经贸规则制定、以对外开放促进国内改革和发展、构建开放型经济体系都具有重要意义。

二、重在服务贸易开放的突破

负面清单在国内自贸区发展方面起到了重要作用，对全国推动以负面清单为重点的改革发挥了先行先试的作用。问题在于，由于体制机制问题，全球自贸区已经进入到以服务贸易为重点的新阶段，我国的服务业市场开放已经成为解决供给与需求不相适应问题的矛盾点。以缩小负面清单为重点加快对服务贸易开放的先行先试，是未来国内自贸区转型发展的重中之重。

1. 推动负面清单“瘦身”

（1）负面清单仍有巨大缩减空间。目前，国内自贸区在以负面清单为核心的投资管理体制改革、“多证合一、一照一码”、“商事主体证照卡”、“一口受理”等领域的改革取得了阶段性成果，但仍有较大“瘦身”空间。从各国负面清单条款数量来看，发达国家负面清单条款数量相对较少，3 个附件条款总数一般少于 100 条[①]，其中美国 – 韩国 FTA 中美国的 3 个负面清单不符措施总共才不到 40 条[②]。据统计，我国在 2015 版本的负面清单中，“禁止”、“不得”共出现 54 次，覆盖 13 个行业，主要体现在服务业领域[③]。

（2）大幅缩减负面清单数量。立足国内现有自贸区，以服务贸易为重点，制订更加精简的、具有国际标准的负面清单，争取到 2020 年，负面清单中对服务贸易的限制范围缩小到 40 项左右。通过区别不同类型的服务产业，分类纳入负面清单。

——对于建筑服务、运输等具有国际先进水平且目前市场竞争比较充分的服务业领域，不再列入负面清单，尽量减少限制性措施。如取消负面清单中“轨道交通运输设备制造限于合资、合作”的规定，不再限制外资在轨道交通运输设备制造中的股比份额；

——对于教育、养老、健康等市场开放程度不高、国际竞争力不强、政策

① 中国国际经济交流中心 . 中欧双边投资协定谈判的进展、难点及思路［R］. 2016-12-02.

② 张小明 .“负面清单”的国际经验及借鉴意义［J］. 开放导报，2014（6）.

③ 张玥 . 上海自贸区负面清单试行三年：让“沉默的权力”公开透明［N］. 南方周末，2016-03-07.

法规较多，但对外开放风险较小的领域，应积极扩大开放，仅保留部分必要的限制性措施，如考虑不再将医疗机构列入限制类领域；

——对金融、保险等远未达到充分市场竞争、市场开放度低、对外开放风险复杂的领域，应作为慎重开放领域，将现有限制措施尽量纳入负面清单中。

（3）提高负面清单透明度。一是尽快与国际接轨，对负面清单内的每一项限制性措施标明国内法律依据，并写明限制性措施的具体内容和详细要求；二是负面清单的体例应更加明了，如将限制性措施和禁止性措施分开规定；三是尽快完善一些无具体限制条件的特别管理措施，最大程度消除市场开放的隐性壁垒，减少寻租空间。

2. 加快对服务贸易开放的先行先试

（1）更大范围突破服务业市场开放的限制。引进国际惯例和市场准入规则与经营管理方法，突破服务业领域的政策与体制障碍，改善国内投资营商环境。通过放宽准入门槛和经营范围限制、拓展开放领域等，吸引境外服务业投资者进入当地市场，有效促进服务业竞争、提升服务水平，为我国在更高水平的国际服务业竞争中打造开放高地、形成国际竞争新优势。以放宽服务业市场准入换取其他国家国内服务业市场的相应开放，为我国服务业走向国际市场提供新的机会。

（2）加快服务贸易开放先行先试。国内自贸区可先在重点服务贸易领域的开放深度和广度上大胆尝试，在总结经验的基础上逐步扩大开放试点内容，参照发达国家和国际上高水平自贸区的服务开放模式和标准，尝试以更加精简的负面清单管理模式推进服务贸易与服务业市场的开放[①]。

（3）在试验基础上提出服务贸易新规则。以国内自贸区为平台，借鉴国际服务贸易最新规则，先行先试，为全面对接国际贸易规则积累经验。探索整合国内外规则，加快涉外经济体制改革，建立与国际接轨的市场开放和市场运行

---

① 赵晋平 . 自贸区的本质特征与创新点［EB/OL］. 人民网，2015-06-19.

体制与政策体系。在试验的基础上，将全球价值链、基础设施互联互通、发展援助、电子商务、产业园区等纳入新的双边、多边自贸协定。到2020年，初步形成中国版国际贸易规则特别是服务贸易新规则。

3. 以服务贸易为重点推进国内自贸区扩容

推动一批跨境经济合作区、跨境特区和跨境产业园区升级为自贸区。创新开发模式，在服务贸易自由化和服务业市场开放上加大力度，形成特色鲜明的服务贸易基地。扩大我国与周边地区信息、金融、保险、物流运输等相关服务贸易，促进文化、中医药、软件和信息等新兴服务出口，培育服务贸易竞争优势，形成服务贸易出口新的增长点。结合当地需求，争取中央支持并与当地政府协商，在境外合作贸易园区内推行服务贸易自由化、便利化政策，便于企业的跨境贸易活动。把以跨境金融服务为重点的服务贸易作为境外经济合作区建设的重要任务，不断深化经贸关系，构建合作共赢的周边大市场。

三、为服务贸易开放提供可复制的实践经验

在全球进入服务贸易为重点的新阶段，在国内以服务贸易为重点的开放转型中，要加快国内自贸区的转型升级，使之承担起服务业市场开放先行先试的重要作用，为其他地区的开放提供可复制、可推广的重要经验。

1. 客观评估国内自贸区的制度创新

2013年至今，国内自贸区由1个增加至11个。尤其是上海、广东、天津、福建四个自贸区形成了一系列制度创新举措。但是，这些制度创新的效果如何、哪些制度创新能够在全国范围内复制推广，对我国经济转型的推动效应，以及会产生哪些负面效应，还需要进行客观评估。这就需要从多个维度对自贸区的制度创新举措进行科学评估与研究，更好地实现自贸试验区对其他地区开放的示范作用。

2. 保持国内自贸区的自主性与灵活性

考虑到国内各个自贸区所在地区经济发展程度与开放程度不一，如果采取步调一致的方法推动开放战略，容易造成重复劳动、效率低下的问题，难以形成协同效应。因此，在中央层面明确对自贸区建设与发展的总体思路的前提下，允许其根据自身承载国家战略、发展需要及经济特点，探索尝试各种政策及体制机制创新，既有助于探索开放型经济发展的市场环境与体制环境，又便于进行风险防控，根据形势变化随时调整。例如，可以在现有负面清单的基础上，允许国内各个自贸区根据本区域发展要求相应调整负面清单内容，分别实行不同的负面清单。如可以以工业设计、研发、智能制造为重点，允许辽宁自贸试验区在生产性服务业及生产性服务贸易领域实行更加精简的负面清单，在提升东北装备制造业竞争力和对外开放水平方面实现重大突破；允许广东自贸试验区在金融、健康、旅游等领域实行更加精简的负面清单，促进粤港澳服务贸易快速发展；允许四川、重庆、陕西等自贸试验区在物流、信息、通信等领域实行更加精简的负面清单，为西部改革开放探索新路径。

3. 将自贸区建设与服务贸易创新试点工作相结合

为适应全球服务贸易快速发展与国内服务型消费需求全面快速增长的大趋势，国务院于 2015 年 2 月决定在天津、上海、海南、深圳、杭州、武汉、广州、成都、苏州、威海 10 个省市和哈尔滨、江北、两江、贵安、西咸 5 个国家级新区开展服务贸易创新发展试点。一方面，从布局来看，服务贸易试点城市与自贸试验区布局具有很大的重合性；另一方面，服务贸易开放成为服务贸易试点城市与国内自贸区的共同任务。在具体推进工作中，某些制度创新需要分头向国家各部委申请，形成重复劳动、效率较低等问题。为此，应将国内自贸区有关服务贸易开放领域的制度创新工作与服务贸易试点城市相关工作结合起来，扩大国内自贸区对地方经济的拉动效应。

第五节　推进粤港澳服务贸易一体化

抓住全球服务贸易发展的大趋势，以粤港澳服务贸易一体化为重点推进粤港澳区域经济一体化，为推动我国以服务贸易为重点的区域开放做出重要示范，为新时期拓展“一国两制”作用空间，发挥两个市场、两种体制优势做出重要探索。

一、粤港澳区域一体化的重大选项

CEPA 签署以来，广东作为对港澳服务贸易开放先行先试的首个省份，三地经济联系日益紧密，合作的层次与水平不断提高。加快推进服务贸易一体化，将成为新阶段深入推进粤港澳区域一体化的现实选择和重大选项。

1. 服务贸易成为新时期粤港澳经贸合作的重点领域

（1）粤港澳服务贸易呈现快速增长态势。在全球经济不景气和全国外贸形势严峻的大环境下，粤港澳三地服务贸易仍呈现快速增长态势。自 CEPA 实施以来，香港服务出口年增长达到 9.9%，澳门服务进口市场也集中于粤港地区，约占其进口总额的 53%。2013 年，广东与港澳实现服务贸易进出口额 789.36 亿美元，其中与香港服务贸易进出口额 777.67 亿美元，同比增长 40.23%，增速远超同期全国服务贸易 14.7% 的增长率①。

（2）港澳成为广东服务业外商直接投资的主力军。2014 年，香港投资广东服务业项目合同金额为 188.3 亿美元，占全省服务业合同外资金额的 79.9%，实际投资 91.7 亿美元，占全省服务业实际吸收外资的 71.7%。截至 2015 年年

---

① 马晓澄 . 广东省港澳办主任廖京山：粤港合作体现“一国两制”优越性［EB/OL］. 新华网，2014-08-26.

底。广东来自港澳外商直接投资达212.16亿美元，占广东全省外商直接投资的78.9%（见图5.10）。2015年，在广东的港资企业达5.3万余户，占广东外商投资登记企业总数的50.9%[①]。

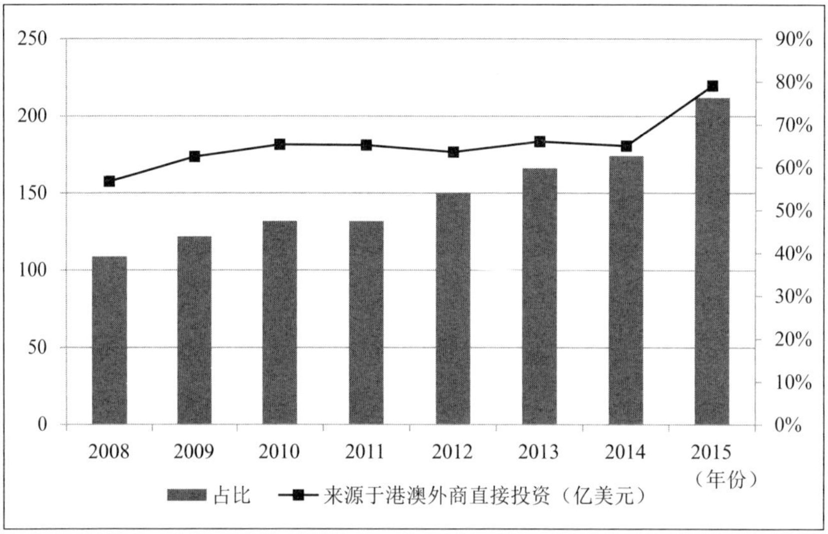

图5.10：广东来源于港澳外商直接投资额及占比

数据来源：广东省统计局．广东统计年鉴2015［M］．北京：中国统计出版社，2016.

2. 以服务贸易一体化实现粤港澳区域经济一体化的新突破

（1）以粤港澳服务贸易一体化实现生产要素无障碍自由流通。粤港澳服务贸易一体化，就是通过实行国际通行的自由贸易政策和更加开放的体制机制，在服务领域推动三地打破境内外的各种体制壁垒，促进服务和与服务有关的人员、资本、货物、信息等要素自由流动。

（2）以粤港澳服务贸易一体化打造区域经济合作升级版。过去30年，珠三角凭借改革开放"先行一步"的制度优势和毗邻港澳的地缘优势，承接了港澳地区的产业转移，建立起"前店后厂"式跨境生产与服务纵向一体化合作模式。

① 曾俊华．冀粤港互补优势共赢 粤发改委倡设对接机制［EB/OL］．大公网，2016-07-15.

近年来，在CEPA框架下，粤港澳合作虽然在不断推进，但实质性进展缓慢。广东与港澳地区之间出现了从合作大于竞争转向竞争大于合作的态势，既有穗、港、深的“区域龙头”之争，又有国际机场、港口、大型物流中心的重复布局，而且各城市之间在发展定位、产业结构上还出现雷同等，这使得粤港澳实现错位发展，优势互补面临新的挑战。其中重要的原因之一在于尚未找到粤港澳之间产业合作的结合点。以服务贸易为重点，以广东自贸试验区为载体，推进粤港澳服务贸易一体化，是“一国两制”方针下发挥各自优势，创新区域合作模式，深化区域合作领域，谋求利益共同体的重要举措。

（3）以粤港澳服务贸易一体化提升三地产业国际竞争力。港澳服务业已经占据绝对主导地位，占比超过90%。近年来，港澳产业升级趋缓，发展空间受限，竞争优势减弱。香港要稳固提升其国际金融、贸易、航运中心地位，澳门要解决博彩业一业独大的问题，最直接最有效的途径就是通过大力发展服务贸易来提升服务业的国际竞争力。而广东作为港澳的重要经济腹地和进入内地的重要桥梁，放开服务贸易市场，将大大拓宽港澳服务业发展空间。目前，广东制造业发展面临外贸需求持续萎缩和制造业企业成本上升的双重压力，产业转型升级的需求巨大，需要发挥港澳服务业示范效应，加快打造现代服务业基地。

3. 粤港澳服务贸易一体化条件总体成熟

（1）粤港澳服务贸易具有较强的互补性。港澳服务业高度发达。2014年，香港、澳门服务业占GDP的比重分别为92.7%、94.8%[①]。2015年，广东服务业占比首次超过50%，达到50.8%，对GDP增长的贡献率达到57.1%[②]，服务业的快速发展为三地发展服务贸易奠定了扎实的产业基础。从三地服务贸易结构看，2015年广东生产性服务业占服务业的比重为53%[③]，其中在批发经纪代理服

---

① 香港数据来源于香港政府统计处；澳门数据来自于澳门统计普查局。

② 广东统计局．广东统计年鉴2016［M］．北京：中国统计出版社，2016.

③ 戴春晨．广东寻找新动力：2020年生产性服务业 占GDP比重要超三成［N］.21世纪经济报道，2016-07-08.

务、信息技术服务、商务服务、生产性支持服务等领域具有比较优势，但在运输服务、旅游、金融、知识产权使用等领域劣势明显。从香港服务贸易结构来看，运输服务、旅游、金融是其三大顺差部门，具有较强的贸易优势；制造服务、其他商业服务具有比较劣势（见图 5.11）；而澳门旅游和博彩业是其绝对主导产业。粤港澳服务业领域的优势互补，创造了服务贸易合作需求。

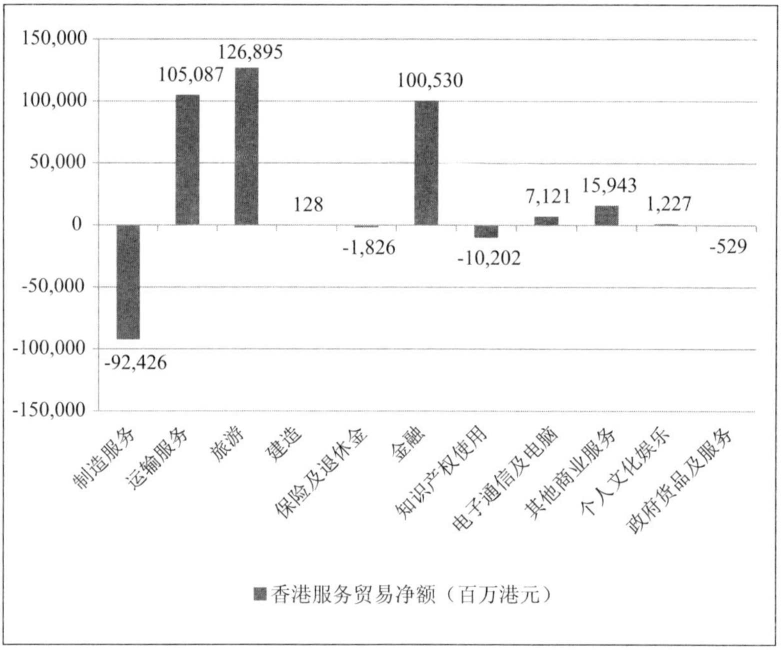

图 5.11：香港服务贸易净额结构对比

数据来源：香港政府统计处。

（2）粤港澳服务业领域开放度不断扩大。2003 年 6 月和 9 月，内地与港澳特区政府分别签署了 CEPA。为了进一步强化港澳与广东的区域性经贸合作，自 2008 年签署 CEPA 补充协议五开始（2009 年起生效），实施服务业对港澳扩大开放在广东先行先试。2014 年 12 月，广东省对港澳基本实现服务贸易自由化的协议签署，明确提出“2014 年年底前率先基本实现粤港澳服务贸易自由化”目标。根据《广东国民经济和社会发展第十二个五年规划纲要》总结评估报告显示，到 2015 年，广东服务业对港澳开放部门达到 153 个，涉及世界贸易组织服务贸易 160 个部门总数的 95.6%。粤港澳服务业合作领域已从传统的房地产、商业、餐饮、交通运输业拓宽到商务服务、信息服务业、科技研发、工业设计、计算机服务和软件等高附加值的现代服务业。

（3）粤港澳三地基础设施对接良好。基础设施对接是粤港澳三地经贸更紧密合作的基础。目前供水供电与陆路交通设施对接较好。供水方面，香港回归以来，深圳为香港供水量已达 70 多亿吨，东江水供港已占香港淡水使用量的 90%；而澳门 98% 的原水来自珠海西江磨刀门水道；供电方面，广东对港供电连续多年突破 100 亿千瓦时。珠海对澳门供电大幅度上升，占澳门总电力需求的 60% 以上①；近年来，龙华地铁线、港珠澳大桥、广深港高速铁路、深港西部快速轨道线、莲塘 / 香园围口岸等交通设施相继建设，将港澳纳入粤“一小时生活圈”，为三地服务贸易发展创造了便利条件。

（4）粤港澳服务贸易合作平台初步形成。广州南沙、深圳前海、珠海横琴是广东省全力打造的推动粤港澳服务贸易自由化的示范区。截至 2016 年 3 月底，前海新区内注册港资背景企业 3113 家（含港企再投资企业 318 家），注册资本合计 3662.31 亿元。横琴结合外商投资负面清单和 CEPA 协议，制订面向港澳的负面短清单，比国家级自贸区负面清单缩短了 30%②。2015 年，广东自贸试验区获批，广州南沙、深圳前海、珠海横琴作为粤港澳服务贸易自由化重要平台的作用将进一步凸显。

二、实现粤港澳服务贸易一体化政策与体制的统一

推进粤港澳服务贸易一体化，关键在于打破服务业与服务贸易开放的制度性壁垒，推动服务贸易政策与体制一体化，实现生产要素无障碍自由流动。

---

① 陈丽君 . 加强粤港澳基础设施对接的契机［N］. 南方日报，2009-04-15.

② 迟福林 . 自贸区转型发展的历史新起点——以服务贸易为重点的二次开放［N］. 中国经济时报，2016-09-13.

1. 体制壁垒成为制约粤港澳服务贸易一体化的突出障碍

（1）服务业领域尚未对港澳完全放开。例如，广东在教育、医疗卫生、基本住房、公共文化等基础性公共服务行业还未实现彻底放开；在旅游、金融、电信、铁路、民航等垄断行业，市场开放仍面临种种限制。例如，在《内地向香港开放服务贸易的具体承诺》中仍规定，旅行社和旅游经营者服务领域内“独资设立旅行社试点经营内地居民前往香港及澳门以外目的地（不含台湾）的团队出境游业务限于5家”，大大限制了港澳业界来广东投资设立旅行社。

（2）资本难以在三地之间自由流通。实现投资贸易便利化的关键是资本的自由融通。粤港澳仍然使用不同的货币，港澳的金融市场发展高度市场化，资金可自由出入金融市场，广东则实行较为严格的外汇管制，企业境外投资审批效率较低。例如，企业在300万美元以下的境外投资要由省级外汇管理部门审批，300万美元以上的则要到国家外汇管理部门审查批准，阻碍了粤港澳资金在各地区之间自由流动，增大了投资者进行跨境投资的换汇风险和换汇成本。

（3）服务人员难以在三地之间自由流动。港澳对内地人员的进出限制较多，签证手续烦琐。某些广东企业工作人员在办理赴港签证时，还需要到其本人户口所在地公安部门办理有关审批手续；此外，在对待港澳人员上，仍然视为“境外人员”，在学位、培训、科研、执业资格上尚未实现互认，制约了人才在三地之间的自由流动。例如，在医疗领域，在香港大学和香港中文大学的医学（西医）专业本科以上学历的香港永久性居民，在香港完成了1年的实习期并已取得香港合法行医权后，仍需参加内地医师资格考试，考试合格才能开展医疗服务。

（4）三地服务行业管理标准、经贸规则不对接。在粤港澳区域经济合作过程中，广东与港澳地区在教育、卫生、科技、文化等方面的资质认证和评估标准差别较大，出现实施合作程序多、实施步骤不同步、效率低下等问题。据香港理工大学反映，其深圳研究院只能使用工业用电，运作成本较高。

（5）三地关税制度与政策不对接。一方面，三地实行不同的关税制度。港澳均为独立关税区，实行的是高度开放的自由贸易政策，而广东在对外贸易上存在更多的限制。例如，广东海关将港澳科研机构认定为“境外法人事业单位”，对港澳科研设备入境征收高额关税。另一方面，税收政策不统一。例如，国家对港澳科研人员视为境外人员。根据国家有关税法，香港高校派往大陆工作的专家和高端人才，在内地停留 183 天后，须按照内地标准征收个人所得税，造成了对港澳科研人员双重征税的问题。

2. 创新粤港澳服务贸易负面清单管理模式

（1）对港澳地区全面放开服务业市场。广东在教育、医疗卫生、基本住房、公共文化等公共服务行业向港澳全面放开；在金融、电信、铁路、民航等垄断服务行业进一步向港澳开放，实现粤港澳服务业市场一体化。

（2）为港澳制定更加优惠的准入负面清单。在现有对全球投资者负面清单的基础上，梳理对港澳服务提供者更开放的措施，实行更加开放的服务贸易市场准入机制，取消或放宽对港澳投资者的资质要求、股比限制、经营范围等准入限制，对港澳投资制定实施准入特别管理措施。

（3）赋予广东自贸试验区在负面清单管理上更大的试点权。放宽服务领域投资准入，对负面清单以外的外商投资项目实行备案制，同步实施内资投资项目负面清单。在广东自贸试验区实现与香港商事制度接轨，形成更为精简的负面清单新版本。

3. 实现粤港澳金融服务一体化

（1）扩大金融服务业对港澳开放。降低港澳保险、证券、基金管理公司进入广东自贸试验区的门槛；按照“准入前国民待遇加负面清单”管理模式，完善金融业准入管理，简化金融机构和企业办理业务的流程和方式；放宽港澳金融服务业务范围。发展与港澳地区保险基金、信托、商品期货交易等，支持商业银行在自贸试验区内设立机构开展外币离岸业务。

（2）创新粤港澳地区跨境人民币业务。一是推动粤港澳人民币信贷市场对接，开展广东自贸试验区与港澳地区双向人民币融资业务和跨境人民币信贷资产转让业务。二是推动粤港澳人民币资本市场对接。探索自贸试验区企业在香港股票市场发行人民币股票，支持粤企业在香港发行人民币债券和香港企业在境内发行人民币债券；支持粤港澳三地机构在自贸试验区共同设立人民币海外投贷基金。三是建立人民币与港币、澳门币联系汇率制度。

（3）推进粤港澳投融资汇兑支付便利化。

——推进货币兑换服务便利化。推动个人本外币兑换特许机构、外汇代兑点发展，便利港元、澳门元在自贸试验区兑换使用，为港澳居民在自贸试验区工作、生活提供便捷的货币兑换服务。

——推进跨境支付服务一体化。推动广东自贸试验区公共服务领域的支付服务向粤港澳三地银行业开放，逐步推进粤港澳三地支付服务同城化建设；推动广东自贸试验区公共服务领域的支付服务执行统一标准，打造金融 IC 卡刷卡无障碍示范区，率先实现金融服务和社会服务“一卡通”。

——开展资本项目可兑换改革试点。将直接投资外汇登记下放银行办理，外商直接投资项下外汇资本金可意愿结汇，进一步提高对外放款比例。

（4）建立粤港澳金融风险共同防范机制。成立粤港澳金融协调监管委员会，协调处理三地之间有关互设金融机构、货币互换和汇兑机制、互相信用支持、金融信息交换、金融风险防范和合作监管机制等金融事务；建立粤港澳金融调解与仲裁、诉讼的对接机制，依法维护金融消费者合法权益；建立粤港澳反洗钱和反恐怖融资监管合作机制，防范非法资金跨境、跨区流动。

4. 创新粤港澳服务人员流动便利化机制

（1）实行更加便利开放的出入境政策。广东自贸试验区内地人才赴港澳“一签多行”。自贸试验区对广东居民往来澳门、澳门居民往来内地推行一地两检、合作查验、一次放行等查验方式，并逐步扩大适用范围；加快实施澳门车辆在横琴与澳门间便利进出政策；制定粤港、粤澳游艇出入境便利化措施，通过简化出入境手续，实现人员流动便利化。

（2）推进粤港澳职业资格互认试点。尽快落实和完善专业资格互认，逐步取消对港澳专业人员的各种限制，允许港澳地区取得专业资格的人员到广东提供专业服务。

（3）率先在广东实行对港澳居民的自由落户政策。广东率先对港澳居民全面实行居住证制度，保证港澳人才在广东获得国民待遇的同时，享受当地教育、医疗等公共服务。

（4）鼓励港澳人才到广东自贸试验区就业创业。设立港澳青年创业园，为港澳青年的创业项目提供孵化器等方面的支持；探索在广东自贸试验区工作、居住的港澳人士社会保障与港澳有效衔接；专门制定港澳人才认定办法，给予项目申报、创新创业、评价激励、服务保障等方面政策支持，让港澳人才能够更方便地到自贸试验区就业创业。

5. 推进粤港澳行业标准与管理规则相对接

（1）利用三大平台率先推进服务行业管理标准和规范全面对接。在深圳前海、珠海横琴、广州南沙三大粤港澳合作平台全面试点制度创新，适应粤港澳服务业市场开放的趋势，将体制对接融合的范围从经济体制扩大到社会体制乃至行政体制。

（2）试行粤港澳认证及相关检测业务互认制度。在广东自贸试验区内实行“一次认证、一次检测、三地通行”，大胆放开港澳认证机构进入自贸区开展相关业务，并享受与内地认证机构、检查机构和实验室同等待遇；加强粤港澳产品检验检测技术和标准研究合作，推动粤港澳在现代服务业标准体系建设。

（3）推进粤港澳市场监管执法标准对接。针对与港澳市场监管执法标准差异问题，制定与港澳市场经营行为差异化责任豁免目录。

（4）充分发挥行业协会在对接行业管理标准和规范中的作用。借鉴港澳服务行业协会管理机制，探索把服务相关行业的管理职能交由社会组织承担，强化行业自律，探索与港澳的行业管理标准和规范衔接。进一步发挥香港中介组织的桥梁作用，加强两地合作，拓展服务范围，为广东企业提供包括产品开发、研究咨询、人才培训、检验检测、金融等服务，有效推动广东服务业标准与国际接轨。

6. 建立粤港澳服务贸易一体化通关监管体制

（1）推进粤港澳通关体制一体化。一是推行通关监管服务一体化。在广州南沙保税港区、深圳前海湾保税港区等海关特殊监管区域，实行“一线放开”、“二线安全高效管住”的通关模式。二是简化检验检疫流程。推进二线监管模式与一线监管模式相衔接，在一线实施“进境检疫，适当放宽进出口检验”模式，在二线推行“方便进出，严密防范质量安全风险”的检验检疫监管模式。三是对于海关特殊监管区域规划面积不能满足发展需求的，可根据实际情况适当扩大区域面积。

（2）创新粤港澳服务贸易快速通关模式。加快电子平台建设，推进三地信息互换和执法互助，进一步提高粤港、粤澳通关便利化水平；创新粤港澳快速通关模式，支持粤港澳创新多式联运监管体系；支持深港物流跨境快速通关，开展珠澳两地小商品快速通关模式试点。

三、粤港澳服务贸易一体化在“一国两制”中有着独特作用

推进粤港澳服务贸易一体化，为新时期实现“一国”前提下的“两制”对接，拓展“一国两制”作用空间，发挥两种体制、两个市场优势作出重要探索。

1. 以粤港澳服务贸易一体化实现“一国”前提下的“两制”深度对接

“一国两制”方针是保障国家领土主权完整，维护港澳地区长期稳定繁荣的重大战略。“一国两制”的核心目的是在凸显“一国”共同利益的前提下，突出两种制度之间的协调、互补、共生、共享、相融。由于粤港澳实行不同的经济运行机制、政府管理体制和法律框架，“一国两制”在实施过程中遇到许多困难。推进粤港澳服务贸易一体化，重点是打破体制壁垒，通过区域经济一体化来实现“两制”的有效衔接。

2. 以粤港澳服务贸易一体化保持港澳政治稳定和长治久安

从实施进展看，港澳实行“一国两制”总体顺畅。但随着香港走入政改阶段，在民主政治涉及意识形态等问题上遭遇挑战。为此，以服务贸易为重点推进粤港澳区域经济一体化成为深入有效实施“一国两制”的重要突破口，以区域经济一体化来带动港澳与大陆社会融合和政治融合，为保持港澳政治长期稳定和经济繁荣发展提供重要保障。

3. 实现产业项下自由贸易政策的突破

实行产业项下自由贸易政策对“一国两制”有重要作用。以横琴自贸区为例，如果横琴自贸区在扩大服务贸易规模、降低服务贸易成本、扩大服务业市场开放、创新服务贸易开放制度上取得新的突破，不仅将对粤港澳服务贸易一体化形成更大的推动，也将对新阶段有效实施“一国两制”、推动以服务贸易为重点的“二次开放”提供重要经验。在横琴自贸区全面放开服务业市场，缩小负面清单；以旅游、健康、教育、文化为重点，逐步实现与澳门服务贸易一体化；率先实现横琴、澳门旅游贸易一体化；推进横琴自贸区的管理体制和运行机制变革；将横琴自贸区由 28 平方千米扩容到横琴整个管理区。

四、加强顶层设计与顶层推动

推进粤港澳服务贸易一体化涉及开放理念、“一国两制”、三个关税区等一系列问题，仅靠三地区域自身力量难以实现突破。为此，需要从中央层面加大顶层设计与顶层推动，统筹协调粤港澳三地利益，破除政策与体制障碍，进而形成推动粤港澳服务贸易一体化的合力。

1. 推动粤港澳服务贸易规划一体化

（1）实现五个统一。把珠三角 9 市和香港、澳门作为整体来考虑，强调“一国”框架下的城市群建设，做到统一规划、统一产业布局、统一基础设施建设、统一政策与体制、统一环境保护。

（2）出台《关于推进粤港澳服务贸易一体化指导意见》。针对粤港澳服务贸易发展中面临的体制与政策障碍，建议国务院从区域发展战略的角度出发，做好顶层制度设计，出台相关指导意见和行动方案，为推进粤港澳服务贸易一体化提供体制保障。

2. 从中央层面成立粤港澳服务贸易一体化协调机制

（1）成立“粤港澳服务贸易一体化”领导小组。粤港澳服务贸易一体化涉及广东与香港及澳门之间的有效协调，应从中央层面成立高规格的协调机制，加强对粤港澳服务贸易一体化的指导、督办、落实。

（2）成立粤港澳三地共同参与的联席会议制度。建立粤港澳高层定期会晤机制，推动重大合作事项，协调各方利益关系，形成发展共识；以推动粤港澳服务贸易一体化为重点建立粤港澳三方联席会议制度，形成粤港澳三地服务贸易一体化的长效合作机制。

（3）推动粤港澳三地社会组织的合作。支持粤港澳三地不同的商会、行业协会等社会组织加强交流与合作，形成粤港澳区域经济一体化的社会合力。

3. 解放思想、转变观念

第一，改变过去将港澳地区作为境外合作对象的传统观念。从服务贸易一体化的现实需求出发，将港澳当成大珠江三角洲地区重要的一员进行整体考虑和安排。第二，关于“一国两制”不能简单地理解为只有“两制”的差异，而没有突出“一国”的大前提。第三，改变以增加自贸区来实现粤港澳服务贸易一体化的观念。对广东而言，区域开放的主要矛盾不在于再增加多少个自贸区，而在于服务贸易开放政策方面与香港、澳门一体化的实现程度。

第六章

经济转型的决定性影响

在“二次开放”中赢得国内发展和国际竞争的主动，具有决定性意义的举措是推进经济转型进程，释放经济转型的巨大增长潜力，为我国未来 10 年 6% 左右的经济增长提供重要支撑。这就需要深化以经济转型为目标的结构性改革。

我国是一个发展大国，也是一个转型大国，经济转型处在重要的历史阶段。经济转型不仅对实现自身可持续增长具有决定性影响，而且对我国在“二次开放”中推动经济全球化进程也有决定性影响。

第一节　经济转型决定增长前景

2010年到2016年，我国经济增速依次为10.4%、9.3%、7.7%、7.7%、7.4%、6.9%、6.7%①，经历了连续7年的下降。这是改革开放以来持续时间最久、幅度最大的一轮经济下行。作为全球第二大经济体，我国如何稳定经济并实现可持续增长，成为国际国内普遍关注的焦点之一。

一、经济增长直接依赖经济转型

我国进入工业化后期，经济结构正面临大规模的转型。尽管当前经济增长速度下降有周期性的因素，但决定性因素是经济转型。

1. 产业层面的增长是转型问题

（1）工业增长是转型问题。2010年以来，我国工业部门增速持续下降（见图6.1）。工业增速下降并非所有工业同时下降，而是传统产业增速快速下降与

① 人民日报首提“新方位”：中国经济怎么看怎么想怎么干［N］. 人民日报，2016-12-13.

高技术产业和装备制造业的快速增长并存，“创造性破坏”的特点突出。2016年规模以上工业增加值同比增长6.0%[1]，而战略性新兴产业同比增长10.8%，其增速比规模以上工业增速高4.8个百分点。未来3 ~ 5年，工业增长取决于传统产业去产能，更取决于传统工业整体的转型升级和战略性新兴产业的规模扩张。

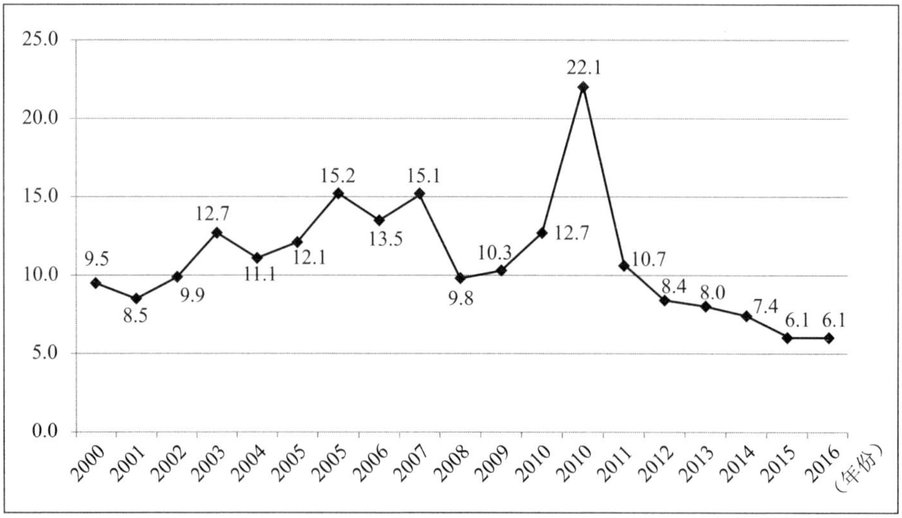

图 6.1：2000–2016 年第二产业增长率（单位：%）

数据来源：根据《中国统计年鉴 2016》和《2016 年国民经济实现“十三五”良好开局》整理。

（2）服务业增长是转型问题。在三次产业结构中，服务业增长速度远快于GDP增长速度，成为拉动经济增长的“第一引擎”（见图6.2）。但由于服务业整体水平不高，旅游、教育、医疗、文化等服务需求外流的矛盾比较突出，服务需求未能充分释放。强化“第一引擎”作用，关键是传统服务业要通过转型来提升国际化的服务供给能力。

① 国家统计局.2016年国民经济实现“十三五”良好开局［EB/OL］.国家统计局网.2017-01-20.

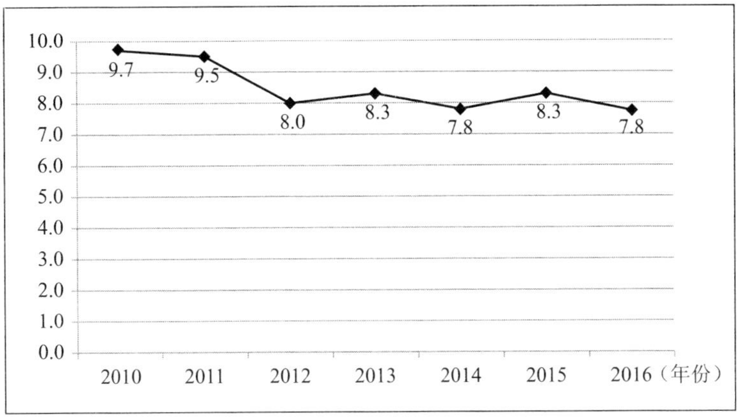

图 6.2：2010-2016 年我国服务业增长率（单位：%）

数据来源：根据《中国统计年鉴 2016》和《2016 年国民经济实现"十三五"良好开局》整理。

（3）农业增长是转型问题。在现代化进程中，农业增加值占 GDP 比重下降是各国经济发展的共同规律。问题在于，农业发展应当伴随着劳动生产率的提高。2015 年，我国农业人口占社会总人口近一半左右，大约为 6 亿人，而农业增加值占 GDP 的比重仅为 9.0%。相比美国，3 亿人口中从事农业的不到 300 万人，不足人口总量的 1%，却生产了可以供养 10 亿人的粮食。

2. 企业层面的增长是转型问题

（1）新科技革命加剧企业优胜劣汰。转型快的企业"赢者通吃"，转型慢的企业则陷入困境。以手机企业为例，2016 年第三季度全球智能手机行业营业总利润为 94 亿美元，苹果一家就拿下了其中的 85 亿美元，份额为 91%[①]。原来许多知名的手机生产厂商则由于转型慢而导致利润快速下滑。

（2）企业快速转型才能赢得未来。2015 年，全国规模以上工业企业实现利润总额 63554 亿元，比上年下降 2.3%，这是同比增速多年来首次下降[②]。2016 年出现的民间投资大幅下滑，"一家上市公司的利润抵不上卖一套房子"等现

① 三季度智能手机总营业利润 94 亿美元，苹果有 85 亿［EB/OL］. 网易财经，2016-11-23.

② 国家统计局 . 2016 中国统计摘要［M］. 北京 : 中国统计出版社，2016.

象，与某些企业转型过于迟缓直接相关。

（3）国有企业转型滞后矛盾尤为突出。在产能过剩条件下，国有企业去产能相当重要。但同时应当看到，如果国有企业没有转型升级，就难以找到未来的发展出路。2016 年 1–9 月，国有企业利润总额为 17206.8 亿元，同比下降 1.6%，其中中央企业实现利润 11915.6 亿元，同比下降 5.4%①。

3. 区域层面的增长是转型问题

（1）经济转型成为区域经济竞争的决定性因素。改革开放 38 年来，区域经济发展的格局正在重新洗牌。传统产业比重过高，转型慢的地区在新一轮经济竞争中落伍，新兴产业比重增长较快、转型较快的地区在新一轮经济竞争中脱颖而出。

（2）一些地区经济增速快速下行，主要矛盾是经济转型迟缓。以东北为例，2015 年，东北三省 GDP 总量为 5.78 万亿元，比 2014 年仅增长 0.6%。其中，辽宁、吉林、黑龙江三省的 GDP 实际增速分别仅为 3.0%、6.5% 和 5.7%，名义 GDP 增长率为 –0.3%、3.4% 和 0.3%。主要问题是占比较高的传统工业不能适应新形势而快速下降。以辽宁省为例，规模以上工业增加值增速逐年下滑，2011 年、2012 年、2013 年和 2014 年分别为 14.9%、9.9%、9.6% 和 4.8%，2015 年更是下滑到 –4.8%②。

（3）一些地区经济持续领跑全国，主要得益于经济快速转型。以重庆为例，2015 年，重庆市 GDP 增速继续领跑全国，达到 11%，连续 14 年维持两位数增长，这与取得了经济转型主动权直接相关。重庆过剩产业收入占工业产业总收入的比重仅为 10% 左右，而作为新兴产业的汽车、电子、金融占比则比较高。汽车和电子行业增加值增速分别为 14.8% 和 24.6%，二者对工业增长的贡献率

---

① 财政部 . 1—9 月国企利润总额同比下降 1.6% 钢铁行业扭亏为盈［EB/OL］. 中国证券网，2016–10–25.

② 根据《中国统计年鉴 2016》的相关指标测算所得。

达到49.8%。全市金融业增长15.4%，占全市GDP的9.0%[①]。

二、经济转型释放巨大的增长潜力

当前，我国经济增长的新结构、新动力、新趋势正在形成，经济转型升级蕴藏着巨大的发展潜力与市场空间，并由此构成经济基本面中长期向好的重要基础。从实际情况看，我国的“稳增长”，主要不是在现有的旧结构下寻找“稳增长”的药方，而是要在经济转型新趋势、新结构下寻找“新增长”的源泉。

1. 产业结构升级释放巨大增长潜力

（1）产业结构正由工业主导向服务业主导转型。进入工业化后期，研发、设计、销售、物流等生产性服务业和健康、文化、养老、旅游等生活性服务业快速发展，服务业成为拉动经济增长的主导产业（见图6.3）。预计到2020年，服务业占比有可能由2015年的50.2%提高到58%～60%，基本形成以服务业主导的产业结构。

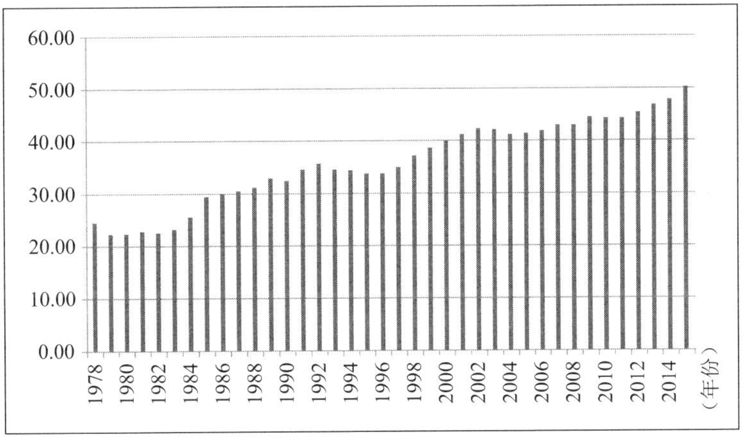

图6.3：1978–2015年服务业占比（单位：%）

数据来源：国家统计局．中国统计年鉴2016［M］．北京：中国统计出版社，2016.

① 2015年重庆市国民经济和社会发展统计公报［EB/OL］．重庆统计信息网，2016-03-15.

（2）经济服务化推动中国制造转型升级。在生产性服务业的推动下，制造业将由生产型制造向服务型制造升级，进而向高附加值的产业链延伸，由此从根本上提升中国制造的全球竞争力。

（3）服务业在国民经济中的地位、作用全面提升。2015 年，服务业占比达到 50.2%，实现占比过半。服务业税收占比达 54.8%，服务业税收的增量占整个税收增量的 80%，其中与互联网相关服务业的税收增长 19%①。如果服务业能够满足国内居民需求，服务业有望在未来几年以接近两位数的年均速度增长。

2. 人口城镇化释放巨大增长潜力

（1）城镇化结构正由规模城镇化向人口城镇化转型。从国际经验看，中高收入阶段伴随人口城镇化快速发展。进入中高收入阶段的国家，人口城镇化率几乎都高于 50%，发达国家人口城镇化一般都在 80% 以上。预计到 2020 年，我国常住人口城镇化率有可能由 2015 年的 56.1% 提高到 60% 左右（见图 6.4），户籍人口城镇化率有望由 2015 年的 39.9%② 提高到 50% 左右，基本形成人口城镇化的新格局。

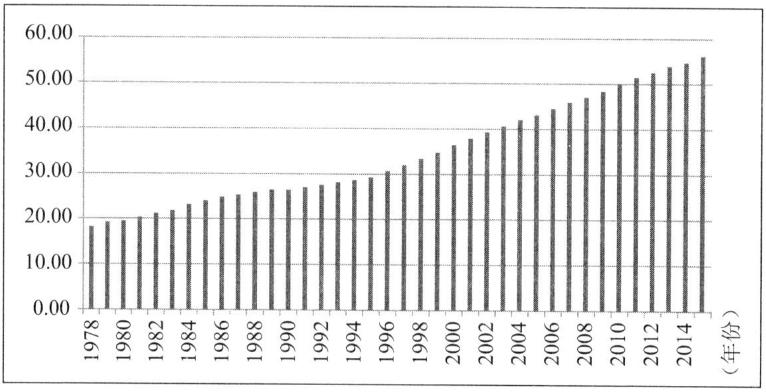

图 6.4：1978–2015 年常住人口城镇化率（单位：%）

资料来源：国家统计局．中国统计年鉴 2016［M］．北京：中国统计出版社，2016.

① 2015 年服务业税收占比过半［EB/OL］. 中国青年网，2016-01-19.

② 国家发改委 . 国家新型城镇化报告 2015［M］. 北京：中国计划出版社，2016.

（2）人口城镇化释放巨大消费需求。我国经济转型和经济增长最大的优势和最大的回旋余地在于人口城镇化。2015 年，我国农村居民消费水平仅相当于城镇居民的 35.55%（见表 6.1），三个农村居民消费只相当于一个城镇居民消费。人口城镇化最重要的标志就是消费水平的趋同。如果人口城镇化速度能明显提高，并让进城的农民工享受城镇人口的公共服务和公共设施水平，促使其消费水平达到城镇居民的平均水平，将释放巨大的消费潜力。

表 6.1：2000-2015 年中国城乡居民消费水平及差距

年份	城镇居民消费（元）	农村居民消费（元）	农村居民 / 城镇居民（%）
2000	6999	1917	27.39
2001	7324	2032	27.75
2002	7745	2157	27.84
2003	8104	2292	28.28
2004	8880	2521	28.40
2005	9832	2784	28.31
2006	10739	3066	28.55
2007	12480	3538	28.35
2008	14061	4065	28.91
2009	15127	4402	29.10
2010	17104	4941	28.89
2011	19912	6187	31.07
2012	21861	6964	31.85
2013	23609	7773	32.93
2014	25424	8711	34.26
2015	27088	9630	35.55

数据来源：国家统计局．中国统计年鉴 2016［M］．北京：中国统计出版社，2016.

（3）人口城镇化带来大量的固定资产投资。按照中央政府部署，未来几年"促进一亿农业转移人口落户城镇；改造约一亿人居住的城镇棚户区和城中村；引导约一亿人在中西部地区就近城镇化"的"三个一亿人"的规划将产生巨大的投资需求。一亿人的住房改建、一亿人落户和一亿人就近城镇化产生的新增住房需求，不仅能有序消化钢铁、水泥、建材等行业的过剩产能，而且能逐步消化房地产库存[①]。

人口城镇化带来市政公共设施投资需求巨大。如果2020年城镇化率达到60%，则2012–2020年合计产生27.8万亿元的基建投资需求。如果按照地铁建设每公里的造价平均4亿～5亿元计算，2016–2020年，不考虑价格因素，至少有13736亿元的融资需求[②]。

再以农村市场为例，加快城乡一体化，尤其是加快农村基础设施建设，将有效地释放农村大市场。2015年，城镇家庭每百户家用汽车为30.0辆，农村每百户家用汽车为13.3辆。如果农村家庭每百户拥有汽车达到全国平均水平（22.7辆）[③]，那么6亿农民（估算1.5亿家庭户）将带来1410万辆新增家用车的巨大需求。

3. 消费升级释放巨大的增长潜力

（1）消费结构正由物质型消费为主向服务型消费为主转型。2015年，我国人均GDP达到7925美元的中高收入阶段[④]。在这个新阶段，一方面，旅游、健康、教育、信息、文化、养老等服务产品消费需求全面快速增长；另一方面，物质型消费开始融入更多的服务元素，没有服务内涵的单纯物质型消费越来越少。中改院课题组研究表明，目前城镇居民服务型消费比重约为40%，城镇居民服务型消费比重有望年均提高2个百分点，预计到2020年将达到45%左右，一些发达地区有可能达到60%以上。

（2）消费拉动经济增长的新格局开始形成。我国社会消费品零售总额由2011年的18.39万亿元增长到2016年的33.23万亿元（见图6.5）。最终消费对经济增长的贡献率从2013年的47%增长到2016年前三季度的71%（见图

① 新型城镇化是消费升级主要载体［N］. 上海证券报，2014-05-16.
② 巴曙松 . 新阶段城镇化带来投资需求［N］. 中国经济时报，2013-02-27.
③ 国家统计局 . 中国统计年鉴 2016［M］. 北京：中国统计出版社，2016.
④ 国家统计局 . 中国统计年鉴 2016［M］. 北京：中国统计出版社，2016.

6.6）。2016年前三季度，消费对经济增长贡献率达71%，为工业去产能、房地产去库存背景下的经济增长提供了重要支撑。

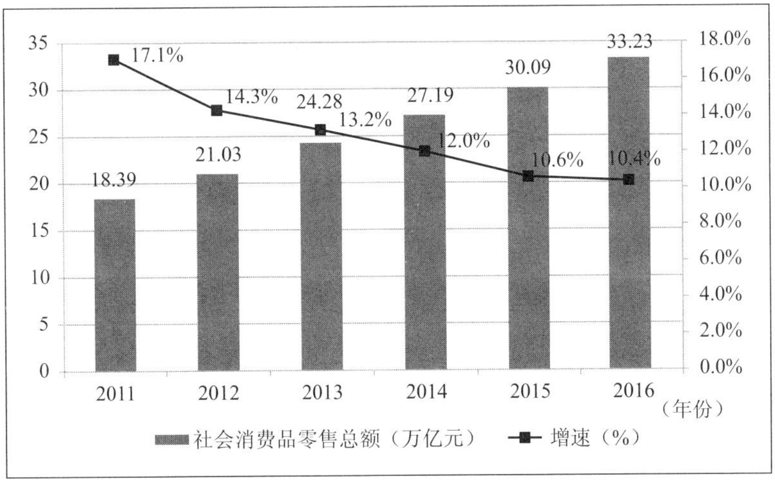

图6.5：2011-2016年社会消费品零售总额增长情况

数据来源：根据《中国统计年鉴2016》和《2016年国民经济实现“十三五”良好开局》整理。

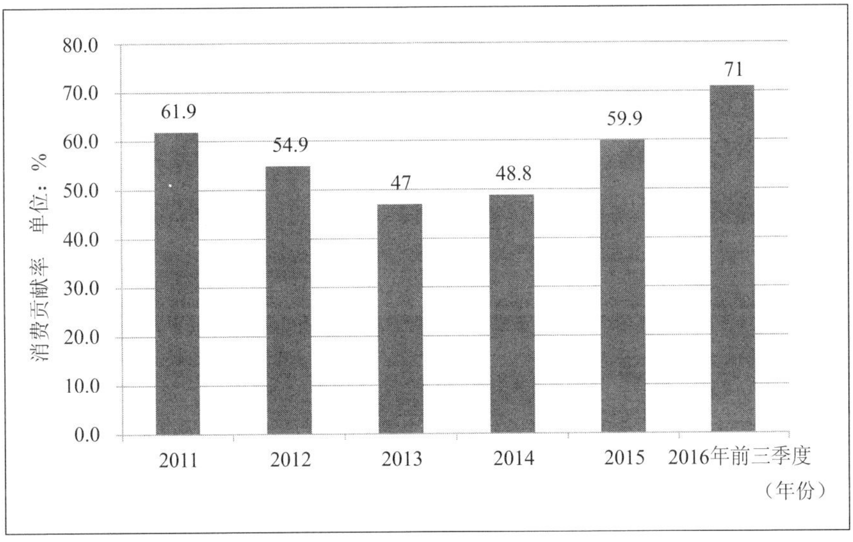

图6.6：2011-2016年前三季度我国消费对GDP增长的贡献率

数据来源：根据《中国统计年鉴2016》和2016年《前三季度国民经济运行稳中有进、稳中提质》整理。

三、以经济转型实现未来 10 年 6% 左右的中速增长

经济转型释放巨大的增长潜力，是支撑我国可持续增长的重要条件。未来 10 年，我国经济发展仍处于战略机遇期，把握增长转型高度融合的阶段性特征，推动经济转型的实质性突破，我国就有条件实现未来 5 年 6.5% 左右的增长，并使未来 10 年经济增长维持在 6% 左右。

1. 投资出口下降条件下，消费升级形成稳定经济的重要支撑

（1）投资增速下降难以在短期内改善。2016 年 1–11 月，全国固定资产投资（不含农户）为 538548 亿元，同比名义增长 8.3%，增速与 1–10 月持平。从环比速度看，11 月份固定资产投资（不含农户）增长 0.54%[①]。在实体经济利润普遍下滑、落后产业逐步淘汰的条件下，投资增速下滑有可能持续相当一段时间。

（2）贸易保护主义的兴起与出口的不确定性。2016 年，我国全年货物进出口总额为 24.33 万亿元，比上年下降 0.9%。其中，出口 13.84 万亿元，下降 2%[②]。出口增长远低于 GDP 增速，意味着其对经济增长的拉动作用变小。加上全球经济低迷和贸易保护壁垒增多，使得支撑出口持续反弹的基础并不牢固。

2. 消费对经济增长的贡献率稳定在 65% 左右

投资出口双下降的条件下，消费潜力释放对经济增长起到保底作用。2011–2015 年，消费年均增速达到 13.4%，远远超过 GDP 增速。未来 5 ~ 10 年，随着趋优消费[③]的新生代消费群体规模扩大、人口老龄化导致消费群体持续扩大，

---

① 统计局 . 2016 年 1—11 月全国固定资产投资（不含农户）增长 8.3%［EB/OL］. 国家统计局网，2016–12–13.

② 海关总署 .2016 年外贸进出口情况［EB/OL］. 海关总署网，2017–01–13.

③ 趋优消费是指消费者愿意以更高的价格购买更好的产品和服务，这是一种具有高度选择性的消费行为。

加上社会保障体系逐步健全等，预计消费将以10%左右的速度增长，消费对经济增长的贡献率稳定在65%。在消费的支撑作用明显提升的情况下，我国有条件实现投资消费动态平衡，并从根本上扭转企业利润普遍下滑的局面。由此，将有助于投资复苏，为“L型”经济筑底提供有力支撑。

3. 服务业对经济增长的贡献率明显提升

服务业发展潜力的释放，可以形成新的经济增长点，由此抵消工业增速下降带来的GDP增速下降。以教育、医疗等服务需求增长为例。到2020年总体实现基本公共服务均等化，至少将新增数十万亿元的投资。在服务业领域行政垄断和市场垄断逐步打破的条件下，未来5年服务业年均增长速度将接近10%左右，服务业增加值占GDP的比重预计到2020年有可能达到58% ~ 60%。按照这个增速测算，每年将带动经济增长3.8 ~ 4.3个百分点，并由此形成未来5年6.5%左右经济增长的重要条件。

4.按照年均6.0% ~ 6.5%的增速，我国将于2022年达到高收入国家标准

截至2015年年末，我国已相继有上海、北京、天津、江苏、浙江、内蒙古、福建、广东、辽宁和山东10个省市区的人均GDP突破1万美元[①]。其中，北京、上海、天津、江苏、浙江五个省市人均GDP在12000美元以上，已经达到高收入标准。

无论是GDP年均增长6.0%，还是6.5%，我国都将于2022年达到高收入国家标准。按照年均6%的增长速度，我国人均GDP将于2022年达到12029美元；按照年均6.5%的增长速度，我国人均GDP将于2022年达到12432美元（见表6.2）。这将是我国成功跨越“中等收入陷阱”的重要标志。

---

① 2015年10省份人均GDP迈入“1万美元俱乐部”[EB/OL].财经综合报道，2016-02-03.

表 6.2：GDP 保持 6.0%、6.5% 增长情形下人均 GDP 增长预测（单位：美元）

年份	GDP 保持 6.0% 增长	GDP 保持 6.5% 增长
	人均 GDP	人均 GDP
2015	7925	7925
2016	8480	8520
2017	8989	9073
2018	9528	9663
2019	10100	10292
2020	10706	10961
2021	11348	11673
2022	12029	12432

数据来源：中改院课题组测算。

第二节　以经济转型赢得国际竞争主动

深化结构性改革释放经济转型的巨大增长潜力，是全球关注的重大课题。如果说我国的“一次开放”是利用国际市场实现经济起飞的话，“二次开放”则是以经济转型形成国际竞争新优势。第一，新形势下我国传统制造业面临新兴经济体低成本竞争和发达经济体再工业化的双重压力，需要通过转型寻求出路。第二，面对贸易摩擦日益增多的现实，我国需要稳定外需，但更重要的是立足 13 亿人的消费升级这个最大优势来释放内生增长潜力。第三，由于新经济的最大市场在中国，我国有条件在以数字经济为重点的新经济发展上培育后发优势，在新科技革命中扮演重要的新角色。

一、以制造业转型升级赢得在全球新一轮工业革命中的先机

如果说在过去的“一次开放”中，我国是全球“工业 2.0”的追随者的话，

在“二次开放”中，加快制造业转型升级，我国则有条件成为新一轮工业革命的重要推动者。我国拥有世界第一的制造业规模，门类齐全、独立完整的产业体系，强大的综合配套能力，加上13亿人的全球最大消费市场，在全球制造业体系中有着独特的优势。落实“中国制造2025”，推动由生产型制造向服务型制造转型，我国将有条件跨入制造业强国阵营。

1.我国有条件成为全球新一轮工业革命的推动者

（1）我国有条件成为“工业3.0”的推动者。杰里米·里夫金（Jeremy Rifkin）提出的“工业3.0”，主要内涵是“互联网技术+可再生能源”，即互联网技术和可再生能源将成为直接推动者，每个人都将成为可再生能源的制造者，并能够通过互联网技术进行共享。目前，我国是全球最大的互联网国家，也是最大的新能源生产和消费国。正如杰里米·里夫金曾经指出的，“在化石能源经济时代日渐衰退，第二次工业革命日薄西山，第三次工业革命日渐兴起之际，如果中国选择了第三次工业革命这条道路，那么中国极有可能成为亚洲的龙头，引领亚洲进入下一个伟大的经济时代。”

专栏6.1

中国初步形成新能源革命的比较优势

1. 中国是世界节能和利用新能源、可再生能源第一大国。当前，中国可再生能源装机容量占全球总量的24%，新增装机占全球增量的42%，已经成为世界节能和利用新能源、可再生能源第一大国①。

2. 中国已成为世界最大的新能源汽车市场。2015年，全球新能源汽车达到50万台销量，其中中国销售出33万台，是2014年的三倍，遥遥领先于世界其他市场。至2022年中国新能源汽车年产量将达到185万台左右，也就是说2015-2022年的年均增长率为28%②。

---

① 我国已成利用新能源可再生能源第一大国［EB/OL］. 凤凰财经，2016-12-30.

② 蓝皮书：中国新能源汽车销量较世界其他市场遥遥领先［EB/OL］. 中国新闻网，2016-12-08.

3. 中国的新能源产业具备国际竞争力。根据《产业蓝皮书：中国产业竞争力报告（2014）No.4》，从新能源工业的国际市场占有率看，排在前三位的分别为中国、德国和韩国。无论是新能源产品出口规模、新能源发电装机规模，还是入选全球新能源企业500强企业的总营业收入规模，中国都排在世界前列①。

资料来源：中改院课题组整理。

（2）我国有条件成为“工业4.0”的推动者。所谓“工业4.0”，主要特征是“互联网+制造业”，由此推动制造业进入数字化时代。尽管“工业4.0”发轫于西方，但中国的起步并不晚。与德国和日本相比，中国有制造业体系齐全、人口与市场规模庞大等突出优势。无论是机器人、3D打印、智能穿戴等新技术，还是企业商业模式和产业业态创新，我国都具有后发优势。

以机器人发展为例。2016年国际机器人联盟（IFR）发布的一组新数据显示，2015年全球工业机器人的销量已经达到24.8万台②，比2014年增长了12%，我国以6.7万台的用量，成为工业机器人的第一大市场。根据IFR的估计，2018年超过1/3的全球工业机器人将被安装在中国③。

（3）2020：初步完成“中国制造”走向“中国智造”的转型。发挥比较优势，以“中国智造”为重点加快推动“中国制造2025”，我国有望到2020年初步完成从“工业2.0”向“工业3.0”的升级，并为“工业4.0”奠定重要基础；2025年，我国将基本完成“工业3.0”的升级，在“工业4.0”上形成一大批具有国际领先水平的产业集群。

2. 推动新能源革命

（1）以国内市场需求为导向赢得新能源革命先机。我国是全球最大的新能源需求国。强化新能源基础设施建设，提高自主创新能力，缩小以太阳能光

① 我国新能源工业国际市场占有率世界第一［N］. 北京日报，2014-12-30.

② 2015年全球销售工业机器人达到24.8万台［EB/OL］. 中国经济网，2016-10-21.

③ 2015年中国工业机器人用量6.7万台 成为世界第一大市场［EB/OL］. 中商情报网，2016-08-01.

伏为重点的战略性新兴产业与发达国家的差距，在普及推广建立循环经济体系，加快建立环保产业体系的同时，实质性改变能源结构。到2020年，初步形成绿色制造的新格局，实现单位国内生产总值二氧化碳排放比2005年下降40%～45%的发展目标，非化石能源占一次能源消费的比重达到15%左右，清洁能源发电占比提高到35%[①]。

（2）形成新能源领域的高端产业链。强化新型制造技术的自主创新能力，形成国际品牌，围绕新型能源供给体系与现代网络通信技术相结合延伸高端产业链，在智能电网、新能源汽车等领域形成新的国际竞争优势，达到国际领先水平。到2020年，新能源汽车配套服务设施基本完备，形成新能源汽车在交通运输行业的规模效应，新能源汽车在城市公交、出租汽车和城市物流配送等领域的总量达到30万辆，对城市交通运输节能减排的贡献率达到20%[②]。

（3）形成新能源与互联网融合技术体系和服务体系。在可再生能源转型技术、可再生能源采集和传输技术、分布式能源储存技术、信息以及能源的共享技术和能源热插拔技术等技术上取得重要突破；加快智能电网和新能源汽车的充电桩等基础设施建设，通过能源互联网将可再生能源、可发电建筑、储能技术和可插电交通体系联系起来，使风能、太阳能、生物质能等能够顺利接入国家电网。到2020年，实现新能源汽车、节能建筑和产品的广泛应用，在以新能源技术改造传统产业上取得新突破，在重要的新能源产业和技术领域达到国际领先水平。

3. 推动制造业数字化革命

（1）实现制造业信息化。推动信息技术在工业领域的广泛应用，鼓励企业充分开展科技创新、产品创新、管理创新、市场创新和商业模式创新。到2020

① 国务院新闻办公室发布《中国的能源政策（2012）》白皮书［EB/OL］. 新华网，2012-10-24.

② 交通运输部关于加快推进新能源汽车在交通运输行业推行运用的实施意见［EB/OL］. 交通运输部网，2015-03-18.

年，制造业基本普及数字化技术，实现数控技术在机械产品领域的广泛应用，初步实现战略性新兴产业和先进制造业智能化。

（2）缩小战略性新兴产业和先进制造业与发达国家的差距。推动战略性新兴产业向高附加值的研发与设计、销售与物流延伸，形成高端产业集群，集中攻克一批核心关键技术，实现大规模“走出去”与高水平“引进来”相结合。到 2020 年，形成一批具有核心技术、自主知识产权和知名品牌的战略性新兴产业和先进制造业，明显缩小与发达国家的差距[①]。

（3）到 2020 年部分产业达到“工业 4.0”的国际先进水平。充分利用拥有世界上最大规模互联网用户的优势，以大数据与制造业有机结合为重点打造我国制造业升级版，提升具有比较优势的移动通信、发电设备、电子商务、机床制造、家用电器、工程机械、航空航天、高速铁路等产业发展水平。到 2020 年，传统制造业信息化、智能化初见成效，部分产业达到“工业 4.0”的国际先进水平，在 3D 打印、新材料、新能源领域形成一批具有国际领先水平的创新型企业，为“工业 4.0”奠定重要基础。

4. 推动制造业服务化革命

（1）新工业革命的关键是发展生产性服务业。“工业 3.0”重在通过以研发为龙头的生产性服务业解决能源互联网的核心技术难题，加强研发和销售并降低交易成本。以德国的智能制造为代表的“工业 4.0”重要的是发展以大数据为重点的信息服务业。在生产制造过程中，与设计、开发、生产有关的所有数据通过传感器采集并进行分析，形成可自动操作的智能生产系统，促进生产方式由大规模同质粗放生产向智能化、数字化、精细化、个性化生产的转变。

（2）以“互联网 + 制造业”培育生产性服务业新优势。“互联网 +”是我国把握新工业革命先机的最大优势，加上我国门类齐全的工业体系，在研发、设计上形成突出的核心竞争优势，形成一批“互联网 + 制造业”的领军企业。

---

① 中改院课题组 . 大趋势：从中国制造走向中国智造［N］. 上海证券报，2015-03-25.

（3）到 2020 年实现生产性服务业占比倍增。推动大数据、云计算、物联网、移动互联网在生产性服务业中的广泛应用。到 2020 年，以研发、金融、物流等为重点的生产性服务业占 GDP 的比重将从 2015 年的 15% 左右提升至 30% 左右，基本实现倍增[①]。

（4）在以生产性服务业改造传统产业上取得实质性突破。确立以生产性服务业引领制造业走向中高端的工业转型升级战略，搭建制造业走向中高端的服务平台，推动传统产业改造，形成引领制造业向价值链高端提升的新动力。到 2020 年，在基本消化传统产业过剩产能的同时，稳定制造业增长速度，稳步提升制造业创新能力，为 2025 年迈入制造强国行列打下具有决定性意义的基础。

二、以国内消费结构升级形成全球大市场

消费结构升级与 13 亿人服务型消费大市场的形成，将创造全球最大、成长最快的新兴市场。这个大市场的潜力释放，不仅为我国经济增长提供内生动力，其与全球市场的对接，也将为全球经济复苏注入强大的正能量。

1. 到 2020 年社会消费品零售总额将达到 50 万亿元人民币左右

2015 年，我国社会消费品零售总额冲破 30 万亿元大关，使消费品市场规模稳居世界第二位[②]。未来几年，我国在信息消费、健康消费、旅游休闲消费、教育消费、文化消费、养老消费、体育消费、绿色消费等新型消费领域，都将产生数万亿级别的市场规模。预计在服务型消费的拉动下，到 2020 年我国社会消费品零售总额将达到 50 万亿元人民币左右。

---

① 迟福林．“十三五”：以结构性改革推动转型升级［N］．经济参考报，2015-12-16.

② 统计局．消费品市场规模首次超过 30 万亿 稳居世界第二［EB/OL］．证券时报网，2016-03-07.

专栏 6.2

我国产生万亿级别消费规模的八大服务型消费

1. **信息消费。**根据 2016 年 7 月 27 日颁布的《国家信息化发展战略纲要》，到 2020 年信息消费总额达到 6 万亿元，电子商务交易规模达到 38 万亿元。

2. **健康消费。**2013 年 10 月 14 日，《国务院关于促进健康服务发展的若干意见》提出，到 2020 年中国健康产业总规模将达到 8 万亿元以上。我国仍然是世界上最具吸引力的市场之一，同时也是增长最快的市场。

3. **旅游休闲消费。**1994–2013 年，中国城乡居民旅游人数和总费用年均增速分别为 10.10% 和 18.63%，均超过同期经济增速和城乡居民收入增速。值得关注的是，农村居民旅游总花费和人均旅游费用年均增速分别超过城镇居民 1.6 个百分点和 8.11 个百分点，这表明农民的旅游需求正在释放。

4. **教育消费。**《2014 年中国教育市场发展报告》显示，目前半数以上家庭的教育培训消费超过 5000 元，其中近三成过万元。截至 2013 年年底，我国居民储蓄总额达到 45 万亿元，其中教育消费支出达到 2 万亿元。这为我国教育市场提供了广阔的发展空间。保守估计，未来几年，我国培训市场规模将达到 1 万亿元。

5. **文化消费。**文化领域需求的快速上升带动了文化产业的迅速发展。据统计，我国城镇居民的文化支出占比从 2004 年的 6.6% 提高到 2012 年的 7.3%[①]，预计到 2020 年全国文化消费需求总量将达到 16.65 万亿元[②]。

6. **养老消费。**根据《中国老龄产业发展报告（2014）》，2014 年中国老年人市场消费潜力为 4 万亿元，预计到 2020 年将提高到 8 万亿元，老龄产业正进入快速成长期。

7. **体育消费。**按照《国务院关于加快发展体育产业促进体育消费的若干意见》提出的目标，2020 年达到 3 万亿元，需要保持每年 50% 的增速；到 2025 年达到 5 万亿元，每年的增速将达到近 30%。

8. **绿色消费。**我国绿色需求和绿色消费起步较晚，但随着人们绿色消费理念的不断强化而发展迅速。有调查显示，94% 的城市消费者愿意为“绿色”产品和服务多支付 45% 的费用[③]。例如，绿色建筑近年来开始成为消费热点。2011 年城镇节能建筑仅占既有

---

① 匡贤明 . 加快文化领域供给侧结构性改革［N］. 学习时报，2016-06-13.

② 祁述裕，曹伟 . 打开广阔的文化消费市场［N］. 经济日报，2013-02-07.

③ 中国“绿色”需求被商家低估［EB/OL］. 财新网，2011-01-13.

建筑总面积的23%[①]，到2020年绿色建筑占新建筑比重将超过30%[②]，这将带来巨大的绿色消费空间。

资料来源：中改院课题组整理。

2. 多项服务消费市场规模达到或即将达到全球第一

未来5～10年，服务型消费有望推动我国成为全球第一大消费市场。我国服务型消费尽管起步晚，但绝大多数呈现爆发式增长，不少领域通过2～3年就达到市场规模全球第一。旅游市场、教育市场属于传统领域，与人口规模和经济发展水平有很大关系，只要市场一开放，将很快成为全球规模第一的大市场。就养老、医疗市场而言，许多市场尚未全部放开，如果一旦全部放开，会很快达到全球第一的规模。而新型服务消费，如电子商务、手游市场、机器人等，规模达到全球第一的时间将越来越短，预示着我国正在成为全球新型消费的领跑者。

专栏6.3

中国多项服务市场达到全球第一

1. 旅游市场规模全球第一。多年来，我国旅游市场规模稳居世界第一。

2. 教育市场规模全球第一。近10年来，我国出国留学人数翻了两番，成为全球最大留学生生源国。据前瞻产业研究院发布的《留学服务行业发展前景与投资预测分析报告》数据显示，2015年中国留学行业市场规模达到2400亿元。

3. 电子商务市场规模全球第一。2015年，全国网上零售额38773亿元，我国电商市场规模正式超越美国，成为全球第一大电商市场[③]。

4. 手游市场全球规模第一。2015年全球移动游戏市场收入规模超过300亿美元，其

① 截至2011年年底我国城镇节能建筑仅占既有建筑总面积23%［EB/OL］. 中国政府网，2012-06-19.

② 关于加快推进我国绿色建筑发展的实施意见［EB/OL］. 住房和城乡建设部网，2012-04-27.

③ 中国电商市场超越美国成全球老大［EB/OL］. 人民网，2016-03-07.

中我国市场收入规模已升至全球第一，全年总收入达到 65 亿美元（相当于整个北美市场的收入），同比增幅为 46.5%。

5. 物流市场规模全球第一。我国在 2012 年就坐上了全球物流业市场规模的第一把交椅。我国物流业 2013 年的市场规模达 1.59 万亿美元，占全球的 18.6%，蝉联全球第一。排名第二的是美国，物流业市场规模为 1.36 万亿美元，占全球的 15.8%[①]。

6. 机器人市场规模全球第一。2015 年我国工业机器人产业发展势头迅猛，市场规模继续保持世界第一，达到 6.6 万台，约占全球销量的 1/4，同比增长 16%，约是 2012 年的 3 倍，保有量增长至 25.6 万台[②]。

7.P2P 网贷市场规模全球第一。2013 年我国网络借贷市场规模达到 927.6 亿元，已经超越了网贷发源地英、美而一跃成为全球最大的 P2P 交易市场[③]。

资料来源：中改院课题组整理。

3. 我国服务型消费增长为全球经济增长提供巨大空间

我国服务型消费增长不仅可以推动传统服务业增长，可以容纳各类产业创新，并为来自全球的企业提供巨大发展机会。越来越多的跨国公司把未来的发展战略定位在满足我国中产阶层的偏好上，把业务扩张寄托在中国消费大市场上。

以星巴克为例。未来几年中国的市场规模将超过美国本土，成为全球第一大市场。从 1999 年进入中国至 2016 年，星巴克公司目前在中国的 100 个城市开设超过了 2000 家门店。截至目前，中国已经成为星巴克除美国本土外的第二大市场[④]。按照星巴克方面的最新披露，未来 5 年，星巴克计划加大在华投资，其每年在华新增门店数量将达到 500 家，预计 2019 年星巴克在华门店总数量将达到 3400 家。这意味着，相比过去的 17 年，星巴克在华年开店速度正在快速

① 中国物流市场规模全球第一　综合竞争力仅 28［EB/OL］. 搜狐网，2015-08-03.

② 我国工业机器人产业发展势头迅猛　市场规模世界第一［EB/OL］. 央广网，2016-05-30.

③ 中国 P2P 网贷市场规模居全球第一［EB/OL］. 中研网，2014-07-07.

④ 星巴克豪赌中国市场会赢吗？［N］. 深圳特区报，2016-10-24.

增长。目前，中国及亚太大区的利润率达到 32%，美洲大区的利润率为 21.1%，欧洲、中东及非洲大区的利润率仅 1.9%①。

4. 实施内外需并重、更加注重内需的转型发展战略

（1）13 亿人的消费升级是“二次开放”的最大优势。如果说过去“一次开放”，我国的最大优势是廉价劳动力成本优势、制造业低成本优势的话，“二次开放”最大的优势是我国拥有一个全球大市场。一是我国可以依托这个大市场实现自身的经济转型；二是我国从生产大国走向消费大国，将使经济发展建立在本国居民生活水平提高的基础上，并有望成为引领全球经济复苏的重要力量；三是走向消费大国，为全球经济增长提供巨大空间，是我国引领全球化进程最大的优势所在；四是如果“二次开放”能够充分发挥自身的内需优势，我国就能在应对贸易摩擦上把握主动权。

（2）经济转型可以利用外需，但不能过度依赖外需。应当清醒地看到，“一次开放”进程中，所采取的出口导向模式，在今天的“二次开放”新形势下，已经无法重新复制。未来 5 ~ 10 年，过度依赖外需，不仅不利于本国大市场优势的发挥，还会使我国经常处于贸易摩擦的旋涡当中。

（3）内外需并重、更加注重内需，我国自由贸易战略才能引领经济全球化。一是更加注重内需大市场潜力释放，可以给贸易争端的解决留下巨大回旋余地；二是用好内需大市场优势，我国就不惧怕任何国家的贸易战；三是 13 亿人内需大市场的开放，能够使更多国家在我国经济转型中受益，有利于体现大国责任，确立良好的国际形象，更大范围赢得制度性话语权。

三、以发展数字经济为重点形成新经济的国际竞争优势

在新科技革命带动下，以“互联网 +”为代表的新经济蓬勃发展，成为全球经济转型的时代特征。由于拥有全球最大的互联网参与群体，尽管我国不是

① 星巴克：中国将超过美国成为其全球第一大市场［EB/OL］. 网易财经，2016-03-29.

新科技革命的发源地，但新经济最大的市场在中国，巨大的后发优势也在中国。

1. 全球进入数字经济为代表的新经济时代

2008年国际金融危机以来，全球加速进入以数字经济为代表的新经济时代。伴随新一轮信息技术革命，以大数据、云计算、物联网、智能化、传感感应技术等为核心的新技术正在加速推动人类的生产方式、生活方式数字化。由数字经济衍生出来的各类新产品、新服务、新产业、新业态、新模式，正在颠覆传统的经济形态，重塑着人类的经济模式。在新经济时代，最重要的生产要素不再是各类具体的物质要素，而是信息、知识、技术等服务要素，这些要素推动生产、消费、流通等各个环节的重组和优化，由此大大提升经济活动的效率和质量。2012年美国波士顿咨询集团发布的《G20国家互联网经济》称，2010年，G20国家的互联网经济占GDP的比重为4.1%，到2016年将占GDP的5.3%[①]。

专栏6.4

新经济的内涵

“新经济”的概念最早出现于美国《商业周刊》1996年12月30日发表的一组文章中。新经济是指在经济全球化背景下，由新一轮科技革命和产业革命所催生的、以高新科技产业为龙头的新经济形态。

新经济主要包括四个方面的内容：一是新主体，具体表现为创新型企业、创客、电商、微商等；二是新动力，包括适应新经济需要的新规则（法律、法规、标准等）、新理念（共享、普惠等）和新治理等；三是新产业，包括信息产业、智能制造业、文化创意产业、创意农业等新兴产业和新产品，以及众创、众包、众筹等新业态；四是新要素，包括互联网、物联网、大数据等新技术，以及C2B、O2O等新模式[②]。

资料来源：中改院课题组整理。

① 邬贺铨．发展数字经济 建设网络强国［J］．求是，2016（16）．

② 李佐军．推进供给侧改革 加快发展新经济［N］．经济日报，2016-04-06.

2. 新经济最大的市场在中国

网民人数居全球之首，使我国成为发展新经济最大的市场。一些发达国家如德国，尽管技术上领先，但由于人口规模小，很难依靠本国市场做大规模。从 1994 年全功能接入互联网以来，截至 2016 年 6 月，我国网民规模达 7.1 亿，2016 年上半年新增网民 2132 万人，增长率为 3.1%。2015 年我国网络经济营收规模超过 1.1 万亿元（见图 6.7）。我国互联网普及率达到 51.7%，与 2015 年年底相比提高 1.3 个百分点，超过全球平均水平 3.1 个百分点，超过亚洲平均水平 8.1 个百分点。而手机网民规模达 6.56 亿，网民中使用手机上网的人群占比由 2015 年的 90.1% 提升至 2016 年的 92.5%，仅通过手机上网的网民占比达到 24.5%，通过台式电脑和笔记本电脑接入互联网的比例分别为 64.6% 和 38.5%[①]；平板电脑上网使用率为 30.6%；电视上网使用率为 21.1%。报告调查显示，2016 年上半年，我国网民的人均周上网时长为 26.5 小时，比 2015 年提高 0.3 小时，相当于 7.1 亿网民，平均每人每天上 3.8 小时的网。从网民年龄结构来看，我国网民仍以 10 ~ 39 岁群体为主，占整体的 74.7%。与 2015 年年底相比，10 岁以下儿童群体与 40 岁以上中高龄群体占比均有所增长，互联网继续向这两个年龄群体渗透[②]。

以大数据行业为例。2012 年，大数据行业的市场规模约为 50 亿美元，有预测称大数据市场将以每年 40% 的速度增长。未来几年，我国大数据产品的潜在市场规模有望达到 1.57 万亿元[③]。大数据等信息产业创新发展，将给医疗、教育等服务业带来新的发展契机和更多的投资需求。

---

① CNNIC 发布第 38 次《中国互联网络发展状况统计报告》[EB/OL]. 人民网，2016-08-03.

② 2016 年中国互联网网民规模与网民结构情况分析 [EB/OL]. 中国产业信息网，2016-09-07.

③ 原诗萌 . 大数据的中国机会 [N]. 中国科学报，2012-07-05.

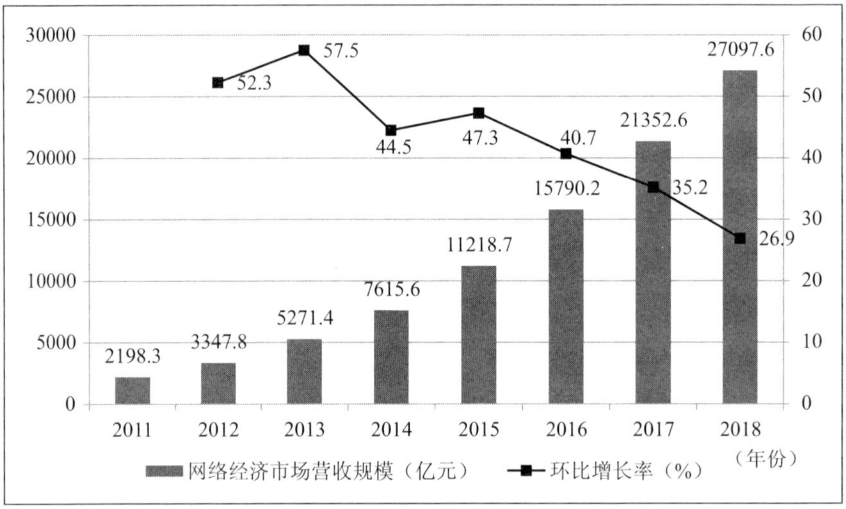

图 6.7：2011–2018 年中国网络经济营收规模

注释：1. 网络经济规模：基于经营互联网（含 PC 与移动）相关业务产生的企业收入规模之和，以电商、广告、金融和游戏为主，其他业务如互联网招聘、网络婚恋未计入，两者在网络经济中占比不足 1%，此外在线教育、在线医疗也未统计入内。来源：根据企业公开财报、行业访谈及艾瑞统计预测模型估算。

数据来源：智研咨询集团 . 2017-2022 年中国网络购物市场运行态势及投资战略研究报告［R］. 2016-09.

3. 新经济有望使我国经济转型实现“弯道超车”

新经济的发展水平正在成为衡量一个国家或地区是否具有全球竞争力、具有引领时代发展主导权的重要标志。如果说“一次开放”是工业时代，中国与发达经济体存在较大差距；那么“二次开放”的今天，中国在新经济发展上，距离世界先进水平只有一步之遥。

尽管我国在新经济领域发展起步并不早，但发展势头异常迅猛。2015 年，我国数字经济规模约为 18.6 万亿元人民币，位居世界第二，仅次于美国[①]。2016 年 3 月，新经济占整个中国经济的比重为 32.1%，比 2015 年的最高值上升了 2

① 2015 年中国数字经济规模世界第二［EB/OL］. 商务部网，2016-11-18.

个百分点[①]。以中美对比而言，美国有苹果、谷歌、脸书，中国有阿里巴巴、腾讯和百度。全球互联网公司十强中，中国占了四家。数据显示，互联网经济在我国 GDP 中的占比持续攀升，2014 年达到 7%[②]，占比超过美国。

4. 形成发展新经济的国家战略

（1）新经济在增长转型中的地位、作用凸显。近年来，我国经济之所以能够保持基本稳定，很大程度上得益于新经济的爆发式增长。2016 年上半年，多数新经济领域增长速度为两位数。例如，高新技术产业投资增长 13.1%，战略性新兴产业增长 11.8%，网上零售额增长 28.2%[③]。

（2）新经济创造巨量就业岗位。新经济新业态支撑就业的能力超出预期，“互联网 +”和电商等平台服务型企业对就业拉动作用明显。如依托大数据、云计算等为传统制造业转型升级提供技术和信息服务的卓朗科技公司，已为近 20 万名软件工程师搭建了就业平台；阿里巴巴最新财报显示，公司创造就业岗位 1500 万个，并带动了约 3000 万个间接就业；以滴滴出行为代表的“网约车”已成为分享经济的最佳样板，其出行平台已为 1330 万名司机提供了就业岗位[④]。

（3）新经济是创造中高收入就业岗位的重要来源。2015 年年平均工资最高的行业都是现代服务业，其中金融业年均工资 114777 元，信息传输、软件和信息技术服务业年均工资 112042 元，科学研究和技术服务业年均工资 89410 元，分别为全国平均水平的 1.85 倍、1.81 倍和 1.44 倍[⑤]。

（4）形成国家层面的新经济发展规划。新经济的发展，不断颠覆传统经济模式、商业模式、就业模式、生活方式。未来互联网商场、学校、医院等将不断出现，使得经济转型呈现新的时代特征，并对传统的经济统计、宏观经济管

① 2016 年 3 月财智 BBD 中国新经济指数（试行版）［EB/OL］. 财新网，2016-04-02.

② 中国互联网经济占 GDP 比重达 7%［EB/OL］. 中国经济网，2015-12-16.

③ 上半年 GDP 增长 6.7% 得益新经济突起［N］. 新京报，2016-07-20.

④ 马建堂. 加快发展新经济培育壮大新动能［EB/OL］. 人民网，2016-10-27.

⑤ 国家统计局：IT 行业人均年薪 112042 元［EB/OL］. 中国新闻网，2016-05-16.

理模式提出新的挑战。建议从国家层面高度重视新经济在经济转型中的重大作用，出台国家规划，对新经济进行界定，明确提出未来5～10年我国新经济发展的战略目标、战略重点、主攻方向，为促进新经济发展提供宏观指导。

第三节　以经济转型为目标深化结构性改革

未来3～5年是我国经济转型的关键时期，也是深化结构性改革的关键时期。总的来看，经济增长面临着重大结构性失衡的挑战，深层次的矛盾是原有政策体制结构与经济转型的趋势不相适应。这就需要将结构性改革聚焦于经济转型，聚焦于改变不合理的政策体制结构，在解决重大结构性失衡上破题发力。

一、以振兴实体经济为目标的财税结构调整

当前，经济复苏增长压力增大，突出的矛盾在于实体经济下行压力大。未来5年，伴随着国内产能过剩、投资成本上升、利润下滑等多重因素，加上人民币汇率贬值导致的资本外流等因素叠加在一起，实体经济发展面临严峻挑战。以经济转型为目标深化结构性改革，首要任务是振兴实体经济。

1. 以激活民营经济为突破口振兴实体经济

（1）振兴实体经济成为转型增长的首要任务。从发达国家过去几十年的发展教训看，不注重实体经济，会导致本国产业的空心化。从现实情况看，我国在进入中高收入阶段后，不少企业需要“走出去”，但不能导致本国产业的空心化。没有实体经济的发展，不仅谈不上经济可持续增长，更谈不上经济转型。

（2）振兴实体经济的主要矛盾在于激活民营经济。民营企业发展的起落是我国经济走势的晴雨表。民营经济作为市场经济主体的发展空间基本上代表了经济转型发展的空间。当前，民间投资占新增就业的90%，存量就业的80%，

GDP 的 60%，社会投资的 2/3，但近年民间投资急剧下行（见图 6.8）。以 2016 年 1–11 月为例。民间固定资产投资占全国固定资产投资（不含农户）的比重为 61.5%，与 1–10 月持平，但比 2015 年同期降低 3.1 个百分点。振兴实体经济，主要矛盾在于为民营经济的转型发展提供更大的政策体制空间，尽快扭转民间投资下滑的势头。

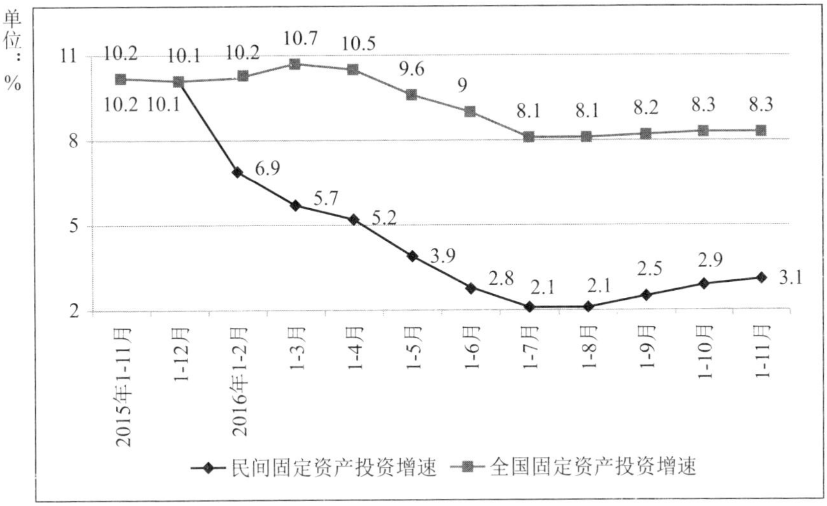

图 6.8：民间固定资产投资和全国固定资产投资增速

资料来源：国家统计局．前 11 月民间固定资产投资同比名义增长 3.1%［EB/OL］．国家统计局网，2016-12-13.

2. 高度重视降低企业税负在结构性改革中的重大作用

（1）企业税负过重的矛盾挤压实体经济发展空间。近年来民间投资下滑、制造业资本外流有多方面的因素，但突出的矛盾在于我国企业税负过重。仅从宏观税负看，我国税负并不高。如果用政府全部收入占 GDP 的比重衡量宏观税负，2012–2015 年，我国宏观税负接近 30%，低于发达国家 42.8% 的平均水平，也低于发展中国家 33.4% 的平均水平；如果用税收收入和社会保障缴款之和占 GDP 比重衡量税负水平，按照 OECD 测算口径，2012–2015 年，我国宏观税负为 23.4%，低于 2014 年 OECD 国家的 35.5% 的平均水平；如果用税收收入占

GDP 比重衡量税负水平，2012–2015 年，我国宏观税负 18.5% 左右，低于 2013 年发达国家的 25.9%，发展中国家的 20.4%[①]。

但是，两方面的原因加大了我国企业的负担。一方面，税收结构还存在不合理之处。我国以间接税为主体的税制体系使企业承担了 90% 以上的各种税费，个人承担的各类税费占比不足 10%。这就使得企业负担客观上比国际上同类企业负担要重。另一方面，企业面临包括融资成本、水电成本以及政府税费等负担，尤其是民营企业融资成本等更大。对于企业来说，任何一笔支出都构成了其负担。在经济下行压力下，不合理的税收结构和成本负担，客观上加大了实体经济的困难。

（2）降低企业税负将成为全球趋势。未来几年，以降低企业税负吸引外来投资，有可能成为全球各国实现经济复苏增长的重要趋势。尤其是特朗普上台后如果实施减税方案，极有可能会带动新一轮全球大减税的浪潮。从现实情况看，我国降低税负更具有现实性、迫切性。据波士顿咨询公司 2013 年研究报告显示，当时在美国制造商品的平均成本只比在中国高 5%；2015 年，在美国低成本地区生产已经变得和在中国生产一样经济划算；到 2018 年，美国制造的成本将比中国低 2% ~ 3%[②]。

专栏 6.5

特朗普的减税方案

在成功竞选美国总统后，特朗普表示，他将要实施大幅度的税制改革。通过减税和放松管制，将本土企业留在国内，吸引跨国企业回国。

一是个人所得税最高税率从当前的 39.6% 调低到 33%，税率级距从现行的 7 个，简化为 3 个。

二是将当前企业所得税从 35% 降到 15%，此外，新工厂和新购设备的成本可以抵税。

据机构 Urban-Brookings Tax Policy Center 的测算，未来 12 年，特朗普的减税计

① 李万甫．“死亡税率”引发的税负问题思考［EB/OL］．国家税务总局网，2016-12-22.

② 别让曹德旺跑了！［EB/OL］．凤凰财经，2016-12-20.

划将累计带来6.2万亿美元的税收减免。根据非营利组织税务基金会(Tax Foundation)的估计，特朗普的税改计划可使美国纳税人平均少缴税费1818美元，未来10年至少可增加2500万个工作机会。

资料来源：为了吸引企业回流美国，特朗普放大招，很多国家不淡定了[EB/OL].每日经济新闻，2016-12-04.

3.实施“万亿减税”计划

（1）推进总量式减税清费。比如，2016年前11个月，全国税收收入122326亿元，预计2016年全年超过13万亿。建议通过政府的精兵简政、进一步压缩行政费用、加大国有企业收租分红力度等各种配套措施缩小开支，增大减税空间，有效遏制实体经济下滑和资本外流。

（2）改革以企业税、流转税为主的税制。以企业税、流转税为主的税制是造成制造业企业税负成本较高的重要因素。这种税制结构在经济起飞阶段，激励了地方政府之间的经济竞争，但在经济转型的今天，与实体经济发展的现实需求已严重不匹配，与世界为企业减税的大潮流不相适应。这就需要进一步提高直接税比重，加快推进个人所得税综合与分类相结合的税制改革，扩大财产税、个人所得税征收，启动遗产税、赠与税等新型税种。

（3）以财产税为主体赋予地方政府稳定的税源。由于地方缺乏主体税种，加上地方财政支出压力比较大，使得减税在地方层面很难真正落实。从国际经验看，以房地产税为重点的财产税作为地方税种不仅有利于调节贫富差距、防止房地产泡沫，同时也有利于确立纳税人意识，促使地方政府有效履行公共服务职能。下一步，要加快房地产税立法，并将房地产税作为地方未来的主体税种，使地方政府摆脱对传统增值税的过度依赖。

二、形成金融支持实体经济的大环境

金融是支持实体经济、振兴实体经济的重要途径，也是结构性改革的重大任务。在金融业快速发展的今天，如何处理好实体经济与虚拟经济关系，遏制资金“脱实向虚”的倾向，降低实体经济成本，成为经济转型与结构性改革的重大挑战。

1. 金融业快速发展，但脱实向虚的倾向严重

（1）金融业发展势头迅猛。过去几年，无论是银行业、证券业还是保险业，都经历了规模快速增长。以银行业为例。近 5 年，我国银行业资产平均增速保持在 16% 以上[①]。2015 年，金融业占 GDP 比重为 8.5%，而金融业相对发达的英、美、日、德金融业增加值占 GDP 比重多数年份在 8% 以下。

专栏 6.6

中国金融业增加值在 GDP 中的占比超越英美

中国金融业增加值在 GDP 中的占比已经超过 9%，而且还在继续上升；美国和英国是服务于全球的两个金融大国，金融业在 GDP 中的占比也就是 7% 左右。目前我国实体性财富的总价值大约 380 万亿元左右，而金融资产的规模已经达到了近 450 万亿元（不含衍生品），差不多是 GDP 的 7 倍；近年来每年以新增 30 万亿 ~ 40 万亿元的速度在增长。

资料来源：民营经济转型升级 供给侧改革如何攻坚［EB/OL］. 凤凰财经，2016-12-18.

（2）金融业发展并未真正带来实体经济融资成本下降。金融是现代经济的血脉，金融业的本质是服务实体经济。但近年来，“辛苦十年办个厂，不如京沪买套房”等现象表明，我国金融出现了“脱实向虚”的倾向。金融业快速发展与实体经济融资难以并存，金融业规模快速扩张并未带来实体经济融资成本下降；一些资金流向房地产市场轮番高杠杆炒作，热炒大宗商品期货；一些企业并未将资金投入到生产经营中，而是用于购买理财产品、炒股票等金融活动，热衷资本运作“赚快钱”。

① 杨家才 . 当前中国银行业呈现四大特征［EB/OL］. 光明网，2016-10-24.

2. 强化金融与实体经济的共生共荣关系

（1）金融业不能脱离实体经济自我发展。2008年国际金融危机表明，金融和实体经济是一种共生共荣的关系，脱离实体经济的金融业繁荣是虚假的繁荣。金融业可以一时脱离实体经济自我盈利，但从中长期看，如果不建立在实体经济发展基础之上，就会引发系统性、区域性金融风险。

（2）重点防范房地产市场泡沫。例如，以发布2015年年报的412家上市公司为准，共有46家公司的全年净利润不足1500万元，买不起北上广深黄金地段的一套房[①]。一些企业通过投资理财，变相把本来应该用在实体经济发展上的资金用于房地产的炒作，不仅不利于实体经济发展，还会导致实体经济进一步“失血”。

专栏 6.7

2016年中央年内四提抑制资产泡沫

2016年12月21日，中央财经领导小组第十四次会议明确提出要“抑制房地产泡沫”。这是今年以来，中央第四次提及资产泡沫相关问题。此前三次分别为：7月26日，中央政治局会议提出“抑制资产泡沫”；10月28日再次提及“注重抑制资产泡沫”；12月14–16日举行的中央经济工作会议则在再次明确“着力防控资产泡沫”的同时，还提及要加快研究建立基础性制度和长效机制，既抑制房地产泡沫，又防止出现大起大落。

资料来源：中央年内四提抑资产泡沫提出要规范租房市场［EB/OL］. 每日经济新闻，2016-12-22.

（3）有效控制房贷过度扩张助长金融脱实向虚。2016年前三季度，全国个人住房贷款增加3.63万亿元，同比多增加1.8万亿元，尤其是7月份，房贷成为新增贷款的主体[②]。相反，实体经济贷款却一直疲软，企业贷款困难。

① 上市公司业绩不如北上广一套房？［N］. 新京报，2016-02-26.

② 前3季度房贷同比多增1.8万亿元：风险总体可控［N］. 经济日报，2016-11-04.

专栏 6.8

开放型经济条件下房地产资产泡沫的三种结果

（1）俄罗斯式的本币贬值，房价不跌，汇率暴跌。这是俄罗斯楼市资产价格持续坚挺的“出清”方式，汇率贬值意味着资产的对外价值已下降，但对内价值仍居高不下，国内居民仍需承受高房价。

（2）日本式的楼市崩盘，房价崩盘，汇率稳定。这是日本楼市泡沫的“出清”方式，日元汇率在因广场协议而升值后保持稳定，但房价雪崩，日本楼市资产的对外、对内价值均下降。

（3）最好的前景：做实楼市泡沫的同时，保持住汇率稳定，当然前提是楼市泡沫从此不再增长。

资料来源：胡月晓．中国资产泡沫的三种前景［EB/OL］．FT 中文网，2016-06-22.

（4）多管齐下抑制房地产投资属性。一是房地产购买环节严格降杠杆，防止投机资金流入楼市；二是规范住房租赁市场，鼓励个人租房，改变“重购轻租”，建立购租并举的住房制度；三是对闲置房屋征税，防止房地产资源浪费；四是改变地方政府对土地财政的过度依赖，防止一些地方政府助推房价不合理上涨。

3. 尽快出台金融支持实体经济的行动计划

（1）形成金融支持实体经济的新格局。把虚拟经济与实体经济协调发展作为金融业健康发展的指导思想，多管齐下遏制金融“脱实向虚”的势头，形成引导金融支持实体经济的有效途径。

（2）切实降低企业融资成本。建立虚拟经济运行监控体系，优化虚拟金融资产结构，提高金融与实体经济的匹配度，防止虚拟经济的过度膨胀。规范同业、信托、理财、委托贷款等业务，清理不必要的资金“通道”、“过桥”环节，缩短融资链条，通过金融业的良性竞争降低融资成本。

（3）打通金融支持民营经济发展的体制瓶颈。鼓励支持民营资本发展的互联网金融，为民营经济提供低成本贷款融资。采取减免增值税等政策鼓励更多金融机构为小微企业、个体户、农户服务的小微金融机构提供贷款。通过政策性金融机构、政策性金融业务或贴息等手段加强薄弱环节服务。

（4）形成金融支持新经济发展的有效办法。新经济带有“轻资产”的特点，主要的要素是人力资本，缺乏有效抵押物获得银行信贷。采取允许知识产权等作为资产抵押获得贷款等渠道拓宽新经济发展融资渠道。

（5）加大直接融资力度。避免实体经济对银行贷款和债券市场过度依赖的风险，尽快落实股票市场注册制，加大资本市场直接融资力度；鼓励证券公司、资产管理公司、股权投资基金及产业投资基金等参与企业兼并重组，促进行业整合和产业升级。

三、以发展混合所有制为重点破题国有企业改革

在民间投资严重下滑的背景下，处理好国有经济和民营经济发展之间的关系，逐步成为事关全局的重大结构性问题。以发展混合所有制为重点破题国有企业改革，既有利于推动国有企业自身的转型，又有利于拓宽民间投资渠道，是结构性改革获得巨大红利的重要来源。

1. 以发展混合所有制推动国企转型

（1）国有资本应当在推动国家产业结构变革中发挥重大作用。无论是工业去产能，还是推进制造业转型升级，都需要国有资本扮演重要角色。从国有资本的角度看待国有企业，可以有进有退，调整优化布局。建议国有资本原则上退出“三高产业”，降低国有资本在“夕阳产业”中的比例，淘汰部分“僵尸企业”。

专栏 6.9

国有企业是去产能和工业转型升级的重点

近年来，钢铁、煤炭、水泥、玻璃、石油、石化、铁矿石、有色金属等国企比较集中的8大行业是产能过剩的“重灾区”，亏损面已经达到80%左右。目前，这8大行

业对整个工业PPI下降的贡献占了70%～80%[①]。中国钢铁工业协会最新统计数据显示，2015年，全国大中型钢铁企业的主营业务全年累计亏损超过1000亿元，同比增亏24倍，同时市场并没有显示出扭亏的迹象，2016年1–2月全行业亏损114亿元[②]。

资料来源：中改院课题组整理。

（2）推动传统国有大企业向创新型企业转型。发展混合所有制与国有资本结构的战略性调整相结合，使国有资本能够适应制造业服务化和发展新经济的要求。把更多国有资本配置在生产性服务业领域，提升国有资本在战略性新兴产业中的比重，在国有企业中培育总部经济，充分利用现代信息网络技术及平台，发展一批具备国际竞争力、在国内国际具有强大资源配置能力的专业化研发服务机构。

专栏6.10

发展创新型国有企业才能提升利润

2015年，中国500强企业的营业收入达到59.5万亿元[③]，相当于2014年GDP（63.6万亿元）的93.6%；500强企业纳税总额达到3.98万亿元，占当年全国税收总额的33.4%[④]。应当看到，没有大企业的转型升级，我国制造业版图很难真正改变；另一方面，规模以上工业企业利润下降，大型国有企业经营形势严峻。据统计，2015年，全国规模以上工业企业实现利润总额63554亿元，同比下降2.3%。规模以上工业企业中，国有控股企业实现利润总额10944.1亿元，同比下降21.9%，创历史新低[⑤]。

资料来源：中改院课题组整理。

（3）以发展混合所有制为重点推动国有资本优化重组。一是以提升产业集

① 2016将是产能过剩国企“要命”之年［N］. 兰州日报，2015-12-24.

② 中钢协. 钢铁行业主营业务去年亏损超千亿［EB/OL］. 中国证券网，2016-04-07.

③ 华晔迪，向志强. 中国企业500强榜单出炉　中石化连续第11年问鼎［EB/OL］. 新华网，2015-08-22.

④ 冯立果，李素云. 中国大企业的盈亏能力如何？［EB/OL］. 财新网，2015-09-28.

⑤ 国家统计局. 2015年国民经济和社会发展统计公报［EB/OL］. 国家统计局网，2016-02-29.

中度为重点推动国企并购重组；二是推动“国企＋国企”式的并购重组；三是鼓励“民企＋国企”式的并购重组。出台具体政策，鼓励民企通过资本市场并购等方式取得部分商业类国有企业的控股权，对国有企业进行兼并重组，实现国企、民企的双赢。

2. 以发展混合所有制拓宽民营经济发展空间

（1）防止出现新的“国进民退”。在去产能的过程中，由于民营企业比国有企业更难得到融资，加上国有企业有政府信用担保，同样的竞争条件下，民营企业被淘汰的机会更多。发展混合所有制不仅仅是发展国有企业本身，更重要的是实现国有经济与民营经济相互促进、共同发展的新格局，拓宽民营经济发展的制度空间。

（2）把扩大民间投资渠道作为国企改革的重点。发展混合所有制，是在保持基本经济制度前提下破除垄断、开放市场、扩大民营经济参与的重要渠道。把发展混合所有制作为遏制民营经济下滑、资本外流的重要途径，争取到2020年初步建立起包容、开放、共享的国有资本管理体制。

（3）全面推进在电力、石油、天然气、铁路、民航、电信等领域引入社会资本投资。形成这些领域引入社会资本参与国有企业改革的产业指导目录，除涉及国家安全等特殊领域之外，国有企业通过出让股权、兼并重组等方式大力吸引非公有制资本投资入股。

（4）大力推动社会资本进入国防科技工业建设领域。从国际经验看，军事领域的高科技往往代表着一个国家最尖端的技术，军民融合式发展有利于快速推动一个国家高精尖科技在工业转型升级中的广泛应用。凡不涉及国家安全的国防科技工业，尽可能引导社会资本参与，形成面向全国、分类管理、有序竞争的开放式发展格局。

3. 以混合所有制加快完善国有企业内部治理机制

（1）在更多领域允许社会资本控股。近年来，社会资本对参与国有企业改革有较多的顾虑，很大程度上在于参股之后，难以参与企业治理和影响决策，对自身收益缺乏稳定预期。对于一般竞争性领域，允许社会资本控股，注重发挥民营企业家作用实现国有资本保值增值。

（2）国有资本不追求绝对控股。将国有独资形式的企业严格限定在涉及国家安全的少数国有企业和国有资本投资公司、国有资本运营公司；将国有绝对控股的企业严格限定在涉及国民经济命脉的重要行业和关键领域；在涉及支柱产业和高新技术产业等行业，主要采取相对控股，如采取优势控股（51%）甚至有效控股（50% 以下）的方式；在不需要国有资本控制、可以由社会资本控股的国有企业，可采取国有参股形式或者全部退出。

（3）推进混合所有制企业员工持股。实行员工持股，有利于发展创新型国有企业，有利于调动员工积极性，有利于员工持之以恒地关心企业命运。尽快形成国有企业员工持股的可操作性方案，形成国有企业员工与企业发展的命运共同体，避免员工的短期行为，形成国有企业长期可持续发展的体制机制。

4. 实现国有资产监管从管企业向管资本的转变

（1）以管资本为主实现混合所有制的新突破。当前，国有资产管理体制的主要特征是“管资产和管人、管事相结合”。事实上，既管资产，又管人、管事，与发展混合所有制存在诸多方面的不适应：忽视国有资本定位这样的大局问题；难以使监管聚焦于国有资本保值增值；难以适应非公经济控股的混合所有制。

（2）尽快形成以管资本为主的国有资本管理体制新格局。资本化的国有资产的预期效能，主要通过市场运作、而不是靠行政力量来实现。

——明确国有资产监管机构的职能主要是优化国有资本布局和实现国有资本保值增值。

——大力推进国有资产资本化，改革国有资本授权经营体制，组建若干国有资本运营公司，支持有条件的国有企业改组为国有资本投资公司。

——在市场失灵的领域，国有资本可以委托专业投资控股机构来投资，以实现特定的公共目标；在一般性竞争领域，国有资本可以委托专业的社会性投资机构运作，以追求更高的利润。

——健全国有企业各项规章制度，包括企业投资管理、财务管理、产权管理、风险管理等专项管理制度，健全国有资产基础管理制度。

5. 三类国有资产管理职能和机构的分离

（1）正确履行国有资产所有者职能。我国是以公有制为主体的国家，在市场决定资源配置的条件下仍需要政府正确履行国有资产所有者职能。目前的突出问题是：国有经济分布过宽、过散；国有资本公益性严重不足；对于“关系国家安全和国民经济命脉的重要行业和关键领域”的范围，目前尚没有明确的目录与标准，导致国有资本战略布局调整实际操作难度较大；国有资产管理条块分割，难以从全局高度对国有经济布局结构进行总体规划。

（2）宏观管理、资本运营和监督评价三种国有资产管理职能应当分离。国有资本所有权的管理职能主要包括宏观管理、资本运营、监督评价三种职能，但这三种职能性质不同，行使各有其自身特点，应当分开行使，各有侧重。宏观管理的重点是强化国家对国有资本的所有者职能，以及与此相关联的宏观规划和管理；投资运营着重通过具体的资本投资和资本运营行为实现国有资本的保值增值；监督评价着重通过对国有资本所有权管理过程及结果的监督评价，以确保国有资本管理使命和战略目标的实现。

（3）理顺财政部、国资委、国有资本投资及运营公司之间的关系。

——将国有资本宏观管理职能归口财政部。客观地看，资本本身并没有公益性和营利性之分，关键在于资本投在公益机构还是营利性企业。中共十八届三中全会《决定》提出，“国有资本加大对公益性企业投入，在提供公共服务方面作更大贡献”。落实这一任务，需要财政部作为国有资本所有者，站在国家全局的角度，统一制定调整优化国有资本配置的政策，确定国有资本在公益性企业的配置比例，并形成全口径的国有资本预算制度和管理制度。

——国资委作为国有资本配置的执行机构，并负责国有资本监督评价。执行国家大政方针，确定国有企业改革方案，依法履行监督评价职能，不再直接干预国有企业的人、财、物。

——组建国有资本投资及运营公司，负责具体的资本投资和运营。新组建的国有资本投资及运营公司，作为依法落实国家政策、推动国有资本投资运营的执行机构，实现发展混合所有制的新突破。

四、加快实现产权保护法治化

规范化、法治化的产权保护是现代市场经济的基石，是实现公平可持续发展的重要保障。深入推进产权保护法治化，有利于完善市场经济体制、激发市场活力、调动全社会创新创业热情，增强人民群众财产财富安全感，增强社会信心和稳定预期；有利于提高居民财产性收入，形成扩大中等收入群体的制度保障。

1. 创造良好经济预期

（1）在经济下行压力加大的背景下，产权保护法治化对于稳定经济预期至关重要。民间投资下降、实体经济下滑有产业结构调整、市场前景不明朗等多方面的原因，但也与私人产权保护规范化法治化缺失、投资缺乏安全感，导致社会投资信心不足直接相关。我国进入工业化后期，经济转型与社会转型同步是一个突出特点。在这个特定背景下推进产权保护法治化，需要把握全局、突出重点，立足于为经济社会转型提供良好的制度预期和制度保障。

（2）经济转型对产权保护法治化提出新要求。工业化后期，知识要素、创新要素在推动经济增长中的地位、作用提升是一个大趋势。我国的制造业转型升级与全球“工业 3.0”、“工业 4.0”为代表的新一轮产业革命呈现历史交汇，对发展知识经济提出新的要求。有效激发大众创业、万众创新的热情，推动产业迈向中高端，都要求把严格保护知识产权作为产权保护的重点。这就要求加大知识产权保护力度，提高知识产权侵权成本，降低维权成本。

（3）扩大中等收入群体对产权保护法治化提出新要求。工业化后期，伴随着国民收入水平的提高，中等收入群体的持续扩大是一个突出特征。2015 年，我国人均 GDP 已经达到 7925 美元，达到中高收入阶段，但中等收入群体估计仅有 3 亿人左右，占总人口的比重大概在 25% 左右[①]。从国际经验看，扩大中等收入群体，不仅取决于经济发展水平，而且取决于以产权为重点的收入分配制度安排。扩大中等收入群体，客观上需要广大社会成员能够依据土地、技术才能、管理才能等各类要素获得合法的财产性收入。从现实情况看，由于产权制度安排不合理，城乡居民获得财产性收入渠道不畅。财产性收入比例严重偏低，是中等收入群体自我认同感不强的重要原因。这就要求健全增加城乡居民财产性收入的各项制度，形成有利于扩大中等收入群体的产权制度。

2. 突出各种所有制经济产权平等保护的制度创新

实现各种所有制经济产权平等保护，激发各类市场主体活力，是经济转型升级的重要前提。新阶段对公有制产权和非公有制产权进行平等保护，既有非公有制经济进入服务业等领域面临着的各类隐性壁垒，又有企业家创新收益保护等新矛盾新问题。这就需要：坚持机会、规则、权利平等，废除对非公有制经济多种形式的不合理规定；尽快梳理和消除各种隐性壁垒，支持各种所有制经济依法平等使用生产要素、公平参与市场竞争、同等受到法律保护、共同履行社会责任；适应新形势扩展产权保护的内涵和外延，尽快建立并完善有利于企业家创新创业的激励机制，依法保护企业家财产权和创新收益，增强企业家的财产安全感。

3. 突出知识产权保护制度创新

严格保护知识产权既有利于加快经济转型升级，也有利于使广大知识分子能够凭借自身的知识资本成为中高收入者。探索建立对专利权、著作权等知识产权侵权惩罚性赔偿制度的同时，加快科研体制的配套改革创新，在有效界定

---

① 迟福林 . 适应经济社会转型 推进产权保护法治化［N］. 经济参考报，2016-12-01.

科研人员知识产权基础上形成可操作的实施方案。探索建立知识产权法院的制度创新，积极发挥知识产权法院作用。推进知识产权民事、刑事、行政案件审判“三审合一”，加强知识产权行政执法与刑法司法的衔接。

4. 推动混合所有制企业实行员工持股法治化

在国有企业混合所有制改革中，允许有条件的混合所有制企业实行员工持股。这就需要通过立法规范国有企业员工持股的办法和程序，在探索建立国有企业员工利益和企业利益、国家利益激励相容的体制机制上取得突破。

5. 形成房屋土地使用权到期自动续期的法治规范

住房市场化改革以来，全国大面积出让的40年商住用地、70年住宅用地，使用年限逐步到期，如何续期涉及广大社会成员的切身利益，需要形成规范化的制度安排。按照《物权法》相关规定，尽快形成土地使用权到期之后自动续期的具体规范和操作细则，稳定社会预期。

五、以落实农民土地财产权为重点加快城乡一体化进程

城乡结构问题，是我国经济转型中的重大结构型问题。推动经济转型，跨越“中等收入陷阱”的最大结构性问题是城乡发展失衡，最大短板是“三农”问题。落实农民土地财产权，盘活农村土地资源，加快城乡一体化进程，不仅有利于推动农业现代化进程，使6亿农民富裕起来，而且将成为顺利转型的巨大红利。

1. 盘活农村土地资源既有利于农业转型，又有利于人口城镇化

（1）经济转型升级的背景下，解决“三农”问题的条件发生深刻变化。一方面，在人口红利递减的背景下，劳动力由过剩走向短缺，更多农民转移到城镇；另一方面，过去由于贫困，人们对农产品的要求并不高，资本、劳动力等要素流出农村有其合理性。在这种情况下，农业现代化进程缓慢是必然的。但

是今天人们对绿色食品的需求日益增多，全社会对发展高质量农业的需求也日益增多，解决“三农”问题的条件发生了变化。

（2）盘活农村土地资源，将释放农业现代化巨大潜力。中共十八届三中全会提出，农村集体经营性建设用地与国有土地同等入市、同权同价[①]。允许农村承包地、宅基地、集体经营性建设用地的法人财产权抵押、担保、转让，将释放巨大发展动能。

（3）盘活农村土地资源对加快人口城镇化意义重大。农业转移人口难以将农村土地、宅基地财产权变现到城镇购房安家，成为制约人口城镇化的突出矛盾。如果农村土地资源能够盘活，将为释放人口城镇化潜力创造重要条件。

2. 以盘活农村土地资源吸引资本进入农业领域

（1）农村土地制度改革应当有利于资本进入农业。当前，我国已经成为资本输出大国，大量过剩的国内资本流到外国，而国内农业仍面临资本化、产业化、商业化不足的突出矛盾，国内现代农业发展处于尴尬境地。在推动农村土地流转、实现农业规模经营上，如果一味强调资本下乡的负面效应，我国农业将会失去重大发展机遇。

（2）农村土地制度改革应当充分考虑农民权益。推动农村土地流转，有利于国内资本流入农村，但需要以赋予农民土地财产权为前提。降低现代农业发展的制度性交易成本，需要赋予农民在土地产权上更多的自由选择权。

（3）赋予农民长期而有保障的土地财产权。第一，尽快修改相关法律法规，赋予农村土地使用权物权性质，使农民真正从法律上享有支配土地使用权的权利。第二，把家庭承包土地纳入财产权法律保护范畴。第三，从法律上赋予农民住房财产权的完整产权，赋予其占有、使用、收益、转让、抵押等完整权利。

---

① 中共中央关于全面深化改革若干重大问题的决定［M］. 北京：人民出版社，2013.

3. 让农业转移人口能够通过土地财产权变现在城镇安居

（1）破解城乡资本、土地和住宅市场双向流通。解决乡村房地产与城市房地产两个市场接轨的政策和法律问题，有利于形成人口城镇化与房地产去库存的良性互动。

（2）修改《土地管理法》。在《土地管理法》第二条中增加一款“赋予农村土地使用权人的土地用益物权，使其拥有对土地使用权依法享有占有、使用、收益的权利”；将第十四条“土地承包经营期限为三十年”修改为“实现农村土地承包关系稳定并长久不变”；法律将其界定为“农民财产权”，纳入财产保护范畴。

（3）推动农民住房财产权流转。尽快结束现行法律限定农民宅基地“一户一宅”、转让限于本村的半商品化状况，赋予农民宅基地及其房屋所有人完整的财产权；发放统一的、具有法律效力的宅基地证书，从法律上赋予农民对宅基地使用权用益物权性质。

（4）实现农村建设用地平等入市。在《土地管理法》第九条中增加一款“县级以上地方人民政府应当建立城乡统一的土地市场，主要通过市场配置土地资源”，为农民土地使用权的流转提供法律依据和制度保障；尽快出台建立城乡统一建设用地市场的实施方案，以严格规划和用途管制为前提，建立公开、公正、公平的统一交易平台和交易规则，打破目前地方政府独家垄断供地的格局，活跃土地二级市场，促进土地抵押、租赁、出让市场的发展和完善。

4. 全面实施居住证制度

（1）以全面实施居住证制度取代城乡二元户籍制度。从现实情况看，城乡二元户籍制度存在的历史条件发生了根本性变化，到2020年，全面实施居住证制度，让城乡二元户籍制度退出历史舞台的条件基本成熟。

（2）“十三五”实现2.7亿农民工融入城镇。总体实现城乡基本公共服务均等化是人口城镇化的重要前提。“十三五”要实现城乡社会保障制度统一和对接，基本形成城乡一体化的基本公共服务体制安排。

（3）提升县域城镇化发展水平。公共资源向中心城市倾斜，导致中心城市房价过高，农民工很难在中心城市安居。推动公共资源配置向县域倾斜，让县域城镇拥有更多的公共服务和就业机会，能够吸引更多农业转移人口。

The Second
Round of Opening-up

第七章

服务业市场开放的重大行动

适应经济服务化和服务型消费需求快速增长的新趋势，推进以服务贸易为重点的开放转型，破解经济转型中的重大结构性矛盾，“重头戏”是以打破垄断为重点的服务业市场开放。

我国进入经济转型的关键时期，无论是形成服务业主导的产业结构，还是形成以服务贸易为重点的对外贸易新格局，都需要把服务业市场开放作为重中之重。在这个特定背景下，以服务业市场开放的重大行动加快现代服务业发展，既是经济转型的重大任务，也是应对经济全球化挑战的重大举措。

第一节　以服务业市场开放赢得经济转型与对外开放的主动

从现实情况看，破解经济转型中的重大结构性失衡，实现供给结构与需求结构的动态均衡，需要通过服务业市场开放，扩大服务供给能力；要形成服务业为主导的产业结构，需要通过服务业市场开放，形成有效投资；要形成服务贸易为重点的开放型经济新格局，需要通过服务业双向市场开放，加快自由贸易进程。

一、服务业市场开放牵动经济转型全局

我国进入工业化后期，无论是产业结构升级，还是消费结构升级，都依赖于服务业市场开放。可以说，服务业市场开放决定经济转型进程。

1. 服务业市场开放牵动制造业转型升级

（1）制造业转型升级依赖于生产性服务业。在全球制造业产业链布局中，“微笑曲线”两端的设计和研发，以及物流与销售等环节主要由欧美等发达国家控制，我国绝大多数企业只能从事低端的加工制造环节。我国工业“大而不

强”的关键因素在于生产性服务业发展严重滞后。数据显示，2010 年发达国家生产性服务业占服务业的比重普遍在 60% ~ 70% 之间[①]。高端制造业发展比较好的国家，如美国和德国的信息、设计、研发、物流、销售等生产性服务业占 GDP 比重大多在 43% 左右[②]，而我国生产性服务业占服务业的比重约为 35%，占 GDP 的比重约为 15%[③]。研究表明，目前服务中间投入占制造企业中间投入成本达到 70% 左右，对生产性服务的有效需求近 70% 来自于第二产业[④]。尽管我国工业发展从数量指标上看已经达到工业化后期水平，但是生产性服务业尚未从制造业中剥离出来独立发展，还停留在工业化中前期阶段。

（2）以服务业市场开放形成制造业转型升级的重要推动力。生产性服务业发展滞后很大程度上在于市场开放不足。在市场竞争状态下，企业将自身有限的资源配置到其最擅长的领域，并通过向市场购买生产性服务来替代企业内部生产，由此在推动生产性服务业的快速发展中形成制造业转型升级的重要推动力。未来 5 年，推动生产型制造向服务型制造转型，关键在于以服务业市场开放形成生产性服务业发展的推动力。

2. 服务业市场开放牵动消费结构升级

（1）服务型消费需求全面增强。随着我国进入工业化后期，消费结构开始由物质型消费为主向服务型消费为主转型。例如，经济条件较好的家庭送孩子上各类兴趣班和出国留学的现象越来越普遍。美国国土安全局的统计数字显示，2005–2006 学年，仅有 65 名中国籍中学生持因私护照赴美读中学；而到了 2012–2013 学年，美国私立高中已有 23795 名中国籍学生，7 年间增长了 365 倍[⑤]。

---

① 周洲 . 中国服务业占比或超工业［N］. 国际商报，2012–12–13.

② 王晓红 . 制造业与服务业融合发展的六大趋势［J］. 中国经济周刊，2014（25）.

③ 迟福林 . 走向服务业大国的转型与改革［J］. 经济学报，2015（2）.

④ 王晓红 . 制造业与服务业融合发展的六大趋势［J］. 中国经济周刊，2014（25）.

⑤ 赴美读高中人数 7 年增 365 倍［N］. 东方早报，2014–03–10.

（2）服务型消费供给不足。我国当前的产能过剩主要是结构性问题，某些工业领域的产能过剩与多数服务型消费供给不足并存，其中生活性服务业领域“有需求、缺供给”的矛盾尤为突出。以养老服务为例，我国进入老龄化社会，老年健康管理服务、老年康复护理、老年家政服务等需求全面快速增长，每年大约有 1 万亿元左右的需求，但实际上每年为老年人提供的产品与服务不足 1000 亿元[①]。

（3）以服务业市场开放扩大服务型消费的有效供给。改变服务业市场开放长期滞后于工业市场开放的局面，以服务业市场开放扩大服务型消费领域的投资需求和投资空间，促进投资结构与消费结构的动态平衡。

3. 服务业市场开放牵动开放转型

（1）服务贸易快速发展离不开服务业市场对外开放。在由货物贸易为主向服务贸易为重点的开放转型中，服务贸易发展越来越依赖服务业市场的开放。就是说，服务业市场开放决定服务贸易发展的深度与广度。2008 年国际金融危机爆发后，在整体外贸形势发生深刻复杂变化的情况下，我国服务贸易快速发展，2011–2015 年，我国服务贸易总额年均增速达到 14.5%[②]。服务贸易快速发展得益于服务业市场对外开放。实际上，从加入 WTO 以来我国就开始推进服务业市场对外开放，银行、保险、证券、法律、旅游、电信等服务部门修改和制定了一系列对外开放的法律法规，服务贸易领域的开放承诺得到有效落实。按照 WTO 规划分类的 160 多个服务贸易部门中，我国已经开放了 104 个[③]，涉及教育、金融、快递、会计、分销等重要服务部门，接近发达国家的水平。近年来，在全球服务贸易快速发展和我国开放转型的大趋势下，服务贸易的发展越来越离不开服务业市场开放。

---

① 钟南山 . 我国老年人市场年需求达 1 万亿元［N］. 南方都市报，2013-09-01.

② 商务部综合司 . 中国对外贸易形势报告（2016 年秋季）［EB/OL］. 商务部网，2016-11-02.

③ WTO160 服务业部门 中国已经开放 104 个［EB/OL］. 人民网，2013-10-06.

（2）以服务业市场开放释放服务贸易发展潜力。我国服务贸易发展起步较晚、发展水平不高，但由于拥有13亿人的消费大市场，服务贸易的市场空间巨大。未来5年，把握服务业跨国转移不断加速的趋势，稳健有序推进服务业市场双向开放，使我国全面、深度融入全球产业链，将为服务贸易发展带来良好机遇，从而到2020年有望实现服务贸易超过1万亿美元、服务贸易占对外贸易的比重进一步提升、服务贸易的全球占比明显提高的目标。

专栏7.1

扩大服务贸易规模和服务业开放

2015年2月，国务院出台的《关于加快发展服务贸易的若干意见》指出：

扩大服务贸易规模。巩固旅游、建筑等劳动密集型服务出口领域的规模优势；重点培育运输、通信、金融、保险、计算机和信息服务、咨询、研发设计、节能环保、环境服务等资本技术密集型服务领域发展，既通过扩大进口满足国内需求，又通过鼓励出口培育产业竞争力和外贸竞争新优势；积极推动文化艺术、广播影视、新闻出版、教育等承载中华文化核心价值的文化服务出口，大力促进文化创意、数字出版、动漫游戏等新型文化服务出口，加强中医药、体育、餐饮等特色服务领域的国际交流合作，提升中华文化软实力和影响力。

进一步扩大服务业开放。探索对外商投资实行准入前国民待遇加负面清单的管理模式，提高利用外资的质量和水平。推动服务业扩大开放，推进金融、教育、文化、医疗等服务业领域有序开放，逐步实现高水平对内对外开放；放开育幼养老、建筑设计、会计审计、商贸物流、电子商务等服务业领域外资准入限制。基本实现内地与港澳服务贸易自由化。推动大陆与台湾服务业互利开放。

资料来源：国务院关于加快发展服务贸易的若干意见[EB/OL].中国政府网，2015-02-14.

4. 服务业市场开放牵动新经济发展

（1）新经济的发展是市场开放的结果。我国使用互联网的人数居全球之首，新经济快速发展成为经济转型中的突出亮点。例如，2015年我国数字经济规模达到 18.6 万亿元（约合 2.7 万亿美元），位居世界第二，仅次于美国[①]。例如，网约车、互联网金融、移动医疗等新经济业态，在对传统服务行业形成严峻挑战的同时，也使服务业加快互联网化。政府允许和鼓励新经济的发展，使得一些服务行业的行政垄断不攻自破。例如，政府允许网约车的发展，在一定程度上打破了属于特许经营的传统出租车行业的行政垄断，使得出租车市场向社会全体成员开放。

（2）新经济发展与服务业市场开放直接融合。当前，“互联网 + 服务”已经全面覆盖与城乡居民日常生活密切相关的行业。服务业的发展与新经济的发展直接融合，无论是餐饮、缴费等便民服务，还是教育、医疗等公共服务，都可以发展成“互联网 +”等新的经济形态。总的来看，没有服务业市场的开放，要实现新经济快速发展就很困难。例如，发展移动医疗，如果没有医疗市场的开放，人们要想获得高质量的移动医疗服务就很困难。再例如网约车，如果用传统出租车管理办法来管理网约车，不仅不利于网约车健康发展，还容易积累新的矛盾与问题。也就是说，新经济与服务业市场开放相互依存、融合发展。

（3）在服务业市场开放中发展新经济。未来 5 年，需要在服务业市场开放中加快新经济发展，使服务业与新经济互相取长补短，实现协调发展，由此推动我国产业结构迈向中高端。

二、服务业市场开放滞后是突出“短板”

多年来，由于市场开放的重心主要在工业领域，服务业领域成为市场化改革的“突出短板”，主要表现在“三低一高”。

1. 市场化程度低

（1）存在较严重的行政垄断和市场垄断。有数据显示，我国工业部门 80%

---

① 国家网信办主任徐麟 . 2015 年中国数字经济规模居全球第二［EB/OL］. 澎湃新闻网，2016-11-17.

以上是制造业，属于高度市场化部门，而服务业约50%仍被行政力量垄断[①]。尽管国家一再强调社会资本可以进入法律未禁止的服务业领域，但由于行政垄断和市场垄断的存在，社会资本进入教育、医疗、通信、金融等服务行业仍面临种种障碍，这使得服务业市场难以通过公平竞争来提高供给能力、供给质量和供给效率。例如，2015年我国民营医院已经发展到14518所，占全国医院数量的比重达52.6%[②]，但民营医院在医疗卫生领域的市场份额仅占10%左右[③]。

（2）生产性服务业市场开放滞后。由于政策与体制等多方面因素影响，我国生产性服务业的市场准入门槛普遍高于工业，尤其是研发设计、金融、法律等服务部门，还面临较为严重的行政管制；会计审计、商贸物流、电子商务等行业对外资和社会资本的市场准入门槛仍然较高；一些行业对社会资本和外资尚未完全开放。

2. 对外开放程度低

（1）在我国服务业市场开放严重滞后的情况下，服务业还难以实现有序对外开放。从国际经验看，国与国之间的自由贸易协定中发达国家对服务业的限制一般比较少，约在30项以内；发展中国家会多一些限制，但一般也在40项以内。而在我国自由贸易试验区负面清单的122项特别管理措施中，有80余项针对服务业，远高于国际一般水平（见表7.1），由此也制约了服务贸易的发展。

表7.1：国际投资协定负面清单限制措施的行业分类（单位：项）

签约方（甲/乙）	签约时间	分类标准	第一产业	第二产业	第三产业
美国	2003.05.06	CPC	0	2	29
新加坡			0	7	68

① 张斌．中国经济趋势下行的逻辑［J］．经济研究消息，2013（10）．

② 国家卫生和计划生育委员会．2015年我国卫生和计划生育事业发展统计公报［EB/OL］．国家卫生计生委网，2016-07-21．

③ 数量与公立医院持平却只占10%市场份额［N］．青岛日报，2014-04-10．

续 表

签约方（甲/乙）	签约时间	分类标准	第一产业	第二产业	第三产业
美国	2003.06.06	HS	0	2	28
智利			3	3	57
美国	2005.01.01	HS	0	2	30
澳大利亚			1	0	27
澳大利亚	2008.07.30	CPC	2	1	37
智利			3	3	40
加拿大	1996.12.05	CPC	3	7	29
智利			3	5	33
日本	2007.03.29	CPC、JSIC	2	7	47
智利			3	2	26
日本	2011.02.20	ISIC、NIC	3	7	19
印度			12	14	7

资料来源：樊正兰，张宝明．负面清单的国际比较及实证研究［J］．上海经济研究，2014（12）．

（2）服务业市场开放滞后制约服务贸易发展。尽管我国已经成为世界第二大服务贸易国，但服务贸易占比仍然偏低。数据显示，2015 年，全球服务贸易额占世界贸易总额的比重为 22.2%[①]，而我国仅为 15.3%。一个重要的原因在于我国服务业市场对外开放明显滞后。无论是生产性服务业，还是生活性服务业，均面临严格的市场准入限制和国内管制，由此制约了服务贸易的进一步发展。从我国的情况看，服务贸易限制主要表现在对外资企业的形式、股权、外资占比等方面的限制。根据 OECD 公布的 42 个国家 18 个服务部门服务贸易限制指数 STRI（Series Trade Restrictiveness Index）显示，指数越大表明该行业限制性越强，市场开放程度越低。2015 年我国服务贸易限制指数的平均数为 0.416，仅次于印度尼西亚和印度[②]。尽管我国在建筑服务、计算机服务、电信服务等方

① 2015 年全球服务贸易比重提高至 22.2%［EB/OL］．商务部网，2016-05-18．

② 胡心宇．国际服务贸易限制性措施的现状和影响［J］．对外经贸实务，2016（11）．

面具有某些竞争优势，但与美国相比，我国在这些服务贸易领域的限制均高于美国（见图 7.1）。

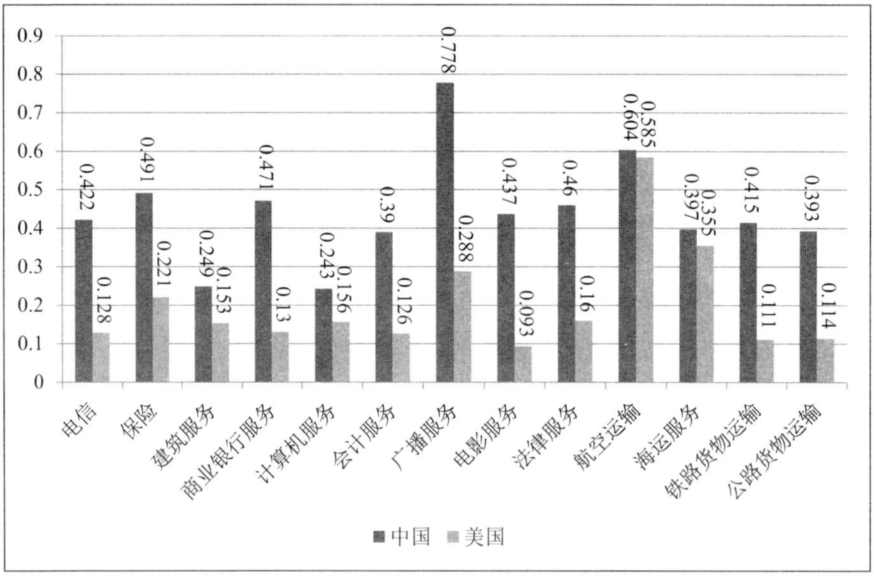

图 7.1：2015 年中国与美国服务贸易限制指数比较

数据来源：OECD 服务贸易限制指数数据库。

3. 服务水平低

服务业市场开放滞后，缺乏公平竞争的市场环境，既难以产生高品质的服务，也难以提供现代化的服务产品与服务标准。近几年来，我国因服务质量问题引发的消费投诉不断增多。2015 年，在全国消协组织受理的消费者投诉中服务类投诉达 18.8 万件，占总投诉的比重为 29.34%，比 2014 年上升 0.62 个百分点。其中，生活社会服务类、销售服务、信息通信服务、互联网服务和邮政业服务居于投诉前五位[①]（见表 7.2）。此外，服务水平不高也是导致部分服务型消费外流的重要原因。

① 2015 年全国消协共受理消费者投诉 63.9 万件［EB/OL］. 新华网，2016-01-25.

表 7.2：2014–2015 年全国消协受理服务投诉量（单位：件）

服务大类	2015 年（件）	投诉比重（%）	2014 年（件）	投诉比重（%）
生活、社会服务类	63311	9.85	59075	9.54
销售服务	28747	4.47	27357	4.42
信息通信服务	27340	4.25	23379	3.77
互联网服务	27093	4.22	28895	4.66
邮政业服务	13240	2.06	8154	1.32
文化、娱乐、体育服务	9038	1.41	6577	1.06
教育培训服务	5811	0.9	6423	1.04
公共设施服务	4845	0.75	7560	1.22
旅游服务	4646	0.72	1701	0.28
房屋装修及物业服务	3980	0.62	5596	0.9
金融服务	1162	0.18	1344	0.22
保险服务	1130	0.18	1173	0.19
卫生保健服务	516	0.08	662	0.11

资料来源：中国消费者协会．二〇一五年全国消协组织受理投诉情况分析［EB/OL］．中国消费者协会网，2016-01-25.

4. 服务价格较高

在价格管制、缺乏有效竞争的情况下，不少服务业领域价格居高不下。例如，电信行业是我国国有资本控股比例最高的领域之一，尽管近两年来在电信销售环节引入了社会资本，但由于竞争不充分，不仅服务价格高，而且服务质量改进较慢。根据 Akamai 公司统计数据，2015 年，我国的宽带平均上网速度全球排在第 91 位，仅为韩国的 18%。但是，平均一兆每秒的接入费用却是发达国家的 3 ~ 5 倍[①]。再例如，国内部分商品价格偏高，主要是因为服务环节价格高，尤其是物流成本居高。有数据显示，2015 年，我国社会物流总费用占 GDP

① 迟福林．"十三五"改革应以服务业开放为重点［N］．经济参考报，2015-10-29.

的比重为16%[①]，不仅高出美国两倍左右，而且高于印度、巴西等发展中国家的水平（见图7.2）。

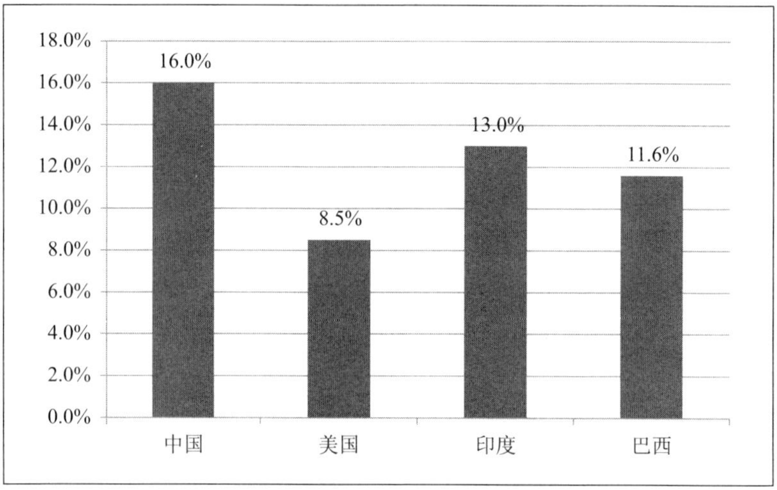

图7.2：我国与部分国家物流总费用占GDP比重情况比较

数据来源：中国物流成本高企 应打造物流强国［N］. 中国经营报，2015-03-07.

三、以服务业市场开放释放经济活力

2016年以来，国内民间投资增速大幅下滑反映出我国投资渠道收窄，而服务业领域有着大量的投资需求，民间投资却无法进入。释放经济活力、拓宽社会资本投资渠道，关键在于服务业市场开放。

1. 从工业市场开放到服务业市场开放

从改革开放38年的实践看，工业领域一直是我国市场开放的重点。我国正是抓住了全球产业转移的历史机遇，加快工业领域市场开放的步伐，才能在充分利用国际、国内两个市场的基础上，做大工业“蛋糕”，由此使我国成为全球

① 中国物流费用达10.8万亿元 占GDP比率16.0%［EB/OL］. 中国新闻网，2016-06-04.

制造业第一大国。国际经验表明，由高附加值的现代服务业逐步取代低附加值的传统工业是产业结构升级的基本规律，也是一个国家由工业化中期走向工业化后期的客观趋势。我国进入工业化后期，市场配置资源的重点由工业领域转向服务业领域。也就是说，发挥市场在资源配置中的决定性作用，突出矛盾在服务业领域；做大服务业“蛋糕”，关键是服务业市场的开放。

2. 服务业领域蕴藏巨大的市场空间

（1）服务业投资增速明显快于工业。近几年来，在工业领域投资增速大幅下降的情况下，服务业投资在稳定经济增长中发挥了重大作用。2012 年，我国服务业固定资产投资增速仅比工业高出 0.4 个百分点。2016 年 1–11 月，我国服务业固定资产投资同比增长 11.3%，比工业高出 8 个百分点（见图 7.3）。

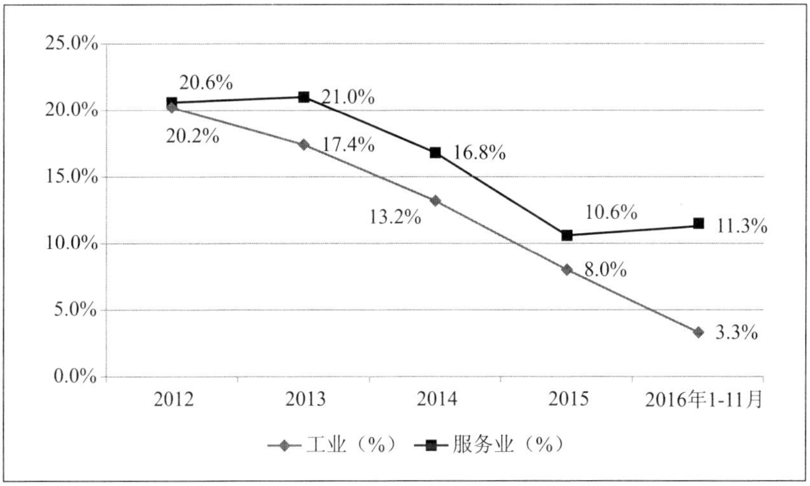

图 7.3：2012–2016 年 1–11 月服务业与工业固定资产投资增速

数据来源：根据历年国家统计局全国固定资产投资统计数据整理。

（2）服务业逐步成为社会投资的重点领域。2013 年以来，由于一批生活性服务业领域向社会资本开放，我国服务业领域的投资规模不断扩大。据统计，2012–2015 年，我国服务业固定资产投资由 20.5 万亿元增长到 32 万亿元，服务业固定资产投资占全社会固定资产投资的比重由 54.8% 提高到 57%，2016 年

1 — 11 月，这一比重进一步提升到 57.8%（见图 7.4）。

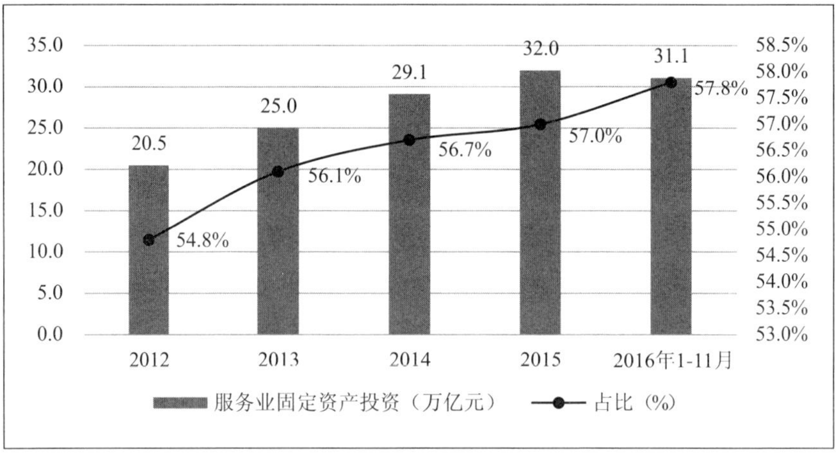

图 7.4：2012–2016 年 1–11 月我国服务业固定资产投资及其占比

数据来源：根据 2016 年《中国统计年鉴》和 2016 年 1-11 月全社会服务业固定资产投资统计数据整理。

（3）服务业市场开放将给社会资本带来巨大的投资空间。随着教育、医疗等服务业市场逐步放开，社会资本进入服务业领域的势头加快，在满足社会多元化公共需求中扮演着重要角色。从教育领域看，截至 2015 年年底，全国共有各类民办学校（教育机构）16.27 万所，各类民办学校在校生达 4570.42 万人①。有机构预测，到 2018 年我国民办教育市场规模将超过 1 万亿元②。从文化领域看，2015 年，我国文化产业及相关产业增加值达到 2.72 万亿元，占 GDP 的比重为 3.97%③。但与美国相比，仍有相当大的差距。目前，我国文化产业占世界文化市场比重不足 5%，而美国则占了 42%④。从健康产业看，"十三五"期间，

① 教育部 .2015 年全国教育事业发展统计公报［EB/OL］. 教育部网，2016–07–08.

② 中研普华公司 .2013–2018 年中国民办高校行业市场动态及发展前景预测报告［R］. 2013.

③ 国家统计局 .2015 年我国文化及相关产业增加值比上年增长 11%［EB/OL］. 国家统计局网，2016–08–30.

④ 让"互联网 +"为文化市场开辟新天地［EB/OL］. 重庆文明网，2015–11–02.

我国健康服务业的市场消费总规模将高于医疗消费总规模，健康服务业市场潜力高达 8 万亿元人民币[①]。

3. 以服务业市场开放释放社会资本活力

（1）庞大的高净值人群拥有大量的社会资本。与改革开放初期缺乏资本的情况不同，现阶段我国发展服务业并不缺乏资本。近年来，我国形成了庞大的高净值人群，成为社会资本投资的重要力量。有数据显示，2012–2016 年，我国千万高净值人群数量由 102 万人增长到 134 万人，年均增长 6.9%（见图 7.5）。

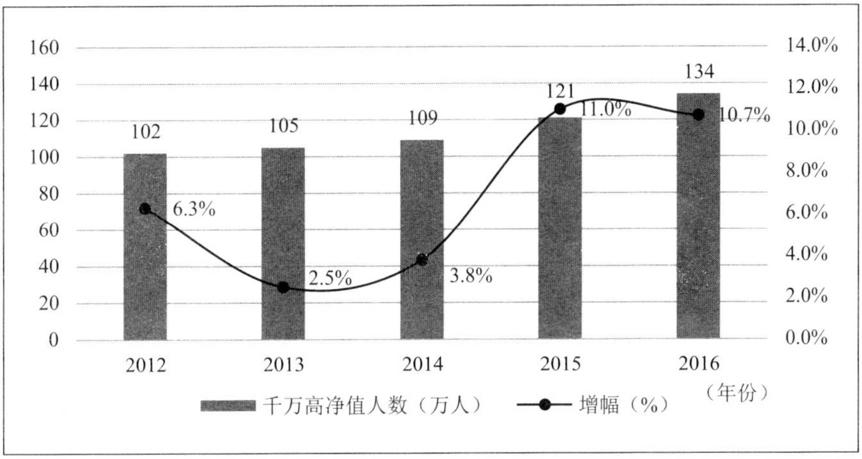

图 7.5：2012–2016 年我国千万高净值人群规模

数据来源：泰康与胡润研究院 . 2016 中国高净值人群医养白皮书［R］. 2016.

（2）社会资本高度关注服务业领域投资。据招商银行对国内高净值人群的一项调查显示，约 45% 的受访高净值人士表示，国企改革、垄断行业市场开放等政策将对自己未来一两年内的投资行为有重要影响。仅有不到 10% 考虑增加对传统制造业的投资，大多数的投资热情相对集中在创新行业和消费服务业

① 迟福林 . 转型闯关——“十三五”：结构性改革历史挑战［M］. 北京：中国工人出版社，2016.

（见图 7.6）。这反映出国内高净值人群高度关注服务业投资政策。

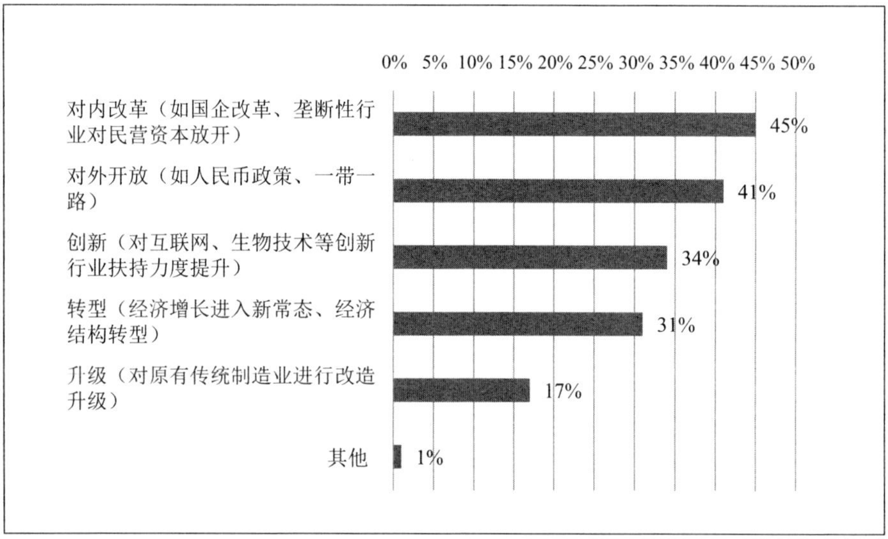

图 7.6：国内高净值人群关注的经济热点

数据来源：招商银行．2015 中国私人财富报告［R］．2015.

（3）关键是服务业市场向社会资本开放。2013 年以来，中央政府对生活性服务业、生产性服务业、公共服务业等部分服务行业相继出台了指导意见，明确表示服务业市场向社会资本开放，向全社会释放出一个积极的信号。但从现实看，社会资本进入服务业市场仍面临不同程度的政策“玻璃门”或制度“玻璃门”。尽管高净值人群对创新行业和消费服务业拥有较高的投资热情，但由于服务业市场开放滞后，这些高净值人群大量到海外投资。根据《2016 年中国高净值人群海外投资意向报告》显示，高达 45% 的高净值人群会考虑海外投资①。面对这个形势，需要尽快出台服务业市场开放的行动计划。

4. 以服务业市场开放拓宽国内投资渠道

（1）适应服务型消费需求的服务业投资严重不足。尽管近年来服务业投资

① 2016 年中国高净值人群海外投资意向报［EB/OL］. 搜狐财经，2016-10-12.

呈现增长的势头，但如果扣除房地产投资后，服务业领域的投资占比仍然偏少。2015 年，扣除房地产投资后服务业固定资产投资占全社会固定资产投资比重仅为 33.1%[①]。从服务业固定资产投资结构看，全社会需求增长比较快的教育、医疗、文化、养老等服务业领域的固定资产投资占比严重偏低。2015 年，教育投资占比为 2.4%，卫生和社会工作投资占比为 1.6%，文化、体育和娱乐业投资占比为 2.1%，公共管理、社会保障和社会组织投资占比为 2.5%（见表 7.3），这与我国消费结构升级、产业结构调整的趋势不相适应。

表 7.3：2015 年我国服务业固定资产投资中教育、卫生等投资占比情况

分类	投资额（亿元）	占比（%）
教育	7726.8	2.4%
卫生和社会工作	5175.6	1.6%
文化、体育和娱乐业	6728.3	2.1%
公共管理、社会保障和社会组织	7851.1	2.5%

数据来源：国家统计局．中国统计年鉴 2016［M］．北京：中国统计出版社，2016.

（2）在服务业市场开放中拓宽投资渠道。从目前的情况看，稳增长需要投资，但问题的关键是投资要有市场、要有效益。这就需要突出消费的导向作用推进投资转型，扩大有真实需求的服务业投资比重，实现投资与消费的动态平衡。

——服务型消费需求快速增长趋势相适应，重点加大教育培训、家政服务、健康服务、养老服务、旅游服务、体育服务等生活性服务领域的投资。

——服务于工业转型升级迫切需求，重点加大信息、研发、设计、物流等生产性服务领域的投资。

——适应我国公共产品需求全面快速增长的基本趋势，把投资的重点转向教育、医疗、社会保障等基本公共服务领域。

——尽快在电信、教育、医疗、金融等领域再推出一批向社会资本开放的

① 根据国家统计局 2015 年全社会固定资产投资数据计算。

重大项目。

第二节　服务业市场开放重在打破垄断

未来5年，以打破垄断为重点，加快服务业市场向社会资本开放，形成统一开放、公平竞争的市场体系，成为服务业市场开放的重大任务。

一、服务业市场全面向社会资本开放

从产业发展特点看，服务业门类繁多，个性化、差异化程度高，恰恰需要社会资本通过公平竞争激活、做大服务业市场。尤其是在当前实体经济困难的情况下，需要尽快出台相关政策，推进服务业市场全面向社会资本开放。

1. 加快生产性服务业市场开放

（1）鼓励社会资本以多种形式进入生产性服务业领域。按照“非禁即准”的要求，凡是法律、行政法规未明令禁止进入的生产性服务业领域，应全部向社会资本开放，不再对社会资本设置歧视性障碍，大幅减少前置审批和资质认定项目，鼓励社会资本参与发展生产性服务业。

（2）鼓励社会资本参与应用型技术研发机构市场化改革。

——支持企业与科研院所、高等院校等联合建立应用型技术研发机构，并给予财税、金融等政策支持。

——鼓励国有技术研发机构的科研基础设施和科技项目信息资料向社会开放，提供研发实验等技术服务。

——实施技术成果转化、转让奖励制度，鼓励企业研发人员以技术成果入股企业并参与收益分配，充分调动研发人员的积极性。

（3）鼓励社会资本参与国家服务业综合改革试点。尽快启动新一轮国家服

务业综合改革试点，更多依靠社会资本发展研发设计、商务服务、市场营销、售后服务等生产性服务业，推动生产性服务业向专业化和价值链高端延伸，提升我国服务业的综合竞争力。

2. 生活性服务业市场全面放开

（1）把教育、医疗健康、养老等生活性服务业作为服务业市场开放的重点。在教育领域，加快放宽市场办学准入，鼓励支持社会力量在各教育层次兴办民办学校，参与教育基础设施建设和运营管理。在医疗健康领域，积极引导社会资本发展医药卫生事业，进一步放宽社会力量办医准入。在养老领域，充分利用现有资源发展健康养老产业，积极引导社会资本进入养老服务业，加快推动公办养老机构改革，充分发挥各类市场主体活力，到2020年全面放开养老服务市场。

（2）加大农村生活性服务供给。以企业为主体，鼓励社会各方力量在农村地区提供服务，将推动城镇生活性服务业网络向农村延伸，引导和鼓励有实力的大中型流通企业延伸连锁经营网点到农村，形成为农民日常生活服务的零售终端网络，提高农村居民生活便利化水平；加快农村宽带、无线网络、物流等信息基础设施建设，推进电子商务进农村综合示范；加快农村社区化建设，创新农村公共服务供给机制，改善村庄人居环境，切实减轻农民负担。

3. 扩大公共服务业对社会资本开放

（1）区分基本公共服务与非基本公共服务放开市场。在政府对基本公共服务承担最终责任的前提下，扩大公共服务业市场开放有利于广泛调动各方面的积极性，满足多样化服务需求，提升公共服务业供给质量与效率。

——扩大非基本公共服务的市场开放。对于养老服务、托幼教育、专业培训、健康保健、家政服务等非基本公共服务，全面降低市场准入、引入竞争机制，发挥市场配置资源的决定性作用。

——基本公共服务也可以引入竞争机制提高效率。对义务教育、医疗卫生、住房、就业服务、公共文化等基本公共服务，通过加大政府向社会购买力度，鼓励企业、社会组织等多方面参与提供。

（2）放开公共资源市场。适应经济社会转型发展的大趋势，按照中央《关于创新政府配置资源方式的指导意见》要求，在公共资源领域创新配置方式，引入市场竞争机制，提高资源配置效率和效益。

——放开民生类公共资源市场。适应改善民生、满足多元化的公共需求，出台改革方案，加快放开教育、医疗、养老、文化、体育等领域的公共资源市场。

——放开牵动城镇化发展的公共资源市场。与城镇化进程相适应，允许社会资本通过特许经营等方式参与公共基础设施投资和运营，全面推广和普及公私合营模式，调动多方面积极性参与城镇化尤其是中小城镇建设。

——放开政府后勤类公共资源市场。与政府简政放权和建设低成本政府相适应，放开公车等行政机关类公共资源市场，发挥市场在资源配置中的决定性作用，有效降低行政成本。

（3）在公共服务领域全面推广 PPP 模式。从国际经验看，在公共服务领域采取 PPP 模式，不仅能够减轻政府财政压力，拓宽公共服务融资渠道，提高公共服务供给效率和公共服务水平，而且还能激活社会资本的投资潜力。2015 年 5 月，国务院办公厅转发财政部、发展改革委员会、人民银行《关于在公共服务领域推广政府和社会资本合作模式的指导意见》，鼓励在医疗、卫生、养老、教育、文化等公共服务领域，广泛采用 PPP 模式，并在财税、价格、土地、金融等多方面给予政策支持，这为社会资本进入公共服务领域提供了难得的历史机遇。当务之急是尽快建立完善的实施细则，规范选择合作伙伴的程序和方法，切实维护国家利益、社会公共利益和社会资本的合法权益。

二、破除服务业领域的行政垄断和市场垄断

当前，社会资本投资增速大幅下滑，很大程度上与垄断行业改革滞后相关。从现实情况看，推进服务业市场开放，关键是破除服务业领域各种形式的行政

垄断和市场垄断。

1. 推动服务业领域国有资本战略性调整

未来5年，要把国有资本战略性调整与服务业市场开放相结合，逐步将服务业领域的国有资本从一般竞争性领域中退出来，为社会资本留下更大的市场空间。与此同时，将服务业领域的国有资本主要配置在公共服务领域，使国有资本能够更多地满足全社会日益增长的公共需求，在公共服务领域作出更大贡献。

2. 全面推进垄断行业向社会资本开放

（1）推进垄断行业竞争环节对社会资本全面放开[①]。

——在以电力、电信、石油、民航、邮政等为重点的垄断行业，进一步破除各种形式的行政垄断。在这些行业，除基础设施部分外，相当多的生产环节都可以放开市场引入社会资本。

——推进资本市场的国有股减持，在非自然垄断环节退出一部分国有资本，给民间资本进入这些领域腾出空间。

——全面实现自然垄断和竞争环节分开，在自然垄断部分强调国有资本主导，在竞争性环节对社会资本放开。

——完善基础领域的准入制度，对垄断行业要逐步放松或解除管制，广泛引入市场竞争机制，鼓励社会资本参与基础领域的公平竞争。

（2）垄断行业的自然垄断环节吸纳社会资本广泛参与。

——推进银行、保险、航空等行业全面向社会资本放开。

——对可以完全市场化的自然垄断行业和企业，能退出的全部退出，暂时不能退出，或退出条件不具备的企业，也要让出国有控股权，实施混合所有制，

① 迟福林．走向服务业大国的转型与改革——2020年中国经济转型升级的大趋势［J］．上海大学学报（社会科学版），2015（1）．

如交通基础设施、房地产开发、贸易经营等领域。

——对国有资本继续控股经营的自然垄断行业，根据不同行业特点实行网运分离、放开竞争性业务。在自然垄断环节，通过 BOT、TOT 等多种形式鼓励社会资本参与投资。

（3）健全城市公用事业的特许经营制度，积极引导社会资本参与[①]。

——对城市公用事业，要尽快健全特许经营制度，形成合理价格形成机制。实现城市公用事业政事分开、政企分开、事企分开，建立完善的市场竞争机制、企业经营机制和政府监管机制。

——打破垄断经营，引入市场竞争机制，提高城市建设运营效率；充分利用资本市场，彻底改变城市公用事业政府投资的单一模式，允许社会资本参与投资城市公用事业。

——利用已有的经营性公用事业资产，以特许经营方式向社会资本、资本市场进行多元化融资，积极引导社会资本参与，有效缓解公用事业建设资金短缺的状况。

3. 率先放开高端服务业市场

（1）破解高端服务业市场供给不足的矛盾。创造更加宽松的体制环境，让更多的社会资本进入高端服务业领域，不仅有助于拓宽社会资本投资渠道，也有助于缓解我国教育、医疗等基本公共服务领域供给不足的突出矛盾。

（2）打破高端服务业领域的行政垄断和市场垄断。

——凡是国家法律、法规没有明令禁止或对外商开放的服务行业和部门，都应对民间资本开放，所实行的该领域特殊优惠政策也同样适用于进入该领域的民间资本。

——重点引导社会资本投向社会事业，比如，教育、医疗卫生、文化、体育等城乡公共服务领域。

---

① 中改院课题组 . 放开服务行业 释放市场红利［N］. 上海证券报，2015-04-14.

——鼓励民营经济发展生产性服务业，比如，金融、科技等生产性服务业。

三、推进服务业投资便利化改革

发挥市场在服务业领域资源配置中的决定性作用，必须加快推进服务业投资便利化改革，尽快形成统一开放、竞争有序的市场环境。

1. 破除服务业市场壁垒

彻底打破服务业市场分割和地区封锁，凡是法律法规没有明令禁入的服务业领域，都应该向异地社会资本开放，建立全国统一开放、竞争有序的服务市场体系；允许服务业企业、服务产品自由进入全国各地市场，各地区凡是对本地企业开放的服务业领域，应全部向外地企业开放；促进各类生产要素在全国范围自由流动，提高资源配置效率和公平性①。

2. 建立公平竞争的市场规则

（1）建立平等规范的市场准入标准。放宽服务业投资准入标准，最大限度减少对服务业企业的经营服务、一般投资项目和资质资格的限制；在制定负面清单的基础上，依法开放各类资本平等进入负面清单之外的服务业领域。

（2）实现内外资同等待遇。服务业市场在对外资开放的同时，也同步向国内社会资本开放。尽早实现包括市场准入、准入后和经营过程中民企、外资和国企享受同等待遇。

（3）建立服务业市场的激励约束机制。建立健全服务业企业信用信息采集、查询和征信管理制度，定期公布服务业企业的信用信息，建立服务行业评价体系，逐步形成守信激励、失信惩戒的机制，形成服务业良好的市场环境。

---

① 中改院课题组．放开服务行业 释放市场红利［N］．上海证券报，2015-04-14.

3. 清理制约服务业市场公平竞争的政策法规

（1）全面清理妨碍各类市场主体公平竞争的相关规定和做法。按照“非禁即准”的原则，清理与法律法规相抵触、制约各类市场主体进入服务业的规定和程序，严禁和惩处各类违法实行优惠政策的行为。

（2）实行公平竞争的产业政策。清理各种对服务行业的歧视性政策规定，在投资核准、股权比例、融资服务、财税政策等方面，同等对待各类市场主体，促进统一开放、竞争有序的市场体系建设。

（3）全面清理规范服务业收费。

——对现有收费政策进行梳理，全面清理各地服务业审批过程涉及的经营性服务业收费，制定新的收费标准，全面降低对服务业企业的行政事业性收费。

——全面清理公共服务收费，实行目录清单制，并尽快向社会公布。

——探索建立“零收费”制度，加大服务业企业减负力度。

第三节　推进服务业市场双向开放

从现实情况看，服务业市场双向开放已经成为新阶段对外开放的焦点。一方面，我国进入工业化后期，利用外资的重点转向服务业；另一方面，我国已经成为资本净输出国，形成以服务贸易为重点的对外贸易新格局，关键是实现服务业市场双向开放。

一、服务业市场双向开放与服务贸易发展直接融合

当前，一方面，以服务贸易为重点的开放转型正处在历史关节点；另一方面，服务业市场双向开放的大趋势正在形成。在这个特定背景下，服务业市场双向开放与服务贸易发展高度融合，如果没有服务业市场双向开放，就难以形

成以服务贸易为重点的对外贸易新格局。

1. 服务业市场双向开放与服务贸易快速发展相互促进

近年来，我国服务贸易的快速发展很大程度上得益于服务业市场双向开放。一方面，服务业市场有序对外来投资开放，服务业成为吸引外资的主要领域，尤其是《关于扩大对外开放积极利用外资若干措施的通知》获国务院审议通过，意味着我国服务业市场将在更大程度和更广范围对外资开放。另一方面，服务业成为我国对外投资的主要领域，信息传输、软件和信息技术服务业、金融业、文化、体育和娱乐业、租赁和商务服务业、批发和零售业等服务行业逐步成为对外投资的重点，国内一些服务企业纷纷到海外并购相关服务行业，成为世界经济低迷中的一个突出亮点，对促进国内经济转型升级发挥着越来越大的作用。总的来看，服务业市场双向开放将推动我国服务贸易发展再上一个新台阶。

2. 服务业市场双向开放大趋势正在形成

（1）服务业成为吸引外资的“高地”。

——服务业利用外资总体呈现快速增长的势头。随着服务业逐步对外资放开市场准入，大量外资开始投资我国服务业。据统计，2009–2015 年，我国服务业实际利用外资规模由 378.7 亿美元增长到 771.8 亿美元，年均增速达到 12.2%，并实现了规模的倍增（见图 7.7）。

——服务业利用外资占比超过工业，成为利用外资的主要领域。据统计，2011 年，我国服务业实际利用外资占比达到 47.6%，占比首次超过制造业；2013 年，我国服务业实际利用外资占比达到 52.3%，超过第二产业 13.6 个百分点，占比首次过半；2015 年，我国服务业实际利用外资在全国总量中的比重达到 61.1%，是制造业的近 2 倍（见图 7.8）。

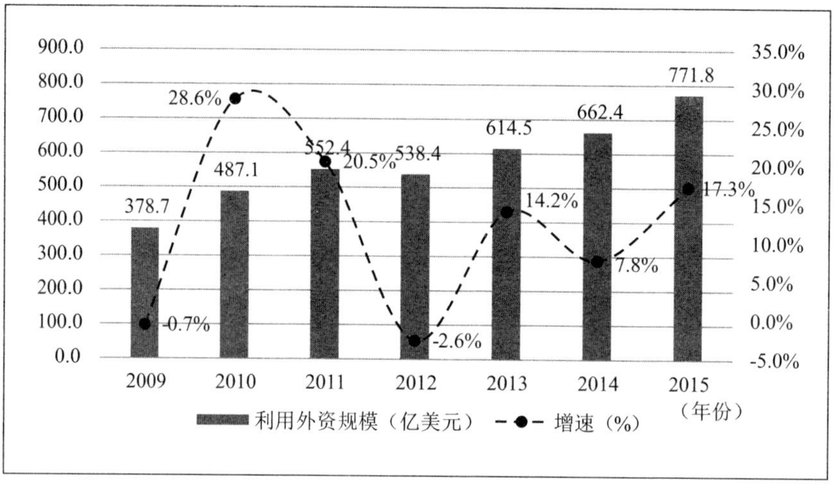

图 7.7：2009–2015 年服务业利用外资情况

数据来源：根据 2009-2015 年商务部发布的外商投资统计数据绘制。

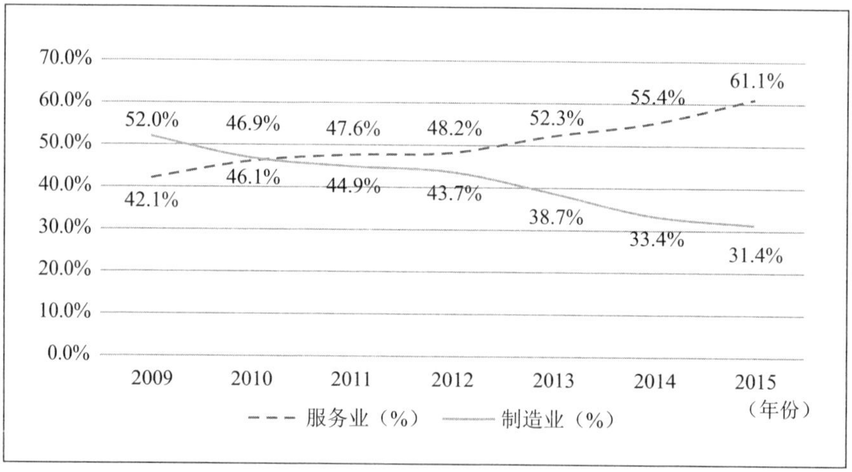

图 7.8：2009–2015 年服务业与制造业利用外资占比情况

数据来源：根据 2009-2015 年商务部发布的外商投资统计数据绘制。

（2）服务业成为对外投资合作的主要领域。

——服务业成为对外投资的重点领域。无论是从投资流量，还是投资存量看，服务业都是对外投资的主要领域。数据显示，2015 年年末，我国对外直接投资存量的 75.2% 分布在服务业（见图 7.9），金额达到 8261.9 亿美元，主要分布在商务服务、金融、批发和零售、交通运输和仓储、房地产业等领域。

——我国企业海外并购主要集中在服务业。据统计，2015 年，我国企业海外并购 579 起，实际交易总额达 544.4 亿美元，其中，服务业海外并购 373 起，交易金额达 336 亿美元，占比达 61.8%。

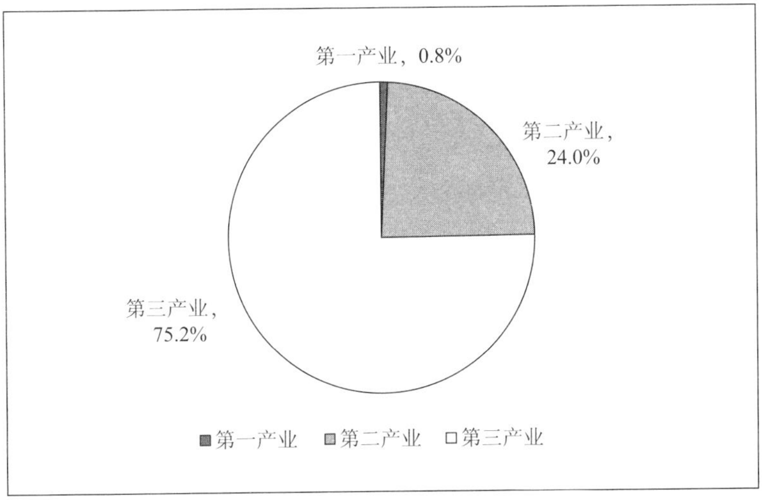

图 7.9：2015 年年末中国对外直接投资存量按三次产业分类构成

数据来源：商务部 . 2015 年度中国对外直接投资统计公报 [M]. 北京：中国统计出版社，2016.

3. 在服务业市场双向开放中提升服务业发展水平

（1）在服务业市场双向开放中发展服务业。无论是扩大服务业市场对外开放，还是对外投资服务业，不简单是为了利用外资或资本输出，更重要的是通过服务业市场双向开放提升国内服务业发展水平。例如，欧美发达国家在金融、电信、旅游、健康、建筑等服务业领域有着丰富的管理经验和先进技术，吸引这些服务行业的外资，以及对这些发达国家的此类行业进行投资，都对提升我国服务业国际竞争力具有重要意义。

（2）服务业市场双向开放仍然面临诸多挑战。从“引进来”看，我国在服务业利用外资上尚未达到理想的效果，外资过多集中在房地产等生活性服务业领域，生产性服务业领域的外资并未达到带动国内产业转型升级的目标，以至于我国长期处于产业链低端。从“走出去”看，我国对外服务业投资主要集中在投资租赁和商务服务、金融业、批发和零售等领域，一些高技术服务行业的海外并购时常因安全审查而失败，技术性贸易壁垒比较广泛，使我国难以通过对外投资提升我国服务业发展水平。

（3）以服务业市场双向开放实现优势互补。客观地看，服务业市场双向开放通过彼此开放相应的市场达到优势互补。通过市场的双向开放，发达国家可以进入 13 亿人的服务业大市场，我国可以获得欧美发达国家先进的技术、服务和管理经验。

二、推进生活性服务业市场双向开放

未来 5 年，形成生活性服务业市场双向开放的新格局，一方面，需要推进教育、医疗、文化等生活性服务业有序对外开放；另一方面，需要支持一批具备条件的生活性服务业企业“走出去”。

1. 提升生活性服务业双向市场开放水平

（1）只有向外资开放教育、医疗、文化等服务行业，才能有效发挥外资的特殊作用。从我国服务业领域利用外资的情况看，服务业利用外资结构单一，外商投资主要集中在房地产、金融等行业。据统计，2015 年，房地产业外商投资占外商直接投资总额的 22.96%，在服务业投资中居于首位；金融业、批发和零售业，占比分别达到 11.85% 和 9.52%；而教育、卫生、文化等领域的外商直接投资占比不足 1%（见表 7.4），与我国服务型消费需求快速增长的大趋势不相适应。未来几年，为适应我国消费结构升级的大趋势，在推进教育、文化、医疗、健康等生活性服务业领域上有序开放，要逐步放开外资准入限制，吸引外资更多地进入生活性服务业领域，发挥外资在管理、技术等方面的优势，来推动国内生活性服务业发展水平不断提升。

表 7.4：2015 年服务业主要领域外商直接投资情况

主要领域	实际使用金额（亿美元）	占外商直接投资总额的比重（%）
电力、燃气及水的生产和供应业	22.50	1.78%
建筑业	15.59	1.23%
交通运输、仓储和邮政业	41.86	3.32%
信息传输、计算机服务和软件业	38.36	3.04%
批发和零售业	120.23	9.52%
住宿和餐饮业	4.34	0.34%
金融业	149.69	11.85%
房地产业	289.95	22.96%
租赁和商务服务业	100.50	7.96%
科学研究、技术服务和地质勘查业	45.29	3.59%
水利、环境和公共设施管理业	4.33	0.34%
居民服务和其他服务业	7.21	0.57%
教育	0.29	0.02%
卫生、社会保障和社会福利业	1.43	0.11%
文化、体育和娱乐业	7.89	0.63%

数据来源：国家统计局．中国统计年鉴 2016［M］．北京：中国统计出版社，2016.

（2）受自身发展水平限制，我国对外投资中生活性服务业占比偏低。尽管发达国家生活性服务业领域对外资的准入限制较少，但由于国内生活性服务业发展水平有限，对外投资中生活性服务业占比偏低。2015 年，我国对外直接投资中文化、体育和娱乐业的投资为 17.5 亿美元，占比仅为 1.2%；住宿和餐饮业投资为 7.2 亿美元，占比仅为 0.5%[①]。

2. 推进生活性服务业有序对外开放

（1）扩大教育领域开放合作。落实好中央《关于做好新时期教育对外开放工作的若干意见》，显著提高教育对外开放水平。依法完善中外合作办学办法，

① 商务部 .2015 年度中国对外直接投资统计公报［M］. 北京：中国统计出版社，2016.

提高教育国际交流合作水平。从适应经济转型的教育结构调整趋势看，建议以职业教育为重点推进教育领域的开放合作。积极引进世界知名院校开展中外合作办学，允许并支持国外和港澳台地区知名大学、职业教育机构以控股方式在国内设立合资分校，在特定地区设立独资分校；重点引进国家急需的自然科学与工程科学类专业优质资源，提升中外合作办学质量；鼓励外商投资设立外籍人员子女学校，支持外商通过中外合作办学方式投资设立教育培训机构及项目，支持高校加大引进国外优质教育资源力度，优化配置境内外教育资源，实现优势互补和教育资源良性互动。

（2）扩大文化、体育和娱乐业领域开放合作。在国家法律法规允许范围内，支持国内外著名文化创意、经纪、营销机构与国内文化企业合资合作；发展文化市场多元化服务模式，率先在国内自贸试验区选择文化娱乐业聚集的特定区域，允许外商投资者独资设立演出经纪机构，在特定区域内提供服务；鼓励外资按照国家产业政策和法律法规的规定以合作、参股、特许经营等方式投资体育产业，参与体育基础设施建设。

（3）扩大医疗、健康服务业市场对外开放。

——扩大医疗服务业市场对外开放。以有序开放、风险可控为基本原则，在对外资进行投资风险评估的基础上，逐步放宽中外合资、合作办医条件；允许、支持外资开办非营利性医疗机构，提供基本医疗卫生服务；逐步扩大具备条件的境外资本设立独资医疗机构试点；加快海南博鳌乐城国际医疗旅游先行区等医疗开放政策试点的建设，将这些试点的成功经验向全国推广。

——扩大健康服务业市场对外开放。适应我国大健康产业发展的大趋势，积极引导外资投向康复护理、家庭护理等护理服务以及母婴照料服务、心理健康服务等领域；推动具备条件的境外资本在国内设立独资、合资的健康服务机构；降低或取消外资股权比例限制，放宽经营资质和经营范围限制；积极引进境外知名健康管理机构，建成一批集康体、养生、科研于一体的医疗健康中心。

专栏 7.2

博鳌乐城国际医疗旅游先行区九项特殊政策

2013 年 4 月，海南博鳌乐城国际医疗旅游先行区获得国务院批复的加快医疗器械和药品进口注册审批、允许外资举办医疗机构等 9 大优惠政策。具体包括：

（1）加快先行区医疗器械和药品进口注册审批；

（2）先行区可根据自身的技术能力，申报开展干细胞临床研究等前沿医疗技术研究项目；

（3）卫生部门在审批先行区非公立医院机构及其开设的诊疗项目时，对其执业范围内须配备且符合配备标准要求的大型药用设备可一并审批；

（4）境外医师在先行区内执业时间试行放宽至 3 年；

（5）允许境外资本在先行区内举办医疗机构；

（6）可适当降低先行区部分医疗器械和药品的进口关税；

（7）适当增加先行区建设用地计划指标；

（8）支持并指导先行区引入生态、医疗、新能源等相关国际组织，承办国际会议；

（9）鼓励先行区利用多种渠道融资，吸引社会投资。

资料来源：博鳌乐城国际医疗旅游先行区获 9 条“黄金政策”[EB/OL]．人民网，2013-04-06.

3. 支持具备条件的生活性服务业企业“走出去”

（1）搭建支持生活性服务业企业“走出去”的服务平台。引导支持一批有实力的生活性服务业企业“走出去”，鼓励中华老字号服务业企业利用品牌效应，带动中医药、中餐等产业开拓国际市场。

（2）积极支持有条件的文化企业“走出去”，扩大文化产品和服务出口。鼓励有条件的文化企业，通过独资、合资、并购等多种方式在国外兴办经营实体；围绕创意设计、影视制作、数字动漫、网络游戏等重点产业领域，培育一批拥有自主知识产权的文化创意产品和服务项目，参与国际文化市场竞争，扩大出口贸易；促进文化出口企业建立健全生产经营体制和分配制度，提高企业国际竞争力。

（3）增强境外投资环境、投资项目评估等方面的服务功能。鼓励设立境外投资贸易服务机构，做好境外投资需求的规模、领域和国别研究，提供对外投资准确信息，为境外投资企业提供法律、会计、税务、信息、金融、管理等专业化服务。

三、推进生产性服务业市场双向开放

未来5年，要把生产性服务业市场双向开放作为“二次开放”的重中之重，以放宽市场准入限制为重点推进生产性服务业市场双向开放，并以此推动国内生产性服务业迈向产业链中高端。

1. 把生产性服务业市场双向开放作为市场开放的重点

（1）把提升生产性服务业发展水平作为双向市场开放的重要目标。从实践看，由于国内许多生产性服务业的市场准入有所降低，近年来外资在我国生产性服务业领域快速扩大。据统计，2015年，科学技术、信息、商务服务等生产性服务业领域外商直接投资占其所有在华投资总额的比重已经接近15%。问题在于，生产性服务业市场对外资的准入仍有股权比例要求、经营范围、当地成分要求和技术转移要求等限制，并且许多外资企业主要从事服务外包业务，服务对象是跨国制造业企业，国内生产性服务业企业很难从中学到先进技术和管理经验。从对外投资看，企业对外投资生产性服务业仍面临形式各异的贸易投资壁垒尤其是技术性壁垒，对外投资生产性服务业的比重仍有待提升。双向市场开放不足，导致国内生产性服务业企业长期处在产业链低端，这也是我国生产性服务业发展长期滞后的重要原因。从经济转型的现实需求出发，未来5年，应把提升国内生产性服务业发展水平作为扩大生产性服务业市场双向开放的重要目标和衡量指标。

（2）提升高技术服务行业对外投资水平。当前，我国对外投资主要集中在生产性服务业领域。据统计，2015年，我国对外直接投资中租赁和商务服务业为362.6亿美元，占比达24.9%，是所有行业中占比最高的行业。同期，科学研究和技术服务业为33.5亿美元，尽管增长速度较快，但占比仅为2.3%[①]。这与欧美发达国家高技术服务行业对外资设置的隐形壁垒相关，发达国家对我国企业投资研发、设计等高技术服务行业的限制较多。例如，2016年以来，我国多个海外并购因美国海外投资委员会反对而被否决，飞利浦将旗下Lumileds照明业务出售给中资财团的交易，美国芯片制造商仙童半导体拒绝了华润微电子的收购邀约，等等。

2. 相互放开准入限制

（1）加快推进对外资实施准入前国民待遇加负面清单管理模式。从国际经验看，对外商投资实行准入前国民待遇和负面清单管理模式是发达国家的通行做法。从我国的情况看，除了自由贸易试验区对外资采取负面清单管理，全国其他地区对外资仍按照《外商投资产业指导目录（2015年修订）》进行管理。总的来看，我国生产性服务业对外资准入限制是个突出矛盾。例如，在鼓励外商投资行业中，对外资会计、审计服务公司要求首席合伙人须具有中国国籍，对外资设立航空运输公司要求中方控股，且一家外商及其关联企业投资比例不得超过25%；在限制类外商投资行业中，对增值电信业务要求外资比例不超过50%（电子商务除外），基础电信业务外资比例不超过49%。未来几年，要把放宽外资准入限制作为生产性服务业市场开放的重点：一是按照中央要求，有序放开建筑设计、会计审计、商贸物流等领域外资准入限制；二是支持外资以特许经营方式参与能源、水利、环保、市政等基础设施建设运营；三是加快推进对外资实行准入前国民待遇加负面清单的管理模式，落实内外资统一的注册资本制度；四是加快统一内外资法律法规，实行内外资同等待遇。

（2）争取欧美发达国家放松对我国生产性服务业领域的投资限制。通过双边、多边投资协定和自由贸易的制度安排，使我国企业平等进入发达国家的服务业市场。从现实情况看，发达国家一般的生产性服务业确实已经对我国开放，

① 商务部.2015年度中国对外直接投资统计公报［M］.北京：中国统计出版社，2016.

尤其是租赁和商务服务业。未来几年，重点是使发达国家对我国放宽研发、设计等科研与技术服务市场限制，需要减少不必要的“安全审查”，消除技术性贸易壁垒，给予我国企业平等待遇。

3. 生产性服务业“引进来”和“走出去”相结合

（1）有序放开生产性服务业外资准入。重点放开信息服务、商务服务、技术服务市场准入。

——放开信息服务业外资准入。适应“互联网 +”的大趋势，促进信息服务业国内外资本合作。鼓励外资进入软件及信息服务、集成电路设计等领域；鼓励跨国公司在国内设立研发中心、离岸服务中心；延伸信息服务产业链，支持外资从事信息技术支持管理、财务结算等国际服务外包业务。

——放开商务服务业外资准入。有序放开会计审计、电子商务等领域外资准入限制，允许符合条件的取得中国注册会计师资格的港澳专业人士担任合伙制会计师事务所合伙人；支持外资以参股、并购等方式参与国内商务服务企业改造和重组，允许外商投资资信调查公司，可由香港和澳门投资者先行探索，逐步扩大开放范围。

——有序放开技术服务业外资准入。逐步降低技术服务领域外资准入门槛，取消外资工程设计（不包括工程勘察）企业首次申请资质时对投资者的工程设计业绩要求，取消外商投资飞机维修项目中方控股的比例限制。

（2）鼓励国内生产性服务业企业“走出去”。

——简化境外投资审批程序。按照市场决定和企业自主决策原则，清理“走出去”行政审批事项，缩小审批范围和减少审批环节，建立“一站式审批”，提高生产性服务业境外投资的便利化程度；强化企业的投资主体地位，将企业一般性境外投资项目的核准制改为备案制。

——建立境外投资的公共信息平台。通过公共信息平台，定期公开发布我国企业对外直接投资东道国的市场需求、法律法规、宏观政策、投融资制度、风险因素等信息；加强与东道国政府相关部门的沟通协调，改善驻外企业的经营环境；建立投资风险预警机制，在投资国发生政策变化、政局变动和突发事件时，及时发出预警。

——建立境外投资贸易服务机构。支持国内生产性服务业企业到发达国家以独资、参股、并购等方式投资；鼓励国内企业到境外设立研发中心和营销中心，培育一批未来具有全球竞争力的现代服务业龙头企业作为种子企业；尽快出台服务业企业境外投资扶持措施，加快服务业的人才培训和各项软硬件设施的建设，努力培养符合国际要求的高素质服务业人才。

四、扩大金融业双向开放

与其他服务业领域不同，金融业市场开放有着很强的特殊性。在人民币加入 SDR 背景下，既需要以金融业开放加强参与全球金融体系和货币体系的能力，又要防止过快开放引发系统性风险。这就需要按照中央要求“扩大金融业双向开放”。

1. 金融业双向开放的迫切性日益增强

（1）金融业对外开放仍面临市场准入限制。改革开放以来，我国逐步对外资开放银行、证券、保险等金融行业。尤其是人民币加入 SDR，以及“沪港通”、“深港通”等试点的展开，使得我国金融业对外开放进入到一个新阶段。问题在于国内各种显性与隐性政策壁垒的存在，外资进入银行、证券、保险等都面临或多或少的市场限制，国内金融业市场中的外资份额不高，有些领域比如银行业甚至有下滑的趋势。2001 年，国内外资银行的资产份额占比为 1.82%，2007 年这一数字为 2.38%，而在 2013 年外资银行资产份额占比甚至还要低于 2%[①]。在证券业领域，大部分国家对外资参股证券公司均未设置持股比例限制，我国现行政策仍规定证券公司境外股东持股比例累计不得超过 49%。在保险领域，大部分保险市场开放的国家，外资保险公司的市场份额均被限制在 10% 左

① 外资行“本土化”七年现状：传统业务的出局者［N］. 证券日报，2014-09-29.

右，而我国外资保险公司由于受经营范围和地域等限制，市场份额一直不高，2016年前三季度外资保险公司市场份额仅占4.94%[①]。也就是说，如果这些市场限制不放开，外资想做大市场份额就很难。

（2）金融业“走出去”面临多方面的掣肘。随着综合国力提升，我国金融业对外投资增长较快。2015年，我国金融业对外直接投资流量为244亿美元，较上年增长26%；对外直接投资存量达到1650亿美元，较2014年年末增长30%。其中，金融业对外直接投资流量和存量中，90%以上投向境外金融机构。截至2015年年底，我国金融机构共在境外50个国家和地区设立了526家企业[②]。从当前的情况看，金融业“走出去”面临多方面问题：一是金融业主要功能之一是为实体经济提供金融服务，金融机构是否在境外开设分支机构主要取决于当地的市场需求，而目前世界经济整体低迷；二是各国对金融机构，特别是银行业的市场准入较为严格，尤其是贸易保护主义的抬头，部分国家开始加大对外资银行的监管限制；三是我国金融服务的国际化水平不高，缺乏应对国际金融风险的能力。

（3）金融业双向开放的现实需求明显增强。在世界经济低迷和我国经济转型升级的双重挑战下，金融业双向开放的现实需求越来越强。一方面，我国释放13亿人口消费潜力，需要大量的金融服务为支撑。例如，医疗、健康服务业发展对保险业的需求全面增强，这对外资而言是一个巨大的机遇；另一方面，我国已成为世界第二大贸易融资货币、第五大支付货币和第六大外汇交易货币国，这就需要我国积极参与全球经济金融治理体系。在这个大背景下，我国金融业开放必须适应国际国内发展的大趋势，既不能满足一般意义的开放，也不能局限于单向开放，需要各国共同推进金融业双向开放。

---

① 2016年前三季度保险业快速发展 服务经济社会能力增强［EB/OL］. 中国保监会网，2016-11-01.

② 商务部.2015年度中国对外直接投资统计公报［M］. 北京：中国统计出版社，2016.

2. 扩大银行业、证券业、保险业双向开放

（1）有序扩大银行、证券、保险等市场准入。有序降低外资银行在国内设立机构、经营业务的准入门槛，实现各类银行金融机构公平竞争；着力打破外资银行的政策壁垒，逐步取消存贷比，简化行政审批手续。以外资参与高风险证券公司重组为重点，推进证券业市场对外开放；鼓励外资保险公司将先进经验和技术引入国内市场；寿险、医疗保险和养老保险等领域进一步向外资保险公司放开。

（2）鼓励支持具备条件的金融机构到境外开展业务。扩大国内金融机构在境外发行人民币债券的主体类型和地域范围；支持金融机构在风险可控的条件下到海外并购；加快银行卡清算机构走出去开展业务，提升银行卡清算机构的国际竞争力；鼓励金融机构走出去为实体经济提供服务。

3. 推进资本市场双向开放

（1）有序扩大资本市场对外开放。以“深港通”为基础加快推进与亚洲其他国家资本市场互联互通；加强内地与香港资本市场互联互通，探索新股通、债券通，适时推出商品通。适时推出“沪伦通”，着力推进中国与欧洲资本市场的共同发展；鼓励支持优质的金融机构在境内发行人民币债券；扩大期货市场对外开放，支持境外投资者以特定品种的方式参与国内商品期货交易。

（2）鼓励支持金融机构参与国际资本市场。扩大境内机构境外发行债券的主体类型和地域范围；加强与国际金融机构合作，推动我国金融资产全球布局；加快推进 A 股加入 MSCI（明晟指数）[①]。

（3）稳妥推进人民币资本项目可兑换。目前，我国资本项下部分可兑换以

---

① MSCI 英文全称为 Morgan Stanley Capital International，是美国著名的指数编制公司，摩根士丹利资本国际公司（MSCI）（又译明晟）。MSCI 是一家股权、固定资产、对冲基金、股票市场指数的供应商，其旗下编制了多种指数。

上项目已达 37 项，不可兑换项目仅余 3 项[①]。在外部形势深刻复杂变化的大背景下，人民币资本项目自由可兑换不可操之过急，需要循序渐进。建议：扩大人民币在周边国家区域化使用的便利性，加强双边和多边货币合作，以“一带一路”为重点推动跨境人民币投融资业务持续发展，支持境内的人民币优质机构到境外发行人民币业务等，待时机、条件成熟时再实施人民币资本项目可兑换。

专栏 7.3

专家对资本项目可兑换的建议

对于未来推进资本项目可兑换的措施，中国人民银行研究局局长陆磊提出：

一是进一步推动资本市场的双向有序开放，支持更多境外机构在境内发行、投资和交易人民币债券，支持境内金融机构和企业在境外发行人民币债券，支持境外优质公司境内发行股票，适时推出深港通。

二是继续扩大境外机构投资者类型，引进更多中长期投资者。

三是进一步扩大 QFII 主体资格，待条件成熟时取消资格和额度审批，将相关投资便利扩大到境内外所有合法机构。

四是推动境内外个人投资更加便利化，研究建立合格的境内个人投资者境外投资制度。

五是稳妥研究推进境内外基础设施的连接与合作。

六是继续大力推进黄金市场的对外开放，加快国际业务板块建设，积极引入国际投资者参与市场，并研究推出以人民币报价的黄金定盘价机制。

七是推动修订外汇管理条例，将资本项目可兑换纳入法制框架，逐步建立外汇管理负面清单制度，放宽境外投资汇兑限制，改进企业和个人外汇管理。

八是深入研究落实外债和资本跨境流动管理的宏观审慎政策框架，建立健全有效的风险预警和防控机制。

资料来源：稳妥有序推进金融业对外开放［N］. 金融时报，2016-06-18.

① 中埃两国央行签署双边本币互换协议 人民币国际化再进一步［N］. 中国经营报，2016-12-31.

第四节　服务业市场开放的政策与体制变革

从现实情况看，目前绝大部分服务业领域已经实现对社会资本开放。问题在于，社会资本在诸多方面的待遇与体制内企业相比严重不平等，由此抑制了社会资本投资的积极性。未来 5 年，在服务业市场全面向社会资本开放的同时，需要尽快出台相关的政策，实现体制内外服务业企业平等竞争。

一、服务业发展面临政策不平等的突出障碍

由于传统的政策与体制尚未打破，产业政策在支持工业发展和支持服务业发展上存在不平等，民营企业与体制内企业所享受的政策待遇严重不平等，由此制约了社会资本扩大对服务业领域的投资。

1. 工业发展和服务业发展的政策不平等

（1）政策不平等不利于服务业健康发展。国家“十三五”规划已经明确提出形成服务业为主导的产业结构目标，并且在“十三五”新兴战略产业发展规划中也明确了鼓励信息技术、数字创意等新兴服务业发展的政策。但总的看，国家支持工业发展和支持服务业发展的政策仍然存在不平等，有些方面甚至是严重的不平等，扭曲了资源配置的格局。

（2）服务业与工业用地政策不平衡。从实践看，在土地政策安排上，政府优先供应工业用地，而且商业服务用地价格也明显高于工业用地价格。统计数据显示，2016 年第三季度，全国主要监测城市商服、工业地价分别为 6868 元 / 平方米和 776 元 / 平方米，商服用地价格比工业用地价格高出 8.85 倍（见图 7.10）。

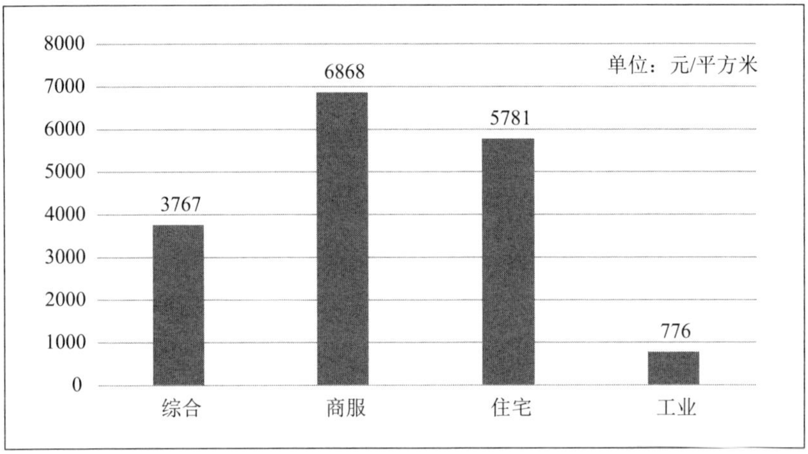

图 7.10：2016 年第三季度全国主要城市分用途地价水平

数据来源：中国土地勘测规划院城市地价动态监测组 .2016 年第三季度全国主要城市地价监测报告摘要 [N]. 中国国土资源报，2016-10-26.

（3）价格管制的重点在服务业。在价格管制上，不计基础领域的话，工业领域的价格管制远远小于服务业领域。据不完全统计，目前《政府定价目录》中 16 类涉及定价的项目总共有 70 多项，除去此前放开的项目，政府定价仍有 50 余项还没有放开，其中包括铁路、民航、港口、教育、邮政、银行等领域收费标准等。

2. 体制内外企业享受的政策待遇不平等

（1）体制内外用地政策待遇的不平等。例如，社会资本投资建学校、建医院需要按照市场价来购买土地，而体制内的事业单位就能享受划拨地政策。

（2）体制内外人才政策待遇的不平等。多年来，由于体制内外政策的差异，绝大多数中高级人才更愿意到体制内单位工作，而不愿意到民营企业工作，尤其是教育、医疗等行业。

（3）体制内外政府采购政策待遇的不平等。体制内的单位仍是政府采购的主体。例如，公立医院能够顺利纳入医保定点单位，而民营医院尚未完全纳入医保定点医院报销，等等。

3. 政策不平等抑制服务业领域的社会资本活力

在放宽社会资本进入服务业领域的市场准入限制后，教育、医疗、养老、金融等服务业领域开始积聚越来越多的社会资本。问题在于，无论是在生产要素使用上，还是相关的政策支持上，体制内外的服务业企业享受的政策严重不平等。这是当前服务业领域社会资本规模较大，但所占市场份额偏低的重要原因。

二、以政策平等促进服务业发展

在放宽市场准入的条件下，发挥社会资本在服务业市场的积极作用，需要尽快实现体制内外服务业企业政策平等，彻底打破传统政策体制对社会资本的束缚，全面激发社会资本的活力。

1. 实现服务业与工业用地政策平等

（1）加大现代服务业用地供给。

——在土地利用总体规划和城乡规划中统筹安排服务业发展用地规模、布局和时序。实行有利于服务业发展的土地政策，将更多的土地应用到现代服务业领域。确保医疗、健康、养老等生活性服务业设施用地在土地利用年度计划和土地供应计划中得到落实。支持将集体建设用地用于乡村旅游业发展。

——支持利用工业、仓储等用房、用地兴办符合规划的服务业。鼓励利用工矿废弃地建设旅游等服务业项目。涉及原划拨土地使用权转让或改变用途的，经批准可采取协议出让方式供应。

——开辟服务业项目建设用地审批“绿色通道”，加快用地审批速度；探索实施服务业用地出让“预公告”制度，缩短土地供应时限。

（2）多种形式加大生产性服务业土地供应。

——每年新增建设用地指标向生产性服务业倾斜，优先安排国家鼓励发展的高技术、高附加值、低消耗、低排放的新兴服务业项目用地。

——鼓励并支持企业兼并重组利用过剩产能项目用地发展服务业。鼓励工业企业利用自有工业用地兴办促进企业转型升级的自营生产性服务业，推动服务业与制造业融合发展。对提高自有工业用地容积率用于自营生产性服务业的工业企业，经依法批准可按新用途办理相关手续。

（3）实现服务业与工业用地“同地同价”。鼓励地方试点，加大政策调整力度，对列入国家鼓励类的服务业在供地安排上给予倾斜，大幅降低服务业用地价格，采取过渡式的办法逐步缩小服务业与工业用地价格差距，争取到2020年全国基本实现服务业用地与工业用地“同地同价”①。

2. 实现体制内外人才政策待遇平等

（1）实现体制内外人才评价政策平等。按照中央《关于深化职称制度改革的意见》要求，全面放开体制外人才职称评定门槛，打破户籍、地域、身份、档案、人事关系等因素制约。对教育、医疗、科研、文化等领域民办机构专业技术人员与公立机构专业技术人员在职称评审等方面享有平等政策；对于长期在非公单位工作、没有参加过职称评定的各类人才，打破逐级申报限制，允许根据工作能力、业绩等直接报评相应级别职称；对在非公单位、科技型中小企业发展中作出突出贡献的人才可以破格、越级评审职称。

（2）实现体制内外各类人才保障政策待遇平等。促进职称制度与用人制度的有效衔接，重点加快体制内外各类人才的社会保障水平平等。尽快出台实施细则，逐步提升非公有制机构和公益性社会组织各类人才的社会保障水平，最大限度地缩小体制内外各类人才基本社会保障水平；建立健全民办机构人才人事代理服务制度，保障各类人才在体制内外合理流动，鼓励高校毕业生、各类人才到民办机构从事工作；实现民办机构人才在户籍迁移、住房、子女就学等方面享受与当地同级同类公办机构同等的人才引进政策。

（3）加快改革科研体制，鼓励事业单位人员在现代服务业领域创新创业。

① 尽快出台垄断行业改革方案［N］. 法制日报，2015-03-11.

从国际经验看，发展现代服务业，尤其是生产性服务业，需要有一大批中高级专业技术人才面向市场创新创业。

——鼓励科研事业单位设立各类创新创业机构，充分利用科研院所现有科研成果、设备设施发展各类生产性服务业，推动生产性服务业向专业化和价值链高端延伸。

——改革知识产权管理体制，鼓励中高级人才利用知识产权入股创办企业，或到企业兼职。

——支持鼓励中高级人才通过提前退休、保留社保待遇等方式“下海”创新创业。

3. 实现体制内外政府采购政策待遇平等

（1）政府采购中平等对待各类所有制企业。除明令禁止社会资本参与政府采购的项目外，其他领域政府采购项目均向社会资本开放；参与政府采购和招标投标、高新技术企业认定、申报政府计划项目、科技奖励、取得许可证和资质等级证书以及安排使用的各类财政专项扶持资金，对各类所有制企业一视同仁，实行同等待遇①。

（2）政府购买公共服务中实现事业单位、民营企业、公益性社会组织政策平等。尽快取消政府购买对市场主体和公益性社会组织的某些歧视性规定，鼓励市场主体和公益性社会组织参与。凡政府购买公共服务，除明令禁止社会资本参与的项目外都应向公益性社会组织放开；在义务教育、基本医疗卫生、基本住房保障、基本社会保险、就业服务、公共文化等基本公共服务，尽可能采取政府购买公共服务的办法，对事业单位、民营企业、公益性社会组织实行同等待遇；逐步降低民营医院纳入医保定点单位的限制，实现公立医院与民营医院定点率“一碗水端平”。

---

① 中改院课题组．放开服务行业 释放市场红利［N］．上海证券报，2015-04-14.

三、放开服务业市场价格

价格真实反映供求关系，是市场在资源配置中起决定性作用的前提。未来5年，重点是完善由市场决定价格的机制，合理区分基本与非基本需求，主动放开竞争性领域和环节的服务价格。

1. 全面放开竞争性领域服务业价格

实践表明，竞争性领域服务业价格放开有利于充分利用市场竞争扩大服务业供给，提升服务业发展质量。十八届五中全会提出“全面放开竞争性领域商品和服务价格”。按照十八届五中全会精神，尽快放开竞争性领域服务价格。对经营者自主定价领域，要通过放管结合，强化事中事后监管，维护市场秩序，保障市场主体公平竞争。

2. 完善垄断行业价格形成机制

（1）区分竞争性和自然垄断环节，建立不同的价格形成机制。垄断行业需要一定的价格管制，但竞争性环节的价格可以放开。为此，需要对自然垄断环节的服务业，仍实行政府定价；对竞争性环节的服务业，则全面放开价格控制，引入竞争机制，实行企业自主定价。

（2）加快推进水、石油、天然气、电力、交通运输等领域价格改革。坚持以市场化为导向，逐步放开竞争性环节价格，充分发挥市场决定价格的作用。例如，逐步放开铁路运输竞争性领域价格，逐步扩大道路客运、民航国内航线客运、港口经营等领域由经营者自主定价的范围，放开邮政竞争性业务资费；加快电力、天然气等能源价格改革，促进市场主体多元化竞争，择机放开成品油价格，尽快全面理顺天然气价格，有序放开上网电价和公益性以外的销售电价，健全主要由市场决定能源价格的机制[①]。

---

① 中共中央国务院关于推进价格机制改革的若干意见［EB/OL］. 新华网，2015-10-16.

3. 完善公共服务价格形成机制

（1）区分基本公共服务与非基本公共服务，实施差别定价机制。基本公共服务是政府必须兜底的公共服务，可以由政府通过管制形成较低的价格，但非基本公共服务可以放开价格管制。在“保基本”的前提下，加快形成非基本公共服务领域主要由市场决定的价格形成机制。政府定价范围主要限定在重要公用事业、公益性服务、网络型自然垄断环节。

（2）对基本公共服务领域，政府仍保留定价权以保障公益性。例如，对义务教育阶段公办学校学生免收学杂费；合理调整医疗服务价格，建立以成本和收入结构变化为基础的价格动态调整机制，尽快理顺医疗服务比价关系；政府投资兴办的养老服务机构依法对“三无”老人免费，对其他特殊困难老人提供养老服务，床位费、护理费实行政府定价管理[①]。

（3）对非基本公共服务，全面放开价格管制。例如，对营利性民办学校收费实行自主定价；公立医疗机构医疗服务项目价格实行分类管理，对市场竞争比较充分、个性化需求比较强的医疗服务项目价格实行市场调节价；对社会办养老机构提供的养老服务价格由经营者自主定价。

四、全面推进政府购买公共服务

在全社会公共需求全面快速增长的新阶段，推进政府购买公共服务，既是创新公共服务供给方式的重大举措，也是激发服务业市场活力、提高公共服务供给质量和供给效率的现实选择。未来5年，争取在全国基本建立起比较完善的政府购买公共服务的体制机制。

1. 公共服务社会化、市场化是大势所趋

进入发展型新阶段，尤其在全面深化改革的背景下，政府购买公共服务的

---

① 中共中央国务院关于推进价格机制改革的若干意见［EB/OL］. 新华网，2015-10-16.

主要目的是实现公共服务公开化、公正化和效益最大化。从改革实践看，政府既作为公共服务供给主体，自己办事业机构，同时又是监管主体，这是公共服务既难以实现公平、又难以提高效率的体制性根源。虽然我国 2003 年就开启了政府购买公共服务的进程，但由于公共服务体制创新滞后，在传统事业单位体制下，政府购买公共服务发展相当缓慢。数据显示，2015 年我国政府采购规模占全国财政支出的比重为 12%，其中，服务类采购占政府采购规模的 15.9%（见图 7.11）；而欧美发达国家政府采购规模占财政收入的比例为 30% ~ 40%，服务类采购占政府采购规模的 50% 以上[①]。因此，在事业单位改革进程加快的前提下，加快推进政府购买公共服务将是大趋势。

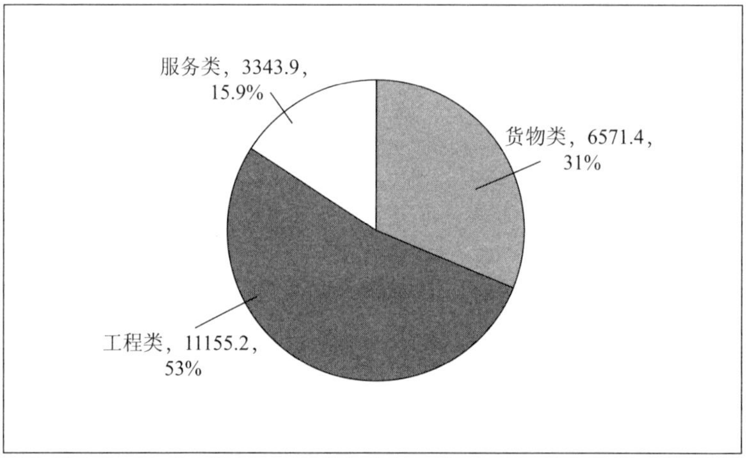

图 7.11：2015 年我国政府采购中服务类占比情况（单位：亿元，%）

数据来源：财政部国库司 . 2015 年全国政府采购简要情况［EB/OL］. 财政部网，2016-08-12.

2. 建立政府购买公共服务的新体制

（1）把形成多元供给主体作为完善政府购买公共服务的基本目标。未来 5

① 迟福林，张飞 . 推进政府购买公共服务："十三五" 政府职能转变的重点［J］. 社会治理，2016（2）.

年，如何充分利用社会资本的力量扩大公共服务供给，取决于政府购买公共服务的规模。十八届五中全会明确指出“创新公共服务供给方式，能由政府购买服务提供的，政府不再直接承办；能由政府和社会资本合作提供的，广泛吸引社会资本参与。”适应13亿人公共服务需求变化的大趋势，把形成多元供给主体、多元竞争主体作为完善政府购买公共服务的基本目标，重点发展政府向社会组织购买公共服务，尽快取消政府购买对市场组织和社会组织的某些歧视性规定。

（2）争取到2020年，形成法治化、规范化、透明化的政府购买公共服务的体制机制安排。使政府采购规模占财政支出比重达到15% ~ 20%，服务类采购占政府采购的比重达到30% ~ 40%。

3. 形成政府购买公共服务的制度安排

（1）细化政府购买公共服务的指导目录。2015年1月，财政部、民政部与国家工商总局发布了《政府购买服务管理办法（暂行）》，对政府购买服务的基本原则、购买主体和承接主体、购买目录和指导目录作出规定。建议进一步细化政府购买公共服务的指导目录，使其更具有可操作性。

（2）建立公平竞争机制。除某些特殊领域外，多数公共服务领域原则上都要引入竞争机制，建立政府购买公共服务的公示制度，通过合同、委托等方式向社会组织购买公共服务，最大限度地避免暗箱操作，以保证各类承接主体的公平竞争。实现体制内的事业机构与体制外的公益性社会组织之间的公平竞争，在同样条件下，谁能够提供更多的公益性，政府就向谁购买公共服务。

（3）将政府购买公共服务纳入《政府采购法》。从实践看，政府购买公共服务越来越普遍，但公共服务至今尚未纳入《政府采购法》。为此，需要尽快将购买公共服务纳入《政府采购法》，实现政府购买公共服务于法有据，依法规定政府购买公共服务的范围和程序，使之规范化、制度化。

五、以服务供给社会化为目标推进事业单位改革

在事业单位分类改革基本完成的前提下，需要以服务供给社会化为目标、以服务业市场开放为重点深化事业单位改革，由此走出一条扩大服务供给、改善服务质量、优化服务结构、提高服务效率的新路子。

1. 服务业加快发展的需求与事业单位改革滞后的矛盾突出

（1）事业单位改革滞后制约服务业有效供给。当前，我国以健康、教育、养老为重点的服务型消费需求全面快速增长。问题在于，健康、教育、养老等领域的供给主体主要为体制内的事业单位，运行效率不高、内部管理未有效理顺，社会资本进入门槛较高，制约了服务供给的总量、结构、质量与效率。

（2）事业单位改革滞后制约公平竞争市场环境的形成。从实践看，服务业供给严重不足的突出矛盾，根源不在于国内资本缺失，而在于服务业行政垄断和市场垄断，并由此形成的服务业体制内外政策不平等。

（3）事业单位改革滞后制约自身发展。事业单位改革滞后，不仅制约着服务业的快速发展，而且制约着事业单位自身发展。一是事业单位行政化倾向严重，缺乏应有的公益性、专业性、独立性，在发展上严重依赖于政府支持；二是由于体制僵化，事业单位缺少竞争意识、服务意识，很难通过主动改革来提升服务供给效率和改善服务质量；三是国家财政对社会事业的主要支持用在事业单位，而事业单位在促进创新创业、扩大服务供给上的潜力远未释放出来。

2. 加快形成社会化服务供给主体

（1）加快事业单位去行政化。中共十八届三中全会《决定》提出，“加快事业单位分类改革，推动公办事业单位与主管部门理顺关系和去行政化，创造条件，逐步取消学校、科研院所、医院等单位的行政级别，建立事业单位法人治理结构”。从实践看，加快事业单位去行政化，是培育多元化社会化服务供给主体的重要前提。

（2）将部分事业单位推向市场，实现企业化运作。对于提供竞争性服务的事业单位，可以完全通过市场化获得利润，实施企业化运作。例如，在养老、健康、文化、体育等生活性服务业领域，可以将处于竞争性环节的事业单位推向市场；在研发、设计、咨询等生产性服务业领域，凡能够提供增值服务的事业单位，原则上转化为企业；能够推向市场的事业单位，尽快建立现代企业的法人治理结构。

（3）鼓励社会资本出资兴办事业单位。社会资本出资兴办事业单位，是拓宽民间投资渠道、推进经济转型的重大举措。建议尽快出台鼓励社会资本兴办事业单位的具体办法。

——实施负面清单管理，除涉及国家安全等不适合社会资本进入的领域，一律允许社会资本兴办。

——废除不合理的审批和烦琐的程序，支持社会资本兴办学校、医院、科研、文化、体育等各类社会事业。

——出台相关政策，对提供公益性服务的社会资本进行扶持，并给予必要的财政政策、土地政策、金融政策等支持。

（4）允许事业单位发展混合所有制，吸引各类资本参与事业单位改革。事业单位发展混合所有制，是调动各方积极性，做大服务业“蛋糕”的有效途径。

——鼓励包括国内社会资本、外资在内的各类资本入股、参股事业单位。

——取消对非公有制资本股权比例的不合理限制，在竞争比较充分的领域允许非公有制资本控股。

——积极探索事业单位员工持股，鼓励事业单位与员工形成命运共同体。

（5）探索建立公益法人制度。事业单位去行政化之后，公共服务领域的绝大多数事业单位都应成为公益法人。

——对教育、科学、文化、卫生、体育事业、环境保护、慈善事业等不以营利为目的、提供公益性服务的事业单位，凡是能够通过市场获取部分收入或通过市场运作能够满足社会公共需要的，原则上转化为公益性社会组织。

——明确界定公益法人从事活动的范围，清理公共服务领域不合理的审批手续，降低公益法人准入标准，鼓励支持更多的社会组织提供公益性服务，并依法保护公益法人财产权。

——建议成立独立的公益法人认定机构，如公益法人认定委员会，对公益法人进行认定。参照国际惯例，对公益性社会组织的捐赠免税，对其从事的公益性活动实行免税。

——清理和修订不利于社会资本兴办事业单位的法规政策规定，建议尽快研究制定《公益法人法》。

3. 加快形成服务供给社会化的大环境

（1）统筹推进事业单位改革与服务业市场开放。这有利于快速形成服务供给的多元主体，有利于利用发达国家先进技术和管理经验提高服务质量，有利于形成服务供给社会化的大环境。

（2）改革完善事业单位法人治理结构。由于事业单位法人治理结构不完善，事业单位缺乏应有的决策能力、管理能力，缺乏应有的独立性、专业性。建议尽快出台建立事业单位法人治理结构的具体改革方案：

——凡是面向社会提供公益服务的事业单位，如公立学校、公立医院、公共就业服务机构、公共文化机构、科研院所等，都应当建立法人治理结构。

——以实现社会服务供给最大化为目标，实行所有权与管理权分离，由决策层、执行层、监督层三者组成的现代组织结构及其运行机制。

——理顺事业法人与主管部门之间的关系。主管部门要把管理权交给事业法人，充分保障事业单位人事、财产管理及业务开展的自主权。

——依据不同事业单位法人性质组建董事会、理事会，实现“举办者”和“管理者”的分开，促使事业单位成为真正独立的法人实体。

（3）将国家对事业单位的财政投入转变为引导基金，平等支持各类公益性服务主体。实践表明，传统按照事业单位规模、行政事业编制人数确定财政投入规模，难以形成对公益性服务供给形成有效的激励约束机制。

——形成公益性服务客观的评价标准，按照公益性大小确定对事业单位的财政支持力度，财政支持对体制内外的公益法人一视同仁。

——采取引导基金的方式支持公益法人，对社会资本兴办公益事业、公有制资本兴办公益事业进行同等支持，放大政府财政资金在引导各类资本投资公益性服务中的杠杆效应。

第五节　服务业市场开放是一场深刻的思想解放

服务业市场开放不仅涉及经济结构调整，更涉及利益结构、发展理念的重大调整，是一场深刻的思想解放。充分认识服务业发展在我国转型改革中的历史作用，以服务业市场开放为重点深化结构性改革，就会使历史关节点的经济转型有实质性的进展，就会使我国在经济全球化中发挥更大作用。

一、突破思想观念束缚

与 30 多年前对改革开放的担忧相同，现在提出服务业市场开放首先面临思想观念的束缚。1992 年年初，邓小平同志在南方视察时提出把“三个有利于”作为衡量经济工作是非得失的根本标准。当前，推进服务业市场开放，仍然可以将“三个有利于”作为衡量其得失的判断标准。也就是说，“三个有利于”既是衡量经济工作得失的重要标准，也是衡量服务业市场开放的重要标准。

1. 是否有利于发展社会主义社会的生产力

（1）服务业是社会分工专业化的结果。随着经济发展，专业化程度越来越高，社会分工越来越细。服务业是从工业、农业生产经营活动中的服务环节独立出来，成为专门的服务部门，从而加速生产专业化、社会化，带来劳动生产率的提高。

（2）服务业成为创新创业的主阵地。在当前实体经济困难的情况下，服务业成为“大众创业、万众创新”主要领域。据统计，2016年前三季度，服务业新登记企业325.2万户，同比增长27.6%，占新登记企业总数的81.1%[①]。

（3）服务业成为新增就业的主要载体。随着经济转型升级，以服务业为主导的产业结构将是扩大就业的主要载体。有数据显示，2008年GDP每增长1个百分点，新增就业只能达到70万～80万人左右；而2013年GDP每增长1个百分点，新增就业能达到150万人左右[②]。从实践看，我国服务业市场开放滞后严重制约服务业发展。也就是说，以服务业市场开放为重点发展社会生产力将成为经济转型升级的重大课题。

2. 是否有利于增强社会主义国家的综合国力

（1）综合国力既包括硬实力，也包括软实力。据伦敦波特兰公关公司公布的年度“软实力”影响力国家排名，我国名列第28名[③]，与世界第二大经济体的地位严重不相适应。

（2）服务业既是硬实力，也是软实力。从国际经验看，以研发、科技、文化为重点的现代服务业既是美国的硬实力，也是其软实力。我国要从一个经济大国走向经济强国，关键在于以服务业市场开放提升服务业发展水平，由此才能提升综合国力。

3. 是否有利于提高人民生活水平

要不要开放服务业市场，要把能否提高人民生活水平作为重要判断标准。随着我国从生存型阶段进入到发展型新阶段，在物质消费需求得到有效满足的条件下，提高人民生活水平关键在于满足人们日益增长的发展型消费需求。从现实情况看，只有通过服务业市场开放扩大有效供给，才能真正满足人们日益增长的发展型消费需求。例如，只有教育市场对外开放，才能让国内居民不出

---

① 前三季度全国新登记企业401万户同比增长27%［EB/OL］. 新华网，2016-10-17.

② 李克强. GDP增长1个百分点能拉动150万人就业［N］. 工人日报，2013-11-05.

③ 外媒：英报告称中国跻身全球软实力排名前30［EB/OL］. 参考消息网，2016-06-15.

国门就能享受到国际化的教育；只有医疗服务市场对外开放，才能让国人在国内就能享受到发达国家高水平的医疗服务；只有文化娱乐市场对外开放，才能让国人在国内就能享受到国际文化娱乐产品和服务。

二、突破传统体制束缚

客观地看，我国在工业化进程中形成的一整套体制安排具有鼓励工业、抑制服务业发展的某些特点。推进服务业市场开放，首要任务就是要突破这种传统体制的束缚，建立有利于各类市场主体平等竞争的体制安排。

1. 服务业市场开放面临传统体制的束缚

从实际情况看，我国服务业长期存在福利化的倾向，以政府供给为主。尽管改革开放以来，我国服务业市场逐步对社会资本放开，但至今，除了批发零售、商贸、餐饮等服务行业的市场化程度比较高之外，教育、医疗等服务行业都不同程度地面临体制的束缚，导致市场配置资源的作用尚未有充分发挥。正如李克强总理在2013年第二届京交会上指出的，“中国服务业发展滞后，有认识上的问题、结构方面的原因，但主要还是体制机制的制约”[①]。

2. 体制调整对服务业市场开放具有重要影响

从现实情况看，如果传统的体制机制不调整，服务业市场开放后就难以形成公平竞争的市场环境，不利于各类市场主体公平竞争。例如，垄断行业不改革，社会资本就难以全面进入服务业市场；事业单位不改革，体制内外的政策差异不填平，体制外的企业与事业单位就难以形成平等竞争的新格局；服务业用地价格机制不调整，中小服务企业的成本就难以降下来。

① 李克强．把服务业打造成经济社会可持续发展的新引擎［EB/OL］．新华网，2013-06-01.

3. 以深化结构性改革突破传统体制束缚

从实践看，不改变传统的体制机制安排，加快服务业发展就很难。这就需要加快推进以服务业市场开放为重点的结构性改革，着力提升整个供给体系质量，提高供给结构对需求结构的适应性，实现供求关系新的动态均衡。从各类市场主体公平竞争的目标来看，重点是加快税收结构、金融体制、用地政策、垄断行业、事业单位等改革，由此才能形成各行业、各类所有制经济公平竞争的体制环境。

三、突破既得利益束缚

服务业领域面临严重的行政垄断和市场垄断是社会资本难以进入的根源所在，并形成垄断利益。服务业市场开放就是要打破利益的掣肘，真正发挥市场在服务业领域资源配置中的决定性作用。

1. 服务业市场开放面临利益“玻璃门”

近年来，我国加快推进服务行业的市场开放。问题在于，社会资本仍然面临着利益“玻璃门”的制约。由于行业利益，服务行业仍面临着严重的市场垄断和行政垄断，使得服务业市场难以形成公平竞争的市场环境。在体制“玻璃门”被打破后，垄断行业的利益“玻璃门”却客观存在，难以破解。

2. 敢于对服务行业的既得利益“动刀子”

在利益格局固化的今天，“触动利益往往比触及灵魂还难”。垄断行业改革社会一直呼吁多年进展不大，很大程度上是由于利益固化。当前，推进服务业市场开放，需要敢于对旧有利益格局“动刀子”。只有这样才能真正激发服务业市场活力，提高服务业发展水平，形成服务业改革与开放的良性互动。

3. 推进垄断行业改革

在“互联网 +”的背景下，一些垄断行业面临严峻挑战，主动改革比被动改革更能赢得市场。以出租车行业为例，长期以来打车难问题得不到根本解决，关键在于出租车行业利益固化已久，尽管社会呼吁多年，改革进展一直不大，直到网约车的出现真正动摇了其垄断地位，才逼迫其行业开始改革。也就是说，在信息技术快速发展的大背景下，只有主动推动垄断行业改革，才能赢得更大的市场空间。

第八章

监管变革的政府担当

“二次开放”凸显政府监管变革的现实性、迫切性。这就需要加快调整市场监管权力结构，推动金融、反垄断、食品药品等重点领域改革，实现由事前审批为主向事中事后监管为主转型；由分散监管向统一监管转型；由行政型监管为主向法治化监管为主转型。

在经济全球化深刻复杂变化的背景下，以开放转型形成良好的经济预期，很大程度上取决于政府监管职能的有效性。无论是防范开放转型的经济、金融风险，还是建立公平竞争的市场环境，都对政府监管变革提出了迫切要求。

第一节　建立现代市场监管体制

“二次开放”伴随着政府经济管理方式向以市场监管为主的转型，监管变革滞后的矛盾日益凸显。如果监管变革跟不上，就可能导致各类可预见和不可预见的经济金融风险。这就需要以监管变革推动形成现代市场监管体制，全面提升防范与应对风险的能力。

一、政府监管变革滞后是形成经济金融风险的重要因素

近年来，我国经济运行中经济金融风险的形成和积聚与经济转型滞后直接相关，与政府的监管体制变革滞后、监管严重不到位直接相关。

1. 经济金融风险的加大反映出监管转型滞后

当前，经济运行中的矛盾与风险日益增多，有房地产市场风险、产能过剩风险、实体经济困难风险等，但主要是金融风险。从近两年的情况看，资本市场剧烈波动、P2P 等问题频发，人民币汇率贬值压力加大等，集中暴露了金融监管转型滞后的突出矛盾。在混业经营格局基本形成的今天，金融分业监管带来的监管重叠、监管掣肘、监管真空、监管失灵等问题越来越多。问题在于，

由分业监管向综合性监管转型步履艰难，至今尚未出台改革方案。总的来看，以金融为重点的监管体制改革到了一个重要的历史关口，需要尽快破题。

2. 某些社会风险与监管不到位直接相关

从实践看，不仅经济风险反映出监管转型滞后的突出矛盾，而且某些社会风险也与监管不到位直接相关。例如，近年来，食品药品领域安全事故频发，从“地沟油”、“毒奶粉”到“毒馒头”、“假牛肉”等，各种非法添加物不断涌现，反映出食品药品监管的严重不到位。

进入 21 世纪以来，随着城乡居民消费结构升级，我国开始由生存型阶段迈向发展型新阶段，广大社会成员对健康产品的需求日益增多，食品药品的消费安全需求全面快速增长。在这个特定背景下，食品药品监管已经再不简单是市场监管，而是开始带有公共安全属性，甚至上升为国家治理问题。

事实上，我国已经成为食品药品消费大国和生产大国。数据显示，2007-2015 年，我国食品工业总产值由 3.2 万亿元增长到 11 万亿元，年均增长 16.5%[①]；同期，我国药品工业总产值由 0.67 万亿元增长到 2.81 万亿元，年均增长 19.6%[②]。在这个背景下，我国需要建立系统的食品药品安全体系。

专栏 8.1

我国仍处于食品药品安全事故高发期

2009-2013 年对我国出口到美国、欧洲、日本及韩国的 30 类 12457 批问题食品的统计显示，在 144 个国家和地区中我国连续 5 年居被通报之首。

2014 年消费者调查显示，消费者高度关注食品安全，但满意度仅为 13%。

2015 年，全国共接收食品药品投诉举报信息 77 万件，同比上升 36.94%；食药部门查处涉及食品、保健食品违法案件 24 万件，公安机关侦破危害食品安全犯罪的案件 1.5 万件。

资料来源：旭日干，庞国芳．中国食品安全现状、问题及对策战略研究［M］．北京：科学出版社，2015.

① 2015 年度中国医药市场发展蓝皮书［M］. 北京：社会科学文献出版社，2015.

② 根据历年中国食品工业年鉴计算所得。

3. 监管变革是应对经济风险挑战的重大举措

客观地看，以简政放权为重点的政府改革在释放市场活力、促进经济转型、应对经济下行压力中发挥了重要作用。问题在于，监管变革严重滞后于简政放权改革的实际进程。由于缺乏统一的监管体制与有效的监管手段，某些经济金融风险逐步积聚。在特定条件下，因监管变革滞后所形成的某些局部风险有可能逐步演变为全局性风险，成为经济转型与结构性改革的重大挑战，并由此严重影响多方面的经济预期。

二、监管变革滞后成为制约经济社会转型的突出矛盾

我国正处于经济社会转型的关键时期，无论是食品药品安全出现的问题，还是证券市场的异常波动，都反映出市场监管变革滞后于经济社会转型的现实需求这一现状。

1. 监管变革滞后制约内需潜力的释放

当前，制约国内消费需求释放的因素既与解决收入分配不合理问题相关，也与消费市场监管不到位相关。例如，不少消费者宁愿购买高价洋奶粉也不愿意消费价格低廉的国产奶粉；有很多消费者宁愿花更多的钱去国外旅游、购物等。随着服务型消费全面快速增长，服务业成为创新创业比较集中的一个领域。但与工业领域监管相比，服务业领域尚未形成有效的监管标准。也就是说，释放内需潜力重在监管变革。

专栏 8.2

消费者对国产奶粉信心不足

以奶粉为例，2008 年三聚氰胺事件之后，进口奶粉的市场占有率从 30% 左右跃升到目前的 50% 以上，在高端市场则超过 70%[①]。2011 年以来，我国食品药品工业增速快速下

① 我国高端奶粉市场进口品牌市场占有率超过 70%［N］. 中国经济时报，2012-09-06.

降，主要不在于国内缺乏需求，而在于人们对国内食品药品安全缺乏信任。

当前，我国国产奶粉质检标准已经和欧盟一样，但消费者由于固有理念对国产奶粉的信心不足，总是认为进口的要比国产的好，在一、二线城市这种现象更为突出。

一位来自一线城市的消费者表示，三聚氰胺事件后，其身边的朋友基本都认准洋奶粉品牌，因为国产奶粉已经被打上了不安全的标签。尤其是江浙沪一带的朋友，大家平时都通过海淘、代购等方式购买来自澳洲、新西兰等地的进口奶粉。

2015年海淘代购婴幼儿奶粉的规模已经达150亿元。同年我国婴幼儿奶粉进口量同比增长45%，约18万吨，小包装纯进口婴幼儿奶粉量的增速迅猛。

来自易观智库的调查显示，接受其调查的1000名用户中青睐进口和原装进口婴幼儿奶粉的占比高达64.2%。其中，一、二线城市对进口婴幼儿奶粉的选择倾向性更明显，并且其对进口婴幼儿奶粉的消费意愿还不因家庭收入的高低而变化。这些用户之所以愿意选择进口婴幼儿奶粉的原因是品质有保证、产品安全。

资料来源：陈芳．“假洋鬼子”太多 国产婴幼儿奶粉曲线突围［N］．中国商报，2016-05-24.

2. 监管方式不适应新经济的快速发展

当前，以数字经济为重点的新经济快速发展对监管方式变革的要求越来越高。近年来，大量互联网金融企业“跑路”，不能不说与监管体系建设滞后、监管方式陈旧直接相关。从现实情况看，一说到“监管”，习惯于大检查、明察暗访、交叉检查、巡查、抽查等传统方式，而大数据等技术尚未普及。以湖南为例，按传统方式搞税务稽查，70多万户纳税人需要20年才能通查一轮。而利用大数据的“精确制导”，能明显提高监管效率。目前，很多地方在省级层面，工商、国税、地税、质监等业务系统与行政审批工作平台尚未实现信息互通、资源共享，难以形成大数据的协同监管，这给新经济健康发展带来诸多不利。

3. 监管立法不适应经济社会转型进程

从现实情况看，我国法治监管的基础仍然薄弱，跟不上经济社会转型的实际进程。例如：服务业市场开放需要把反行政垄断作为反垄断的重点，而《反垄断法》并没有把反行政垄断纳入其中；原计划于2015年下半年推出的注册制改革，由于《证券法》尚未修改，不可避免地受到掣肘；我国食品药品消费需求全面快速增长，而食品药品品种繁多，监管需要以多方面的专业标准为依据。尽管我国已经有《食品安全法》《药品管理法》等法律法规，但在细分的专业领域仍然缺乏具体的法律规范。

4. 市场监管中社会参与明显不足

从国际经验看，NGO、行业组织、商会等社会力量在市场监管中有着独特的作用。我国自古以来就有“商有商会、行有行帮”的传统。行业协会和商会曾经在推动企业诚信、行业自律中扮演过不可替代的角色，但在现行监管体制下，行业协会和商会行政化的倾向相当严重。监管中政府唱“独角戏”的现象具有普遍性，行业协会和商会严重缺乏公信力，行业自律缺失，难以有效发挥传统“行帮商会”的作用。

三、2020：基本形成现代市场监管体制

推动金融、反垄断、食品药品等重点领域监管改革，实现由事前审批为主向事中事后监管为主转型，由分散监管向统一监管转型，由行政型监管为主向法治化监管为主转型，争取到2020年基本形成与开放转型相适应的现代市场监管的体制框架。

1. 实现重点领域监管体制改革的新突破

（1）基本形成现代金融监管框架。适应于防范区域性、系统性风险的现实需求，实现由分业监管向混业监管的过渡，建立强有力的金融监管系统。

（2）基本形成统一的国家反垄断体制。与服务业市场双向开放相适应，以公平竞争为目标，重点破除各种形式的行政垄断，强化反垄断的权威性、统一性，建立既适用于内资又适用于外资，法治化、规范化的反垄断体制。

（3）基本形成统一权威的食品药品监管体制。服务国家食品药品安全战略，

加快建立专业化、稳定化、体系化的食品药品监管系统，形成完善的食品药品国家治理体系。

2. 基本建立比较完善的事中事后监管体系

（1）创新市场监管体制机制。与负面清单管理相适应，以市场监管与行政审批严格分离为原则，全方位梳理各部门监管事项，加快建立完善的消费市场监管体系、金融市场监管体系和垄断行业监管体系，到2020年建立比较完善的事中事后监管体系。

（2）建立监管部门的信息互联共享机制。基本实现工商部门、审批部门、行业主管部门及其他部门之间的信息实时无障碍交换。

（3）形成统一的市场监管模式。以减少层级、整合队伍、提高监管效能为原则，组建统一的市场监管队伍，形成监管合力；健全跨部门联动响应机制和失信惩戒机制。

3. 基本形成多元市场监管体系

在强调政府主体责任的同时，充分发挥行业组织的自律作用和市场专业化服务组织、公众和舆论的监督作用，促进市场主体自我约束、诚信经营，有效发挥社会力量在市场监管中的独特作用。到2020年，形成以政府为主体，公众、社会组织、新闻媒体等社会力量共同参与市场监管的合力，基本形成多元市场治理体系。

4. 基本形成大数据监管系统

从国家层面形成大数据监管平台的实施方案，建立由政府牵头，企业和个人广泛参与的一体化大数据系统，建立数据的收集、共享、分析、发布、决策和保护机制，建立和完善利用大数据实施监管的相关流程和法律法规。到2020年，建成全国统一的信用信息共享交流平台，全面消除部门间信息障碍；形成完善的市场主体信用信息公示系统，工商登记及监管信息可通过互联网向社会公开；充分运用大数据资源实现企业信用信息互联共享，形成联合惩戒机制，实现失信企业“一处违法、处处受限”。

专栏 8.3

大数据监管系统构成

1. 企业信用信息系统。工商、公安、安监、法院、银行、税务、企业、民间机构、民众信息资源共享，形成企业生产经营、银行信贷、纳税情况、违法情况、个人诚信记录、经营履历等大数据仓库。

2. 企业信用评估评级系统。挖掘历史上数据仓库中数据与企业失信、违法等之间的相关性，找到准确评估企业和个人诚信度、预测企业发生违法经营概率的评价指标体系和科学方法。

3. 社会参与监管的信息平台。在网上开辟投诉意见箱、信息反馈窗、民众论坛等。及时得到关于企业的更多反馈信息，发现企业的异常行为。

4. 网上预警系统平台。对企业失信违法行为发出警告，政府部门将根据警示内容和企业的调整情况对企业进行处理。

5. 大数据监管执法系统。基于企业评级分类模型，对诚信度较低的企业进行抽样调查，实施网格化管理。

6. 大数据监管技术支持系统。引入实力强大的第三方机构，如阿里巴巴、腾讯等专业团队，协助政府建立技术平台，寻求疑难问题解决方案。

资料来源：中改院课题组整理。

5. 基本形成市场监管的法律体系

把市场监管法治化作为开放型经济新体制建设的重大任务，以内外资公平竞争为导向，建立完善的市场监管法律体系。

（1）实现监管职责法定。监管法律体系初步完善，每一项监管权、每一个监管机构的设定均做到于法有据、可问责。

（2）实现监管程序法定。以法定程序约束监管部门自由裁量权，严格规范监管执法权的行使。

（3）实现监管机构编制法定。依法合理规范监管机构编制，监管机构编制向基层执法队伍倾斜，形成监管队伍专业化强有力的体制保障。

第二节　以金融监管变革防范金融风险

我国的金融监管转型正处于重要历史关节点。无论是稳定金融市场与提振经济信心，还是防范系统性、区域性金融风险，都有赖于通过有效的金融监管变革形成健康、稳定的金融市场，实现金融与实体经济的良性互动。

一、防范金融风险的现实性全面增强

2016 年 10 月 1 日，人民币正式加入 SDR。人民币走向国际化，在推动中国与世界经济联系更为紧密的同时，也使得国际金融风险向国内的传导更加直接、迅速。在这个特定背景下，2017 年中央经济工作会议明确提出，“要把防控金融风险放到更加重要的位置，下决心处置一批风险点，着力防控资产泡沫，提高和改进监管能力，确保不发生系统性金融风险”①。

1. 人民币汇率贬值风险

（1）汇率贬值幅度大。随着美联储加息，美元持续走强，全球主要货币对美元汇率几乎全线下跌，人民币也不例外。2016 年 11 月，人民币兑美元即期汇率连续 12 个交易日下跌，逼近 6.9 关口②，当月人民币兑美元汇率贬值 1.69%。2016 年全年，人民币汇率贬值约 7%，人民币兑美元汇率创下 8 年来的新低。

（2）汇率贬值伴随快速的资本外流。受汇率贬值影响，国内资本加速外流。人民银行数据显示，截至 2016 年 12 月 31 日，我国外汇储备规模为 30105.17

---

① 中央经济工作会议明确防控金融风险：下决心处置一批风险点［EB/OL］. 新华网，2016-12-16.

② 连续 12 日下调人民币对美元中间价逼近 6.9［EB/OL］. 中国新闻网，2016-11-21.

亿美元，较 11 月底下降 410.81 亿美元，降幅为 1.3%，连续第六个月缩水。2016 年外汇储备累计下降 3198.44 亿美元，储备量逼近“3 万亿”关口，整体规模降至 2011 年 3 月以来最低水平 ①。

（3）汇率贬值与资本外流相互强化。未来几年，如果美元持续走强，人民币贬值预期得不到有效扭转，资本外流压力将逐步增大。这样，就会形成“资本外流－人民币贬值－资本外流”的恶性循环，由此将加剧国内金融风险。

专栏 8.4

人民币汇率贬值风险与资本外流风险加大

最大的风险应当是我国货币存量居全球最高所导致的资金迅速外流。同时，这种资金外流又会导致汇率的快速下跌、人民币的巨幅贬值。资金外流与汇率下跌形成一个双螺旋式的向下通道，将导致国内金融体系迅速失血，资金周转不灵。而央行所采取的注入流动性的措施又将加剧汇率的下滑，从而反过来带动资金的进一步外流，资产缩水。这种金融体系的崩溃，将导致我国经济改革的成果倒退十几年。

按照绝大部分的统计标准来衡量，中国的货币存量（即现金加存款）都是世界上最高的，达到 150 万亿元人民币，折算成美元超过 21 万亿；而美国作为最大国际货币美元的发行国，货币存量也仅仅为 11 万亿美元左右。当前，国内外投资者纷纷看空人民币，在这种背景下，资金外流已经形成波涛汹涌之势，冲击着中国的金融体系。

资料来源：李稻葵．2017 年必须严防资本外流［EB/OL］．新浪财经，2016-12-30.

2. 房地产泡沫风险

（1）房地产价格的过快上涨。2016 年以来，北上广深等一线城市房价暴涨，引发了社会广泛关注。数据显示，2016 年，主要一线城市新建住宅价格同比涨幅约 28%，远超 2013 年的 14%；2016 年 11 月，70 个大中城市新建住宅同比上涨 10.5%，远超 2012–2013 年最高 9.2% 的同比涨幅 ②。

① 中国 12 月外汇储备 30105.2 亿美元［N］.21 世纪经济报道，2017-01-07.

② 16 年主要一线城市新建住宅价格同比涨幅约 28%［EB/OL］. 东方经济网，2017-01-04.

（2）房地产投机挤压实体经济。房地产市场的快速升温带动房贷激增。数据显示，2016 年前三季度，全国个人住房贷款增加 3.63 万亿元，同比多增 1.8 万亿元，尤其是 7 月份，房贷成为新增贷款的主体①。相反，实体经济贷款却一直疲软，企业融资困难，使得本已经十分困难的实体经济雪上加霜。

（3）房地产泡沫破裂的风险增大。房地产泡沫是典型的系统性风险，不仅会导致企业的债务违约，加剧银行债务风险，还会使过度依赖土地财政的地方政府捉襟见肘。

3. 由产能过剩引发的债务违约风险

随着去杠杆、去产能进程加快，一些企业难以偿付债务，一些僵尸企业逐步退出市场，债务违约风险逐步增加。由于实体经济过度依赖于债券融资，金融机构持有企业债券比例过高。债务违约风险如果得不到有效控制，危机有可能会向多个领域蔓延。

专栏 8.5

去产能背景下债务违约风险加大

（1）商业银行面临资产质量恶化的巨大压力。统计显示，2016 年第三季度末，我国商业银行不良贷款余额 14939 亿元，较上季度末增加 566 亿元；商业银行不良贷款率 1.76%，比上季末上升 0.01 个百分点②。

（2）债券市场违约增多。有数据显示，2015 年，我国实体经济债券融资额是股票融资额的 3.9 倍，企业债券的余额是非金融企业境内股票余额的 3.2 倍③。企业债券违约的事件频发，尤其是 2016 年东北特钢 4 个月内出现 7 次债券兑付违约④，暴露出企业债券市场的信用风险加大。

资料来源：中改院课题组整理。

① 前 3 季度房贷同比多增 1.8 万亿元：风险总体可控［N］. 经济日报，2016-11-04.

② 三季度末我国商业银行不良贷款率达 1.76%［EB/OL］. 新华网，2016-11-10.

③ 张承惠 . 债券市场对实体经济的影响远大于股票市场［EB/OL］. 和讯网，2016-10-16.

④ 东北特钢 4 个月七次债券违约［N］. 东方早报，2016-07-20.

二、建立综合性金融监管体制

在我国金融业发展明显加快的特定背景下，一方面，加强金融监管的统筹协调，推进由分业监管向综合性监管变革的迫切性日益增强；另一方面，金融风险呈现出新的特点，建立综合性金融监管体制才能有效防范和应对。

1. 汇市、债市、楼市、股市风险“交叉感染”的特点突出

（1）汇市、债市、楼市、股市出现风险叠加。虚拟经济与实体经济的风险同步出现、各个金融市场的风险同步出现的特点十分突出。

（2）汇市、债市、楼市、股市风险相互传导。以汇率贬值为例。人民币汇率贬值直接导致以人民币计价的资产贬值，传导到债市、楼市、股市的时间越来越短。

（3）汇市、债市、楼市、股市风险交叉感染。以楼市为例，抛售国内房地产到国外购房的套利空间巨大，会加大人民币贬值压力。抛售其他国内资产到国外套利，也会加剧资本外流和汇率贬值。

2.“一行三会”的分业监管格局需要改变

（1）各监管机构目标不同，难以对全局性、系统性风险负责。银监会、证监会、保监会既是行业准入的审批机构，又是各自领域的监管机构；既肩负着本行业发展扩张的任务，又肩负着本行业的监管职责；“谁审批、谁监管”很大程度上相当于“自己生的孩子自己管”，监管机构难以保持利益超脱，难以独立公正行使监管权；各监管机构更为关注单体或单一行业内部金融机构的风险问题，而非整个金融体系乃至经济系统的稳定。

（2）监管信息分布在不同部门，信息难以实现共享，难以有效识别系统性风险。全局性、系统性风险是长期积累的结果，很重要的原因在于跨行业、跨部门、跨区域的风险识别超出了单个监管机构的能力范围，单个监管部门缺乏应有的主动性去识别系统性风险并形成应对风险的前瞻性预案。

（3）部门法律法规分散，信息沟通协调不畅，缺乏一致行动的决策和执行机制。综合型金融机构涉及多种业务，需要接受多个部门监管。但各个监管机构囿于自己的监管范围和监管职责，都难以对最终结果负责。

3. 加快建立综合性监管体制

（1）时机条件成熟。从国内看，金融混业经营已经普遍化，过去两年来的股灾、P2P 矛盾问题频发等现象表明，即使不考虑外部市场，我国也需要通过建立综合性监管体制应对内部金融风险；从国际看，人民币汇率贬值引发的国内金融业一系列的连锁反应，更凸显出建立综合性监管体制的迫切性。

（2）有效识别系统性金融风险。以汇率风险为例，风险本身并不可怕，最值得担忧的是现行分业监管体制下监管不能有效识别风险。以防范人民币汇率风险为重点，尽快建立与国际接轨的跨境资金流动统计监测体系，建立立体化的跨境资本检测系统，加强跨境资本流动检测与风险评估。

（3）形成强有力的危机应急机制。建立境内外联动的风险预警机制，尽快形成汇市、债市、楼市、股市风险“交叉感染”的危机预警系统、危机应对预案和危机指挥系统。

（4）形成治理系统性、区域性金融风险的长效机制。制订标本兼治的改革方案，着力解决行政审批与监管不分的体制性矛盾，以审批取代监管、重审批轻监管的矛盾，建立独立的监管框架。

三、形成独立性、专业化的金融监管体制

从近些年的实践看，因审批权与监管权不分导致的监管体制缺乏独立性，是我国金融监管领域的一大“顽疾”。要适应我国金融治理的实际需求，只有以解决行政审批与监管不分为前提，金融监管的转型与改革才有可能取得实质性突破[①]。

---

① 中改院课题组．建立现代金融监管框架的 12 条建议［N］．深圳特区报，2016-07-26.

1. 审批权与监管权不分是现行金融监管体制面临的突出矛盾

尽管这几年监管部门简政放权在加快推进，但审批权不愿放、不敢放的现象仍不同程度地存在，审批权与监管权不分的格局尚未根本改变。在这个背景下，监管部门往往把相当大的精力放在审批上，以审批取代监管、重审批轻监管的矛盾比较突出。这使得监管机构难以保持利益超脱，难以独立公正地行使监管权。

2. 以强化独立性为目标推进金融监管变革

从国际经验看，独立性是现代金融监管体系的“精髓”，任何有效的金融监管制度设计都需要确保金融监管的独立性。监管者的利益独立于监管对象，不被监管对象所俘获、掣肘，是保障监管有效性的基本前提。拥有独立性，监管者才能有责任、有激励、有动力改善监管，才能对监管结果负责。独立性与专业化是监管机构的两大基本要求，拥有独立性，监管者才会主动地去识别风险和预防风险。

3. 推进审批权与监管权尽快分离

建立独立的监管体制，关键在于改变审批权与监管权不分的传统体制，使监管机构独立公正地行使监管权。如果将银监会、证监会、保监会并入央行，形成“大央行”的超级监管模式，尽管能够提高监管的统筹协调性，但难以解决审批权与监管权分离的问题，难以确保监管机构独立行使监管权。从我国的基本国情看，建立独立的现代金融监管框架，重要的前提是加快推进审批权与监管权相分离。例如，考虑到证券市场注册制即将实施，股票发行审核权应当下放给证券交易所；尽快研究推出银行业、保险业审批权与监管权相分离的改革方案。在这些改革推进的前提下，监管机构才能真正成为独立、专业的监管者。

四、以加强统筹协调为重点，组建国家金融监管机构

以系统性、区域性金融风险防范和应对为重点，加强统筹协调组建国家金融监管机构，加快形成综合性监管体制框架，走出一条建立现代金融监管框架的有效路子。

1. 从国家战略层面考虑金融机构改革

从国际经验看，如果开放中的金融风险应对不好，会对一个国家的中长期发展造成极大的破坏。拉美国家陷入中等收入陷阱有多方面的原因，但金融危机直接推动是重要因素之一。近两年，构建综合性监管体制得到多方面的共识，但机构改革尚未破题。在内外环境深刻复杂的背景下，金融监管机构改革不宜再拖。

专栏 8.6

中等收入陷阱最具体、最现实的版本

近几年来，关于中国落入中等收入陷阱的讨论很多，其中受到关注的现象包括产业升级缓慢、劳动力成本提高、社会福利过重等等。然而，这些还都是长期的、潜在的、缓慢的表现，而中等收入陷阱最直接、最现实，也最具有毁灭性的实现形式，就是金融危机。拉丁美洲国家，从墨西哥到巴西到智利，以及东南亚国家，都反反复复出现过这种金融危机。那就是一旦资金大量外流，外汇储备迅速下降，本币迅速贬值，金融体系崩溃，将出现整体的资产价格下降，物价水平高企，财政紧张，企业资金链断裂，正常的实体经济运行将直接受到冲击。

2017 年，美国经济政策将非常有可能触发全球资金流入美国的热潮。美国新任总统特朗普非常有可能大规模推行减税、基建和贸易保护措施，这些都会在短期内刺激美国经济，而美联储将会为预防通货膨胀而提速加息。两个因素叠加，全球会出现美元短缺，资金回流美国。这非常像 1980—1984 年美国总统里根与美联储主席沃尔克的政策组合，那时的高财政赤字与高利率组合，导致了拉丁美洲的一系列金融危机。拉美的经验告诉我们，对于资金外流加货币贬值的风险，中国必须严防死守。

资料来源：李稻葵 . 2017 年必须严防资本外流［EB/OL］. 新浪财经，2016-12-30.

2. 加快形成综合性监管体制框架

综合考虑多方面的现实因素，在银监会、证监会、保监会的基础上组建国家金融监管机构，是我国走向综合性监管的现实选择。第一，与大央行等改革模式相比，有利于避免部门间整合的磨合过程，有利于从国家层面更快地建立起系统性、区域性金融风险的应急指挥系统。第二，能够有效解决行政审批与监管不分的问题，有利于实现监管机构的独立性。第三，能够有效实现监管的统筹协调，整合银监会、证监会、保监会现有监管职能，根据金融监管需求合理设置内设机构，形成综合性监管体制框架。第四，能够有效实现跨部门金融监管信息共享、基础设施共享，实现金融监管全覆盖，提高金融监管能力。第五，能够形成系统性、区域性金融风险制度化的识别、预警、防范系统，形成反应灵敏、协调有力、指挥高效的危机应对机制。

3. 组建国家金融监管机构的总体思路

（1）明确机构定位。国家金融监管机构应是专业性监管机构，不是行政权力机构。

（2）强化功能监管。以强化综合性监管为目标，打破现有银监会、证监会、保监会分业监管框架。

（3）扩大监管范围。重点统筹监管系统内的重要金融机构和金融控股公司；将金融控股公司、第三方财富管理公司、互联网金融等金融新业态纳入监管框架，实现严格规范监管。

4. 强化监管的统筹协调

（1）统筹监管政策制定。参照国际经验，尽快完善适应混业经营的金融监管标准，形成按照金融产品 / 业务的法律关系来实施监管的具体操作办法；制定统一的监管规则，全面检查金融机构各种类别具体业务的合规情况和潜在风险，独立评估其公司治理、风险管理等审慎性原则的贯彻情况，提升风险识别能力。

（2）统筹监管资源配置。统一调动监管资源，避免监管资源的重复配置与配置缺位。例如，针对被监管机构及其商业行为，将监管资源合理配置到风险最大的机构及其业务，提高监管效率。

（3）统筹监管基础设施建设。统一基础设施建设标准，打破现行多系统同时运行、互不兼容的格局，实现监管信息的共建共享；统筹监管重要金融基础设施，包括重要支付系统、清算机构、金融资产登记机构等。

五、强化金融监管的专业性

因专业性不足导致的金融监管能力低下，成为制约金融监管效果的一大短板。从解决体制机制问题入手，适应金融创新、金融发展的趋势，形成进一步强化金融监管专业性的体制保障。

1. 在理顺体制机制中提高金融监管的专业能力

第一，在重审批、轻监管的体制下，监管机构的职能和人力资源配置没有向监管倾斜。市场违法案件越来越多，执法资源相对紧张。以证监会为例，证监会系统专司执法人员不到600人，不及职工总数的20%。第二，在分业监管体制下，监管部门之间信息阻碍情况比较明显，直接制约了监管能力的提升。第三，金融监管的基础制度不完善，社会信用体系不完善，由此削弱了监管的专业性。第四，在现有体制框架下，监管政策制定和金融风险应对中的专家咨询参与机制不健全。

2. 建立专业化的金融监管政策委员会，提升监管决策水平

参照人民银行货币政策委员会的做法，设立金融监管政策委员会，作为国家金融监管机构的咨询议事机构，专司国家金融稳定、国家金融安全的研判工作，综合分析宏观经济形势以及金融风险形势；讨论制定宏观审慎监管政策、制定和调整微观审慎监管政策；对区域系统性、区域系统性金融风险提出应急、应对方案；对其他事项提出建议。

3. 着力改善金融监管基础设施

（1）尽快制订并实施国家金融监管基础设施建设的行动方案。适应混业监管的新形势，加快金融业综合数据体系建设，形成全行业、全业务、全流程的大数据库。

（2）建立央行与国家金融监管机构的金融信息共享机制。加强对各类金融信用信息的互联、互通、互认，形成联合惩戒机制，使企业、个人“一处失信、处处受限”。

（3）强化信息共享与联动监控。建设集中统一、信息共享的中央监管信息平台，启动中央监控系统建设，强化信息采集和分析研判，全面提高监管信息化水平。

（4）推动清算结算机构跨境合作。加强与国外金融基础设施互联互通，实现监管信息共享。

第三节　以反垄断为重点建立公平竞争的市场环境

服务业领域的行政垄断和市场垄断已成为阻碍全国统一大市场形成的突出矛盾。为适应市场开放的大趋势，要以反垄断为重点，加快推进市场监管的制度化、法治化，逐步形成政府监管与社会监管的合力。

一、强化反垄断的统一性、有效性

从现实情况看，反垄断职能不统一，反垄断的效果就会大打折扣，公平竞争的市场环境就难以形成。这就需要加快整合分散在不同部门的反垄断职能，实现反垄断职能的统一性，提升反垄断的有效性。

1. 反垄断职能分散在不同部门使得反垄断的效果大打折扣

自2008年《反垄断法》正式实施以来，反垄断工作在国务院反垄断委员会领导下，由商务部反垄断局、国家发改委价格监督检查和反垄断局、国家工商行政管理总局反垄断与反不正当竞争执法局三个机构各管一段。具体来看，商务部负责经营者集中反垄断执法，国家发改委负责价格垄断执法，国家工商行政管理总局负责市场垄断和不正当竞争执法。从近些年反垄断的实践看，由于三家反垄断机构调查及处罚标准难以统一协调，使反垄断的效果大打折扣。例如，我国汽车行业的垄断一直饱受消费者诟病，尤其是高档进口车行业的反垄断效果不佳，国内高档进口车价格长期高出国外市场价格数倍，很大程度上与反垄断职能分散相关。

专栏8.7

我国汽车市场中是否存在“垄断”？

与美日欧汽车零部件制造商合谋抬高价格不同，中国汽车行业的垄断行为主要是“主机厂垄断零配件销售渠道”，而这主要是因为不同国家的汽车制造商与汽车零配件供应商之间的“特殊关系”。

一位汽车零部件制造公司的内部人士告诉《国际金融报》记者：“在一些关键性部件，或者说是技术含量高的零部件方面，中国的汽车零配件行业也存在一定的垄断。”但对于具体涉及哪些企业及部件，该人士则表示不便透露。

就目前来看，中国汽车零件商的“垄断”尚未摆在桌面上，但“汽车零件渠道垄断”则已经让许多业内人士和消费者叫苦连天。

根据汽车行业“零整比”数据，北京奔驰C级W204系数最高，高达1273%，也就是说，更换这款车型的全部配件所需的费用是这款车型整车价格的12倍之多。专家认为，这一系数在300%左右是比较合理的，而在此次调查的18款常见车型的“零整比”数据中，有11款车型的“零整比”数据高于400%。

“零整比”数据的背后，凸显的是中国4S店服务体系的过分单一。根据《汽车品牌销售管理实施办法》，汽车品牌经销商应当在汽车供应商授权范围内从事汽车品牌销售、售后服务、配件供应等活动，这一规定看似规范了汽车零配件市场，实际上却间接强化了国内汽车售后维修与配件供应的垄断。这一垄断行为的产生是因为渠道的垄断，渠道供应、零配件定价全部由汽车厂家说了算，从上游的供应商到下游的经销商，再到消费者都没得选择。

对于现状，经销商有苦难言。据了解，现阶段，即使厂家原装零配件全部供应其授权经销商，零配件供应商也无法绕过汽车厂家直接流向市场，厂家能够实现低价进货、高价售出，处于其上下游两端的供应商和经销商则利益受损。同时，保修期内车的车主只能通过4S店维修、更换零配件，否则很可能无法享受应有的售后服务。在汽车零配件垄断形成的整个环节中，经销商处于较为被动的位置。相同的产品质量，4S店从市场上采购能够比厂家供给便宜得多，但是他们却没得选择。

资料来源：我国汽车市场渠道垄断严重：消费者叫苦连天［N］. 国际金融报，2014-06-16.

2. 建立统一的反垄断体制

加强反垄断的统筹协调，进一步梳理整合各部门的反垄断职能，避免反垄断职能的交叉重叠，尽快建立统一的反垄断体制，全面提升反垄断的公平性、有效性和威慑力，为各类市场主体营造一个公平竞争的市场环境。一是对不同所有制的企业实行统一的反垄断标准和监管规则，实质性增强反垄断的有效性；二是与行政审批部门改革统筹考虑，将前置性审批机构的人员尽可能转移到反垄断执法机构中去；三是适应服务业市场开放的新要求，细化服务业领域反垄断职能，尽快出台反行政垄断和市场垄断的具体办法；四是与国际惯例接轨，逐步建立既适用于内资又适用于外资的法治化、规范化反垄断体制。

3. 建立行政垄断审查机制

从实践看，多年来服务业领域难以对社会资本放开，关键问题在于服务业领域的行政垄断没有真正纳入到反垄断的范围。2013年以来，我国对内外资企业加大了反垄断调查，葛兰素史克、默克、微软、克莱斯勒、奥迪等跨国企业纷纷被查。2014年，我国对内外资企业共开出18亿元罚单，创下历史纪录[①]。

① 2014年反垄断共开18亿罚单 专家：谁垄断就调查谁［EB/OL］. 联合早报网，2015-01-03.

随着服务业市场的壮大，反垄断对于保障服务业健康发展非常必要。一是反垄断要常态化、制度化，对内外资企业平等监管，谁垄断就调查谁，不搞选择性执法，不偏袒任何一方；二是当前不少行政垄断行为都有行政文件为依据，比如条例、规章或意见等。行政部门出台的相关行业政策、指导性文件前，须向反垄断委员会备案，并通过反垄断审查机构对文件的反垄断审查；三是尽快对现行行政法规进行系统梳理，废除各类导致行政垄断的行政法规。

专栏 8.8

发达国家反行政垄断的举措

行政垄断是政府在运用公权力的过程中，形成的一种人为的垄断。它是指行政部门设立的垄断，即由某个行政部门通过行政文件（如条例、规章或意见等）的形式授予经营主体——企业或兼有营利性活动的行政机构的垄断性权力，主要表现为进入壁垒的设置和对价格的管制获得特殊的便利和优势，形成不同程度的垄断势力与地位的状况，其中最为明显的就是国有企业的垄断。

1. 反行政垄断反映在立法中

以美国《谢尔曼反托拉斯法》为例，对各州的行政垄断明确禁止。该法在第 1 条交易限制中规定，凡限制各州间的交易及与他国的通商活动中的任何协约、合同、共谋行为等，都被视为非法。第 2 条规定禁止各州间的交易及与他国的通商活动中的任何垄断现象、垄断企图以及为达到垄断目的而进行的一切共谋行为。美国政府于 1984 年通过了《地方政府反垄断法》，加上联邦最高法院的判例，均明确地把政府行政机关包含到反垄断法的规制主体之中，将反行政性垄断纳入了反垄断法的范畴。此外，反垄断法禁止州搞地方保护、贸易封锁，在税收以及管理方面，实施歧视待遇等方面的限制，对行政垄断行为是有力的规制。

2. 以市场化改革破除行政垄断

20 世纪 80 年代，英美等国对铁路、航空、银行、石油、电信、钢铁、天煤气以及军事工业等，都进行了民营化改革。例如，英国撒切尔夫人上台后推行“小政府、大社会”的发展模式，开启了对垄断型国有经济进行改革的先河。此后，民营化逐渐波及自然垄断部门，相继对电信、电力、自来水供应、铁路运输等垄断型企业进行了民营化改革。再如，美国将自来水、电力、煤气、国防甚至是监狱、铸币厂等垄断性行业推行私有化改革。法国、德国、意大利等欧洲国家，阿根廷、巴西等拉美国家以及日本等亚洲国家也都程度不同地推行了国有企业民营化方案。

3. 将公用事业纳入反垄断法的范畴

例如，日本通过了《国有铁路改革法》；德国多次修改《反限制竞争法》，对电信、邮政等垄断性领域取消管制，引入竞争机制。欧共体针对成员国国有企业利用行政管理权限制竞争的情况，在欧共体条约的竞争规则中对行政垄断做出了相关限制。

资料来源：中改院课题组整理。

二、推进市场监管制度化、法治化进程

监管法治化是营造国际化营商环境的“重头戏”。克服监管的主观性和随意性，形成标准化、专业化、技术化的现代化监管体系，法治是最重要的保障。无论是巩固原有改革成果，还是推进新阶段的监管体制改革，都需要相应的法治保障。

1. 监管变革需要于法有据

（1）监管变革需要确立法治思维。走向法治化监管既是监管变革的目标，又是监管变革的保障。2015 年中改院课题组在监管体制改革的调研中，有部门反映：现有监管体制是依据现有法律、规章而定下来的，如果不修改相关法律，就会出现改革违法的“悖论”。而且，监管是规范性极强的政府职能，如果没有法律规范，只是让地方层面试点探索，会出现各种各样的地方模式，这样反而使中央层面的改革难以同地方对接。这些问题都需要摒弃传统的行政化思维，确立监管的法治化思维。

（2）更多采取立法先行的办法推进监管变革。以立法先行的办法推进监管变革有着多方面的优势：第一，可以把改革的目标转化为国家意志、法律意志，有利于巩固原有改革成果；第二，有利于形成改革的倒逼机制，形成改革目标实现的硬约束；第三，有利于克服部门利益、行业利益、地方利益的掣肘，推进改革。

（3）更多借鉴国际惯例加强监管法治化建设。在我国深度融入全球化进程

的新阶段，营商环境国际化是个大目标，监管法治化应当与这个大目标相适应。2014 年的反垄断调查中，一些被查处的外资企业认为，反垄断主要针对外资不公平。虽然说法未必正确，但反映了我国监管需要在多方面与国际惯例接轨。反垄断、知识产权、服务业监管标准的制定等，都需要借鉴参考国际经验，使监管规则能够得到国际国内企业的广泛认同。

2. 完善重要领域监管法律

（1）研究出台综合性的《市场监管法》。适应我国消费需求释放的大趋势，以监管转型释放内需潜力，加快制定出台综合性《市场监管法》。通过消费市场的立法，明确市场监管机构的法律地位，明确市场监管的程序，明确违法行为的制裁措施，明确不当监管的罚处，为全面实施负面清单管理提供依据。

（2）将反行政垄断纳入《反垄断法》[①]。

——反行政垄断纳入《反垄断法》有多方面的利好。一是有利于推动行政审批制度改革。可以明确界定出各个行政部门为非公经济设置的不合理壁垒，推动这些行政审批权的废止。二是有利于强化政府监管职能。可以明确区分行政审批与市场监管职能的界限，改变以审批取代监管的状况。三是有利于转变地方政府职能。明确界定和改变地方政府不合理设置贸易壁垒的行为，维护国内统一大市场。

——在《反垄断法》总则中突出反行政垄断。一是在总则第三条界定垄断行为中加入一条："依靠行政权力形成市场支配地位"的行为；二是第七条中，"国有经济占控制地位的关系国民经济命脉和国家安全的行业"，在实施中常常难以准确界定，笼统地说"国家对其经营者的合法经营活动予以保护"，客观上不利于反行政垄断。按照中共十八届三中全会的要求修改为"国有资本继续控股经营的自然垄断行业，实行以政企分开、政资分开、特许经营、政府监管为主要内容的改革，根据不同行业特点实行网运分开、放开竞争性业务，推进公

---

① 迟福林．中国的改革大考［J］．经济体制改革，2014（03）．

共资源配置市场化”。

——在《反垄断法》中增设反行政垄断相关内容。对铁路、电力、电信、石油、民航、邮政等垄断行业的行政垄断行为进行界定；对城市公用事业领域的行政垄断行为进行界定；对教育、医疗、文化等公共服务领域可竞争环节的行政垄断行为进行界定。通过以上界定，使反垄断能够反映市场决定资源配置的精神。

（3）推进食品药品监管法治化。从国际经验看，构建统一权威的食品药品监管体制，需要强化监管的独立性、专业性，使监管于法有据。这就需要：一是尽快完成《食品安全法实施条例》《化妆品监督管理条例》《药品管理法》等相关法律的修订工作；二是分品种形成更多细分领域的食品药品专门法律法规，实现立法的精细化、科学化，避免法律“真空”；三是完善食品药品监管执法程序，探索形成执法与司法相衔接的有效途径；四是推动食品药品监管职能法定、程序法定、机构编制法定。

3. 依法梳理和公布各级政府监管权责清单

（1）依法公布监管部门的权责清单。从实践看，广东、浙江等地在推动权责清单上积累了一些经验，通过制定政府权责清单，进一步厘清了政府与市场、政府与社会以及政府部门之间的权责边界，推动市场监管走向标准化、规范化和法治化。市场监管作为政府的主要职能之一，需要依法界定监管部门的权责，在赋予其权力的同时，需要明确相应的责任，做到权责一致。

（2）及时将新出现的市场违法现象纳入监管范围。随着互联网、信息技术的飞速发展，新的消费模式、经营方式、交易方式发生了历史性变革。例如网购、第三方支付平台、众筹等对传统监管方式提出了严峻挑战。以金融监管为例。2015 年股市异常波动很大程度与互联网金融、P2P、伞形信托、场外配资等金融创新相关，但由于金融监管滞后，未能对这些金融创新进行有效监管。为此，监管部门要密切关注市场发展的新情况、新问题，及时将各种新出现的市场违法行为纳入监管范围，防止“监管真空”与“监管漏洞”。

（3）撤销无法律依据的监管部门。在防止监管出现“真空”的同时，还需要防止因过度监管抑制创新。以金融监管为例，当前互联网金融加快发展是一个大趋势，监管部门在规范发展，严厉打击金融市场违法行为的同时，也要防止过度监管抑制金融创新。为此，需要加快清理无法律依据的监管行为，无法律依据的监管部门一律予以取消，防止过度监管增加企业负担、抑制市场活力，真正做到“法无授权不可为”。

三、形成政府监管与社会参与监管的合力

维护市场秩序是全社会的共同责任，需要形成全社会参与的合力。在强调政府市场监管主导作用的同时，引导各类市场主体自我约束、诚信经营，充分发挥行业组织的自律作用，加强舆论和社会公众的监督。

1. 推行法人承诺制

现代监管体制是以企业信用为基础，建立在企业自律的基础上。从国际国内经验看，法人承诺制是避免过多行政审批，强化企业信用的有效方式。在这个前提下，政府可以下放更多含金量高的审批权。2014 年以来，海南在食品药品监管行政审批领域试行“法人承诺制”，取得了比较好的效果。总结海南经验，进一步完善推广法人承诺制，形成以企业信用为基础的事后监管。对必须保留审批的事项，由监管部门向申请企业提供责任承诺书和审批要件清单，企业法人签署对材料真实性负责，审批部门可当场或当天发放批件和许可证。事后，监管部门在规定时间内组织现场核查，如发现企业造假，再对其进行严厉惩处[①]。

专栏 8.9

海南食药监管局启动法人承诺制

2014 年 9 月，海南省食药监管局启动法人承诺制审批模式，正式接受企业申报，企

① 迟福林. 以减少制度成本为重点深化简政放权［J］. 北方经济，2016（3）.

业可根据需求选择审批模式。此举可使原来10～20个工作日的办件时间缩短为当天办结，有助于实现管理重心从事前审批向事中、事后监管转变。

法人承诺制审批模式是将原来需要审批前到现场检查核实设施、设备等相关硬件条件是否符合规定要求和标准，改为通过企业在知晓申报条件和标准后，承诺该申请事项所涉及的需现场检查的硬件条件符合要求，并做出“违者愿罚”的具体承诺，审批部门只需审查具备申请条件所要求的相关材料及证件，即可给予快速通过审批。

实施法人承诺制模式审批改革，优化了审批流程，有效缩短了审批时限，有助于实现管理重心从事前审批向事中、事后监管转变。在不降低监管标准的前提下，实现行政审批项目的“快准入”，为加快全省医药行业诚信体系的建设和海南省食品药品产业健康快速发展起到促进作用。

在通过采取法人承诺制审批模式后，监管部门在规定时间内，组织现场核查企业承诺需现场检查所涉及的设施、设备等硬件条件，如有虚假，监管部门收回审批决定书，企业自愿承担由于恶意造假行为所造成的后果，并承担相应的法律责任，自愿接受事先承诺的处罚。

资料来源：海南食药监管局启动法人承诺制审批模式［N］．海南日报，2014-09-09.

2. 完善社会信用体系

（1）逐步建立全国统一的信用标准规范体系。目前，全国各地区、各行业都在建设社会信用体系，问题在于各地信用标准不统一，地区之间、行业之间的信用信息没有实现互联互通，导致各地区出现低水平的重复性建设。为此，“十三五”要按照国家发改委等部委联合制定出台的《法人和其他组织统一社会信用代码制度建设总体方案》，建立统一的社会信用代码制度，实现社会信用体系全覆盖。

（2）提升企业社会信用。引导各类市场主体强化信用意识，维护公平竞争的市场环境。例如，建立企业信用档案，鼓励市场主体在安全生产、质量管理、营销宣传、售后服务、信息公示等方面切实履行法定义务；建立企业信用记录备案查询制度，通过建立政府与市场相结合、线上与线下相结合的信用约束机制，鼓励支持市场主体通过互联网为消费者提供公平、公正的信用评价服务，客观公正记录、公开交易评价和消费评价信息。

（3）完善企业失信“黑名单”制度和市场退出机制。重点在食品药品及服务行业建立守信、失信和黑名单等制度，构建环环相扣的信用监管制度；对违法失信企业在行政审批、政府采购等方面实行相应的信用约束制度；充分利用全国企业信用信息公示系统，加大对“黑名单”企业信息的曝光力度，加强对“黑名单”企业经营活动的重点监控，对再次发生违法违规行为的企业，依法从重处罚；逐步建立企业从业人员特别是高级管理人员的信用档案，将其经营行为和个人信用有机结合，对被吊销证照的企业有关责任人，依法实施行业禁入。

3. 充分发挥行业协会、商会的自律作用

（1）清理“红顶中介”，推动行业组织“去行政化”。从发达国家的经验看，行业协会在行业准入、标准制定、行业规范等方面发挥了重要的监管作用，甚至地位在某种程度上超过了司法部门和行政执法部门。为保证其独立公正地发挥监管作用，需要尽快实现行业组织的去行政化，形成行业协会、商会自律的基础制度。

——行业组织不能成为政府机构的附属物。改革开放以来，虽然各行各业都形成了数量众多的中介组织，但这些中介组织大多是行政机构的附属物，缺乏应有的独立性，在维护市场竞争秩序中的作用十分有限[①]。近年来，由互联网引发的跨界融合产生了不少新的行业，例如，微信商务、金融 P2P 等，都需要加强行业自律和社会监督。在这些领域需要尽快以社会民间机构为主，组建行业协会、商会，避免行政化老路，推进行业协会、商会增量改革。

——防止一些行业协会限制竞争。某些行业协会操控价格、排挤竞争等行为，反而成为扰乱市场秩序的重要来源。当前，行业协会、商会等很难在市场诚信体系建设中发挥有效作用。以食品药品事件频发为例，行业缺乏自律底线超出了人们的想象。

---

① 迟福林．推进市场监管向法治化转型［N］．经济参考报，2014-06-27.

——加快推进社会组织“去行政化”。与政府简政放权的改革相配套，摸清“红顶中介”的家底，全面清理“红顶中介”，聘请第三方机构参与调查，发动社会力量参与监管。加快行业协会“政会分开”“去行政化”。实现行政机关与行业协会、商会在人员、财务、资产、职能等方面的实际脱钩，建立新的经费筹措机制，提高行业协会、商会的财务独立性。对于从事行政审批前置中介服务的市场中介，在人、财、物等方面必须与行政机关或者挂靠事业单位脱钩，堵住行政干预的口子①。

（2）推行“一行多会”，支持各个行业的民营企业自愿组建行业组织。借鉴发达国家的经验，支持民营企业自愿建立各类商会、行业协会，发挥在行业自律、社会监督上的重要作用。同时，推行“一行多会”，加快形成有效的竞争机制，使得更多的社会组织有能力承接政府下放的管理事项。

（3）发挥行业组织在监管标准制定、监督企业自律中的重大作用。一是鼓励行业协会、商会制定发布产品和服务标准，参与制定国家标准、行业规划和政策法规；二是支持有关组织依法提起公益诉讼，进行专业调解；三是加强行业协会、商会自身建设，增强参与市场监管的能力②。

4. 鼓励社会参与监管

（1）健全舆论监督机制。鼓励媒体以新闻、调查、评论等多种方式，对企业违法行为进行监督，形成全社会参与市场监管的良好氛围；对新闻媒体揭露的违法行为线索，监管部门要及时调查和查处，并向举报者和公众通报调查和处理结果。以法律的形式明确规定舆论的监督权、批评权以及侵权责任等，完善虚假宣传、恶意报道惩罚机制，严惩以有偿新闻恶意中伤企业和消费者的行为。

---

① 方栓喜．深化以简政放权为重点的政府改革——“十三五”：全面深化改革的关键环节［J］．上海大学学报（社会科学版），2015（3）．

② 国务院关于促进市场公平竞争维护市场正常秩序的若干意见（国发［2014］20号）［EB/OL］．中国政府网，2014-06-04．

（2）完善社会举报制度。以12315热线为基础，整合优化各职能部门的投诉举报平台功能，建立对接机制，实现信息共享，逐步建设互联互通、统一高效便民的消费投诉、违法举报和投诉平台。支持公众利用微信等新媒体对市场主体进行监督，为群众投诉举报违法行为提供更加便利、通畅、有效的渠道；完善法律法规，推动互联网监督的法治化、规范化。充分发挥公众的监督作用，建立健全公众参与监督的激励机制，完善有奖举报制度，安排专人受理公众举报，依法为举报人保密；对举报的涉案线索抓紧核实，一查到底，处理到位。

第四节　监管变革中的行政权力结构调整

监管转型不是一个简单的技术问题，它触及行政权力结构的深层次调整。考虑到当前监管转型的现实性、迫切性全面增强，需要尽快启动重点领域市场监管机构改革，带动整个监管体制改革的新突破。

一、监管变革滞后与权力结构配置不合理的矛盾突出

比照现代市场经济条件下的有效监管，监管变革严重滞后主要原因在于监管权力结构配置不合理，监管机构各管一段的局面尚未根本改变，由此导致多方面的监管失灵或监管重叠。

1. 审批权与监管权“合二为一”的体制尚未打破

行政审批与监管是不同性质的行政权力，严格分离才能确保各自的有效性。尽管我国成立了各类监管机构，但在体制安排上仍带有“合二为一”的突出特点。这使得监管机构本身难以保持利益超脱、独立行使监管权。

2. 监管权力配置不合理

以食品药品监管体制为例。2013 年以来，食品药品监管体制进行改革并组建了国家食品药品监督管理总局，在整合监管机构、监管资源上取得重要成果。但是，随着食品安全监管走向以预防为主、风险管理，中央地方监管权责划分不合理矛盾逐步凸显。由于权、责、能不对称，以地方政府负总责为重要特征的现行体制面临多方面的突出矛盾。例如，截至 2016 年 2 月底，全国只有 82% 的地级市、42% 的区县级机构独立设置了食品药品监管机构。相当多的地级市、区县级机构囿于机构编制等的压力，将工商、质监、食药监、知识产权等部门合并，综合设置市场监管机构，由此导致食品药品监管在规模上加强，但专业性被淡化和削弱。另外，农业部门监管食用农产品质量，卫计委负责食品安全标准制定和风险评估，质监部门承担食品生产容器和包装材料监管职能，工商部门监管食品药品广告，形成多龙治水格局。客观地看，无论是金融监管、垄断行业监管还是食品药品行业监管，都存在着严重的“各管一段、资源分割”的矛盾。

3. 监管权力运行机制不合理

从现实情况看，监管部门间职能交叉、权责不清的问题仍然存在，行政范围内决策权、执行权、监督权既相互制约又相互协调的格局尚未形成。以发改委为例，既管投资审批，又管宏观调控，还负责价格监管等微观事务，赋予其一些本应属于其他相关部委的决策权，而一些应成为决策主体的部门没有真正成为有效的决策主体；行政部门内部决策权与执行权不分，难以形成专业化的执法队伍。这样，不仅弱化了行政决策权，而且使行政执行力不强的问题凸显。

二、强化市场监管的权威性、独立性、专业性

市场监管的有效性很大程度上依赖于监管机构的权威性、独立性和专业性。从实践看，现有的权力结构不调整，监管的权威性、独立性和专业性就很难保

障。这就需要以审批权与监管权相分离为重点调整优化权力结构。

1. 以审批权与监管权相分离强化监管机构的权威性

（1）推进行政审批与市场监管职能严格分离。目前，负面清单管理模式已经开始在多个领域探索。以证券市场为例，下一步的改革目标是实现 IPO 的注册制，这意味着证券市场将告别准入行政审批时代，由此需要在行政审批与市场监管职能严格分离的基础上重点强化证券市场的监管职能。未来 2 ~ 3 年，随着金融、能源、基础设施、公共服务等领域负面清单管理模式的推行，需要实现行政审批与市场监管职能的严格分离，并强化市场监管职能①。

（2）实现审批机构与监管机构相分离。尽管这些年我国出台了不少市场监管的法律法规，但执行效果并不好，一个重要原因就是审批权与监管权长期不分。为此，一些需要保留审批事项的部门，应当成为科学规范、高效的审批部门，行政审批与市场监管在机构上要严格分开。虽然目前部分机构已进行调整，但在金融监管、垄断行业监管、食品药品监管等方面远未发挥应有作用，与现代市场经济条件下有效的监管体制还有较大的距离。为此，需要尽快从国家层面整合监管机构，实现审批机构与监管机构的分离。

（3）市场监管机构要成为法定的专业机构。现代市场经济条件下，市场监管的权威性主要靠监管机构的独立性、专业性来实现。从国际经验看，建立法定的专业机构是通行的做法。例如，韩国有 45 个独立的执行机构，英国有 127 个独立执行机构，美国建立了 60 多个独立行政机构。借鉴国外先进做法，推进市场监管机构“去行政化”，成为法定的专业机构，使监管机构具有独立于行政机关的权限，避免监管行为受到行政权力的干扰。

---

① 方栓喜．深化以简政放权为重点的政府改革——“十三五”：全面深化改革的关键环节［J］．上海大学学报（社会科学版），2015（3）．

专栏 8.10

西方发达国家公共服务法定机构的特征

机构法定。法定机构是根据专门的机构法律成立的机构，每个法定机构都有一个专门的法律，规定该机构的设立、职责、经费来源等内容。也就是说，法定机构都是根据个别条例立法而成立并受有关机构条例的监管。

政府资助。法定机构的活动经费或者由政府全额资助，或者由政府出资成立，按商业化原则运作，但收费要严格核算成本。

运作独立。由于机构的法定化，保证了机构的相对稳定性和独立性，受人为因素影响较小。作为半独立、半官方组织，与政府部门相比较有较大的管理、人事聘用和财政自主权，依法自主办理有关业务，独立承担法律责任，不受国家机关及其他机构的干涉。

企业管理。新加坡的法定机构采取企业组织形式，实行企业管理方法，机构内部按董事会（或理事会）－总裁－工作人员的组织架构进行运作，自主聘人，按自负盈亏原则控制管理成本。

公开透明。由于机构的职责、运作和监督都有法律的明确规定，使机构及其服务更具透明性。法定机构必须向外问责，依法开展业务的情况应当向社会公开，接受社会的监督。

行使社会公共权力。法定机构是政府架构的一个重要组成部分，是公务员体系之外执行公共事务和公共服务的机构。总体上看，法定机构是从行政管理体制中剥离出来的但又不进入市场的机构，法定机构行使的是政府权力之外的社会公共权力，是影响公共利益领域的机构。

资料来源：李爱明．法定机构：企业化的政府［N］．华夏时报，2011-08-19.

2. 强化监管机构的独立性

（1）以公平竞争为目标建立全国统一的市场监管体制。从现实需求看，市场监管转型与改革的重大任务，是尽快形成全国统一的市场监管体制。一是以公平竞争为目标，从中央层面加强市场监管体制的顶层设计，实现监管体制统一、机构设置统一、监管队伍统一；二是明确中央地方各级政府的监管权责清单，调动中央与地方两个积极性；三是以公平公正的市场监管，促进全国范围内的资源要素自由流动和优化配置[①]。

（2）推进决策与执行分开，强化市场监管的独立性。加快推进市场监管的决策、执行分开，把承担监管职能的某些直属机构和事业单位纳入国家行政序列，受国家行政法等相关法规的规范和约束。

（3）加强市场监管的综合决策和统筹协调。总的来看，从中央层面组建全国统一的市场监管机构时机条件逐步成熟。以公平竞争为目标，尽快组建国家市场监督管理机构，强化中央政府在市场监管中的综合决策和统筹协调。从市场监管的现实需求看，食品药品安全、反垄断、金融监管等领域市场监管机构要逐步转化为独立的执行机构。

3. 强化监管机构的专业性

（1）全面提升监管标准。现代市场经济条件下，市场监管的权威性主要靠监管机构的专业性，需要有严格、规范的监管标准。从发达国家的实践看，监管的标准化、专业化是一条基本经验。与发达国家相比，我国的监管标准还有比较大的差距。未来几年，适应大数据时代对市场监管的要求，需要大幅提高我国市场监管标准的国际化水平。

专栏 8.11

我国食品药品监管标准与发达国家差距巨大

美国 FDA 认证成为世界食品药品的最高检测标准，也被世界卫生组织认定为是最高食品药品安全标准。目前，欧盟、北美、日本已经实行 HACCP 体系，在保护食品安全上起到重要作用。新加坡实施严格的食品安全和认证制度，除极个别本地特色食品外，新加坡食品安全标准几乎完全与国际食品法典委员会接轨。从 2006 年起，新加坡开始实行 ISO22000 食品安全管理系统认证体系，成为东南亚第一个采用该体系的国家，这也使新加坡的食品安全位列世界第二，仅次于美国。与发达国家相比，我国不仅相对标准低，而且许多标准仍旧是空白。截至 2014 年 10 月 23 日，欧盟在 10 大类共 315 种食品中制定了 523 种农药的限量标准 136923 项；我国规定了 371 项农药在 284 种食品中

① 迟福林 . 竞争为目标推进市场监管转型［N］. 学习时报，2016-10-13.

的3650项农药的限量标准，与欧盟相比，我国尚欠缺10万项[①]。

资料来源：中改院课题组整理。

（2）充分运用大数据等新技术加强市场监管。在研究制定市场监管制度和政策过程中，充分运用大数据、物联网、云计算等新一代信息技术对监管对象进行监测，及时提出处置预案，提高市场监管能力；及时向社会公开有关市场监管数据、法定检验监测数据、违法失信数据、投诉举报数据和企业依法依规应公开的数据，加强对企业的事中事后监管；建立监管部门与公安、司法、金融等部门信息共享平台，增强联合执法能力；加强对电子商务平台的监督管理，推广应用网站可信标识，为消费者营造放心满意的网购环境。

（3）加强专业化监管人才的培养。大数据监管涉及计算机科学、统计学、数学、会计、法律等领域的专业知识，需要专业化的监管队伍。为此，需要着力打造一支素质优良、结构合理的复合型专业监管队伍。一是鼓励高校和企业联合培养跨界复合型、应用创新型大数据专业人才；二是加强对政府监管人员的培训，增强运用大数据的能力。

三、加快调整监管权力结构

以强化市场监管的权威性、独立性、专业性为目标，调整优化市场监管机构，重点是垄断行业监管和食品药品监管权力结构调整。

1. 组建统一的国家反垄断机构

从国际经验看，反垄断职能集中在一个部门更有利于体现反垄断的实施效果。例如，美国由联邦贸易委员会专门负责反垄断，日本由公平贸易委员会负责反垄断，德国由联邦卡特尔局负责反垄断。从我国的现实情况看，需要尽快

① 旭日干，庞国芳．中国食品安全现状、问题及对策战略研究［M］．北京：科学出版社，2015.

整合分散在商务部、发改委、国家工商总局的反垄断执法权，组建统一的国家反垄断局，作为国务院的直属执行机构，统一行使反垄断执法权。

2. 从中央到地方建立统一权威的食品药品监管机构

（1）建立食药监管派驻制度。在中央一级，国家食药监总局以监管区域划分为重点，综合考虑经济发展水平、人口规模、行政区域等因素，将全国划分为 7 个食药监管分局，作为总局的派出机构：一是华东分局（涵盖山东、江苏、浙江、福建、上海），分局机构可设在上海；二是华南分局（涵盖广东、广西、海南），分局机构可设在广州；三是华中分局（涵盖湖南、湖北、河南、江西、安徽），分局机构可设在武汉；四是华北分局（涵盖北京、河北、山西、天津），分局机构可设在天津；五是东北分局（涵盖辽宁、吉林、黑龙江、内蒙古），分局机构可设在沈阳；六是西南分局（涵盖云南、贵州、四川、重庆、西藏），分局机构可设在成都；七是西北分局（涵盖陕西、甘肃、宁夏、青海、新疆），分局机构可设在西安。

（2）地方实行分级管理。从省—地级市—县（市）独立设置食品药品监管机构，乡镇（街道）一级食药监管机构由县（市）一级派出，地方实行分级管理，由各级地方政府负总责。

（3）派驻机构履行总局部分监管职能。7 个食药监管分局不是一级独立监管机构，而是受国家食品药品监督管理总局委托行使食品药品监管职责的派驻机构，其职责是协调中央和地方行政执法权划分，指导、监督地方食药监管工作，有相应的决策权和执法权。

3. 实现市场监管与司法相衔接

（1）与司法相衔接是提升监管机构权威性的重要途径。监管执法与司法相衔接是实现监管有效性的重要保障。以美国为例，FDA 对食品药品违法行为可以采取行政处罚、民事处罚等措施，对于重大食品药品安全事故直接移交司法机关进行刑事起诉。

（2）统一、规范设置食品药品犯罪侦查机构。从国际经验看，“食药警察”拥有人身和财产强制权，有利于提升食品药品监管的权威性，并能够对违法生产经营者产生更强震慑力。在国家食品药品监督管理总局稽查局的基础上尽快组建食品药品犯罪侦查机构，赋予有专业基础的食品药品稽查人员刑事执法权。

（3）扩大反垄断机构在反行政垄断上的执法权。《反垄断法》规定：“行政机关和法律、法规授权的具有管理公共事务职能的组织滥用行政权力，实施排除、限制竞争行为的，由上级机关责令改正；对直接负责的主管人员和其他直接责任人员依法给予处分。反垄断执法机构可以向有关上级机关提出依法处理的建议”。对行政垄断行为，反垄断执法机构的建议权应改为行政执法权。

四、监管变革是一场深刻的政府革命

监管变革不仅需要重构监管体系，还触及深层次的行政权力结构调整，以及全面深化改革的各个领域。从这个意义上来说，监管转型是一场深刻的政府革命。

1. 监管变革“牵一发而动全身”

（1）监管变革需要重构现有监管体系。改革开放以来，由于我国形成了围绕 GDP 竞争的地方政府发展模式，地方政府往往会因为更加重视本地 GDP 增长而放松监管，保护地方企业成为监管失灵的重要原因。在这个背景下，出现了监管机构垂直管理的新趋势，就是靠垂直管理实现监管权的独立性。但问题在于，这并不能从根本上解决监管系统的独立性问题。因为监管权的独立性表现在任何上一级政府都不能因各种理由干预监管权的独立公正行使。这就需要按照独立执行机构的目标要求对监管体系进行总体设计，使其成为法定机构，在这个前提下深化监管的权威性和专业化。

（2）监管变革涉及深层次的行政权力结构调整。无论是消费市场监管转型、金融市场监管转型，还是垄断行业监管转型，深层次的矛盾都在于调整优化行政权力结构。例如，统一反垄断职能，就要对分散在发改委、国家工商总局、商务部的反垄断职能进行整合，组建统一的反垄断机构。同时，需要推进决策权与执行权的有效分离，监管机构作为独立执行机构设置，形成独立、专业、高效、稳定的监管执法系统。

（3）监管变革牵动影响改革全局。监管变革的重大作用不仅在政府改革本身，它还触及经济、社会、文化、生态等各个领域。事实上，各领域的改革创新都有一个监管转型的问题，包括对外开放也需要监管与国际接轨。多年来，各方面都意识到各个领域应该放开搞活，包括教育、医疗、文化、社保等公共服务领域，都应当引入社会资本和外资参与。但从改革实践看，由于监管变革的严重滞后，放开之后缺乏有效的监管，对各个领域改革都形成了掣肘。从这个意义上来说，监管变革对全面改革具有重大而积极的影响。

2. 监管变革需要配套推进人事制度改革

（1）在监管系统推进“官”、“吏”的合理分工。从国际国内经验看，监管的独立性、专业化与人事制度直接相关。好的监管体制需要反映在对监管队伍产生的正向激励上。也就是说，监管转型与人事制度创新相配套才能达到预期效果。现代监管需要实现决策、执行分开，在操作层面重要体现在“官”与“吏”的适当分离上。“官”的主要职责是决策，承担国家治理架构中的战略决策功能；“吏”的主要职责是提供政府公共产品与服务，承担国家治理架构中专业服务的功能，主要特征是专业化和职业化。通过“官”与“吏”的分离，使监管系统改造为行政执行系统，进入专业化、技术化的轨道，从而确保监管权的行使不因“官”的改变而出现大的波动，有效克服监管执行层面的“不作为”。

（2）在监管系统探索实行政务官和事务官的分离。“官”与“吏”的适当分离，有效的途径是从业务性质上区分政务类和事务类官员的性质，采取不同的激励机制。在监管系统建立政务官和事务官的两套管理制度：决策系统官员以政务官为主；执行系统官员以事务官为主，各自形成有利于职能履行的激励机制。

（3）建立干部职务与职级并行的制度。从改革实践看，如果薪酬福利仅仅与干部职务挂钩，会使得行政职务晋升成为干部体现自身价值实现的唯一渠道，并由此削弱监管系统的专业性。2014 年年底，中央深改小组第七次会议审议了《关于县以下机关建立公务员职务与职级并行制度的意见》，为基层公务员职务之外开辟了一条职级晋升的通道。建设尽快在监管系统推行公务员职务与职级并行，职级与待遇挂钩的制度，突出职级在确定干部工资、福利等方面的作用。

3. 监管变革是走向现代政府治理的重大任务

（1）监管变革涉及政府与市场关系的重大调整。监管是现代政府治理的重要组成部分，是理顺政府与市场关系，发挥市场在资源配置中起决定性作用的关键，也是发挥政府有效作用的关键。处理好政府与市场关系是新阶段经济体制改革的核心问题。推进由事前审批为主向事中事后监管为主转型，将从根本上改变审批型政府监管模式。行政审批与市场监管是政府两项不同的行政权力，传统的监管体制将二者“合二为一”，成为市场监管失灵的突出因素。推进监管转型，以事中事后监管取代事前审批，需要将行政审批与市场监管严格分开，重新界定政府与市场的权力边界，形成有效的市场治理。

（2）监管变革涉及政府与社会关系的重大调整。形成政府与社会协同的市场治理格局需要处理好政府与社会的关系。面对无数个市场主体与利益诉求多元化的总体趋势，单纯依靠政府进行市场监管，不仅难以取得好的效果，还容易积累更多社会矛盾。监管转型的重要目标之一是调动社会组织、新闻媒体等社会力量参与市场监管的积极性，更好发挥社会力量在市场监管中的独特作用。这在客观上要求政府充分向社会放权，激发社会活力，为形成有效的社会治理寻求一条现实路径。

（3）监管变革涉及中央与地方关系的重大调整。监管转型涉及监管部门的垂直管理和地方管理问题。例如，未来消费品市场监管实行从中央到地方的垂直管理，与克服地方保护主义和建立全国统一市场体系相适应。未来 5 年，如果有更多的监管部门能够实现垂直管理，将为克服地方保护主义、打破地方行政分割，形成全国统一大市场创造有利条件。

图书在版编目（CIP）数据

二次开放：全球化十字路口的中国选择／迟福林主编．—北京：中国工人出版社，2017.2

ISBN 978-7-5008-6618-3

Ⅰ.①二…　Ⅱ.①迟…　Ⅲ.①中国经济—经济发展模式—研究　Ⅳ.①F120

中国版本图书馆CIP数据核字（2017）第026257号

二次开放：全球化十字路口的中国选择

出 版 人　芮宗金
责任编辑　左　鹏
责任校对　董春娜
责任印制　黄　丽
出版发行　中国工人出版社
地　　址　北京市东城区鼓楼外大街45号　邮编：100120
网　　址　http://www.wp-china.com
电　　话　（010）62005043（总编室）　（010）62005039（出版物流部）
　　　　　　（010）62379038（社科文艺分社）
发行热线　（010）62005049　（010）62005042（传真）
经　　销　各地书店
印　　刷　北京市密东印刷有限公司
开　　本　710毫米×1000毫米　1/16
印　　张　24.75
字　　数　360千字
版　　次　2017年3月第1版　2017年3月第1次印刷
定　　价　59.00元

本书如有破损、缺页、装订错误，请与本社出版物流部联系更换